大時代的心聲

陳祖耀 著

國家圖書館出版品預行編目資料

大時代的心聲／陳祖耀著.－－初版一刷.－－臺北市:
三民, 2011
面; 公分.

ISBN 978-957-14-5582-2 (平裝)

1. 言論集

078 100020086

著作人	陳祖耀
發行人	劉振強
著作財產權人	陳祖耀
發行所	三民書局股份有限公司 地址 臺北市復興北路386號 電話 (02)25006600 郵撥帳號 0009998-5
門市部	(復北店) 臺北市復興北路386號 (重南店) 臺北市重慶南路一段61號
出版日期	初版一刷 2011年11月
編號	S 782300

行政院新聞局登記證局版臺業字第〇二〇〇號

ISBN 978-957-14-5582-2 (平裝)

http://www.sanmin.com.tw 三民網路書店
※本書如有缺頁、破損或裝訂錯誤，請寄回本公司更換。

誠誠懇懇做人　實實在在做事
生氣不如爭氣　吃虧就是占便宜
但求生而無愧　死而無憾

圖一：先總統蔣公中正賜贈玉照。

圖二：先總統蔣公中正與駐越軍事顧問團全體軍官合影，右一為筆者。

3

3
4 5

圖三：蔣故總統經國先生賜贈玉照。
圖四：晉升少將時，行政院長蔣經國先生蒞臨致賀。
圖五：與馬總統英九先生（時為法務部長）等合影。

6
7
8

圖六：王昇將軍率領「奎山軍官團」全體軍官與越南共和國總統吳廷琰合影。
圖七：應邀隨越南共和國總統阮文紹參加童子軍活動。
圖八：訪問團與南非共和國總統波塔合影。

9	10
11	12

圖九：副總統連戰博士與夫人連方瑀女士。
圖十：與國民黨主席吳伯雄先生、立法院長王金平先生等在東沙參加紀念活動。
圖十一：行政院長李煥（錫公）先生，左一為何澤浩學長。
圖十二：在王府與恩師王昇上將、師母熊慧英教授合影。

13	14
15	16

圖十三：陪同參謀總長宋長志上將、總政戰部主任王昇上將，前往主持會議。

圖十四：國家安全會議祕書長蔣緯國上將。

圖十五：與監察院長錢復博士合影。

圖十六：與考試院長邱創煥先生合影。

17 圖十七：與行政院長吳敦義先生合影。

18 圖十八：與三民書局董事長劉振強兄（右）合影。

19 圖十九：與好友政大新聞系主任及新聞研究所所長李瞻（士毅）兄（左一）嫂（右三）等合影。

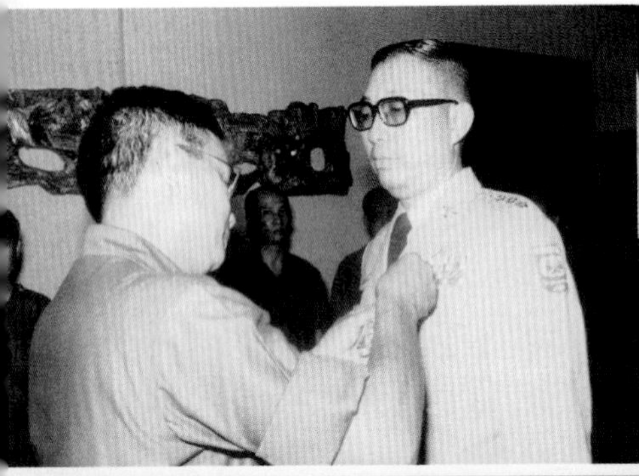

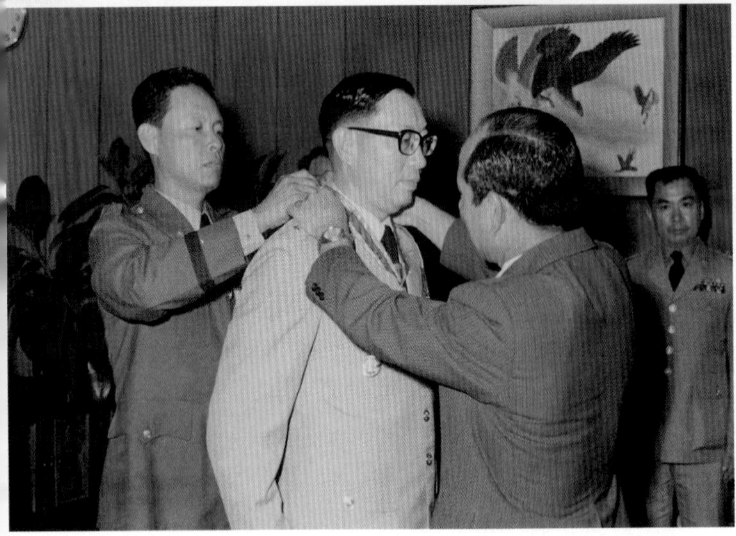

20	21
22	

圖二十：接受越南政府贈勳。
圖二十一：接受美國政府贈勳。
圖二十二：接受韓國政府贈勳。

23	
24	25

圖二十三：我國前駐越軍事顧問團同仁在臺北聚會，前排右四為司令姜獻祥中將，左四為旅越僑領、監察委員王爵榮博士。

圖二十四：與好友詹啟春兄（右一）等同遊溫哥華伊利薩白公園。

圖二十五：與好友戴華兄嫂（左一、二）、任藝華兄嫂（左三、四）及我們三家的兒女合影。

26 圖二十六：湖北農學院的校友與眷屬參觀臺北國父紀念館。
27 圖二十七：當陽縣的鄉親們參觀華視。
28 圖二十八：武漢各大專院校的同學來臺四十周年合影。

29 30
31

圖二十九：在莫斯科紅場，右後為聖・巴西爾教堂。
圖三十：倫敦的白金漢宮前。
圖三十一：西班牙巴塞隆納的美術館前。

32 33 34

圖三十二：2001年9月11日，遭恐怖分子劫持兩架民航班機撞毀的紐約雙子星大廈。
圖三十三：南非共和國總統府前。
圖三十四：美國優勝美地公園。

35 36 37

圖三十五：全家到草嶺旅遊。
圖三十六：美國的西點軍校。
圖三十七：與岳家闔府合影。

38 39
40

圖三十八：登上長城。
圖三十九：武昌黃鶴樓前。
圖四十：上海黃浦灘。

41 圖四十一：到中山陵謁陵。
42 圖四十二：北京天安門廣場。
43 圖四十三：加拿大的總理府。

44 45
46

圖四十四：著名的班芙公園。
圖四十五：太平洋冰原。
圖四十六：全家的近照。

前　言

生長在這樣一個驚天動地的大時代，微小的生命，只有隨著時代的浪濤翻滾。

從小在尊長的啟導下，也曾用心讀書，熱愛國家，在對日抗戰最艱苦時，且曾投筆從戎，為國家效命，無奈生性駑鈍，對國家社會，無甚貢獻，如今「半生落魄已成翁，獨立書房嘯晚風」。所幸上帝憐憫，在五十多年前即已歸依基督，許多危險關頭，都能平安度過。今後唯求靠著基督的大愛，在十字架的光照下，安享餘年。

多年來曾在報章雜誌刊登了一些拙作，有些是在「反共抗俄」最高潮的時期寫的。當時中共要「血洗臺灣」，我們要「反攻大陸」，雙方劍拔弩張，且曾數度爆發戰爭，死傷慘重。現雖時過境遷，但曾身歷其境，難以忘懷。特揀選部分篇章集印成冊，作為紀念。承蒙三民書局劉董事長振強兄厚愛，惠允代為印行，衷心感激不盡。如有疏漏錯誤之處，尚祈碩學先進不吝指教是幸。

嵌名聯

岳父王公一川大人賜贈

祖承孔孟聖賢事
耀照中華兒女心

林老師大椿教授賜贈

祖德親恩曾有報
耀天白日最無私

好友胡教授啟智兄惠贈

祖於堯舜節彌勁
耀並日星品自高

好友張教授念鎮兄惠贈

祖先德澤護持閣下雙星勳業名揚國際
耀日光華恭祝將軍八秩遐齡福臨陳門

自己習作

祖德長昭世澤永
耀心只在報親恩

大時代的心聲

CONTENTS

感謝神恩

悼念尊長師友

生活小語

附　錄

慈愛的母親

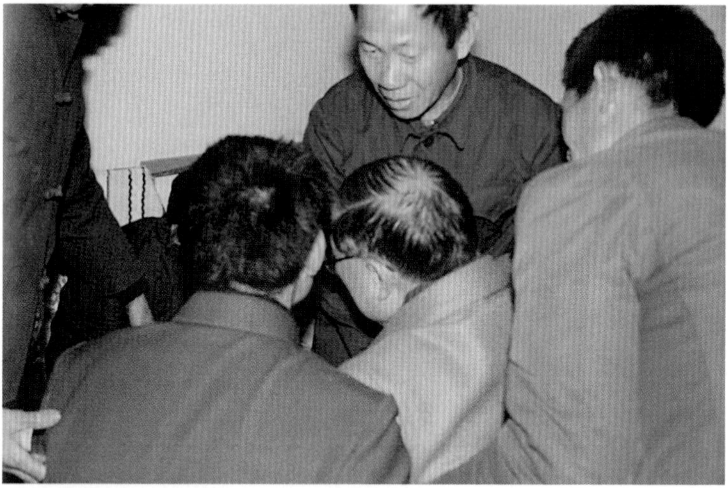

圖一：離開母親四十多年，1988年冬月初七，為母親八十五歲華誕，我返鄉拜壽，哭跪在母親膝前。

圖二：今生能再與母親在一起，衷心感激不盡。

3 4
5

圖三：母親九十大壽時，與兒孫合影。
圖四：婆媳兩人有說有笑。
圖五：母親與堂兄祖鑑（號藻清，右三）及姪兒女德友、德滿等合影。

6	7
8	

圖六：母親與姪外孫女龐代瑛、姪外孫婿張春雷，及姪外孫汪繼泉合影。
圖七：陪母親曬太陽，感覺更溫暖。
圖八：母親與孫輩合影。

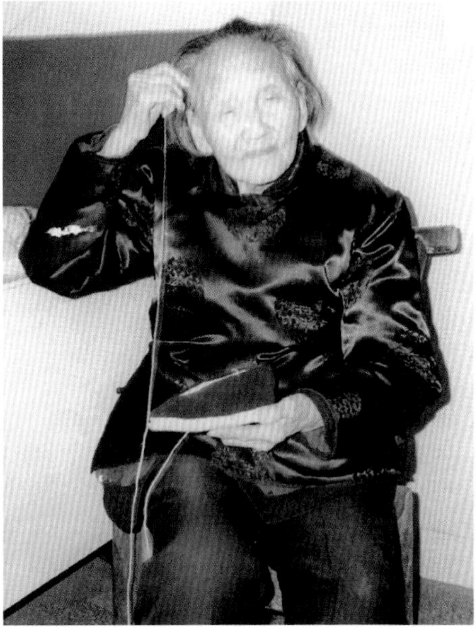

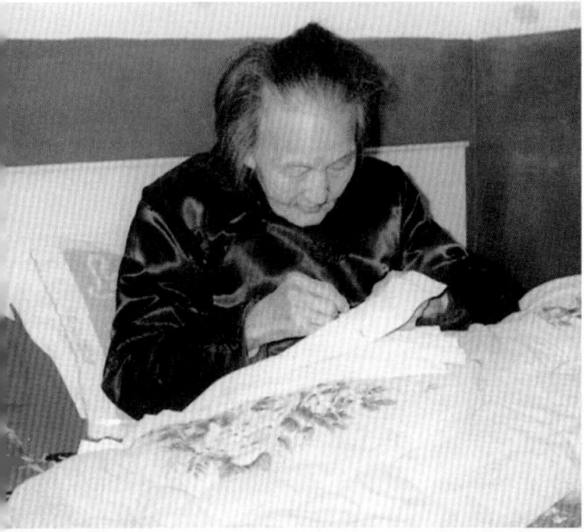

9
10
11

圖九：母親已九十多歲，還自己作鞋子。
圖十：母親自己補衣服。
圖十一：母親穿著我帶回去的衣服，拿著我帶回去的手杖，
　　　　神情愉悅。

12 圖十二：在縣城為母親興建的「慈母居」，已快落成了。

13 圖十三：母親和兒孫晚輩在一起。

14 圖十四：母親和前來拜壽的親友們合影。

特載

母親呀！我的母親

今（二〇〇〇）年二月八日（陰曆正月初四）的凌晨，母親因心臟衰竭而逝世，噩耗傳來，令人震顫哀傷，痛徹肺腑。因為就在正月初一的上午，我們全家大小還一起以電話向她老人家拜年，她的聲音仍很宏亮，我們都很高興；然而想不到僅僅三天之後，她竟捨我們而去，這晴天霹靂，使我和內子都抱頭痛哭，不能自已，乃即趕辦手續，返鄉奔喪。當我們返抵家門時，所見到的只是那一間她所睡過的空房，和一堆新砌的黃土，再也看不到她老人家慈祥的笑容，聽不到她老人家親切的聲音；不論我怎樣跪地痛哭，都無法得到她老人家的回應了！親友們都安慰我說：「她老人家已享年九十七歲，應該算是喜事了！」

然而對我來說，卻是永遠無法解救的傷痛。回想她老人家一生含辛茹苦、忍氣吞聲，所遭遇的一切苦難，將永遠無法消除內心的愧疚與痛苦。

㈠那時候，她在山上哭！

母親生長於鄉間，從未上過學校，甚至連名字都沒有一個。小時候，只聽到外公外婆喊她「么」，因為她是外公外婆五個兒女中最小的一個，因此舅父、舅媽、姨媽等都稱她么妹，表兄表姐等叫她么姑。和父親結婚之後，正好父親又是祖父母五個兒女中最小的，於是祖父母也喚她么，伯父、伯母、姑媽等稱她么妹，堂兄堂姐們則喊她么媽；後來隨著年歲的增長，輩分逐漸提升，她就成了么姑婆、么姨婆、么婆婆，乃至么太婆了。惟不論稱呼怎麼變，總少不了一個么字。直到民國三十八（一九四九）年，共產黨來了之後，才給她取了一個名字：汪學梅，這樣一方面可便於戶口管理，同時，不論幹部或群眾直呼其名，也就顯得非常簡單而又十分神氣了。

共產黨不僅給了母親一個新的名字，更重要的，還給了她一個新的身分；那便是在大陸人人聞之色變、恐怖、顫慄的「地主」（黑五類之首）。只因我的祖先們，自己捨不得吃，捨不得穿，忍飢耐寒，積積攢攢，買了一些房屋和田產，就這樣成了罪大惡極清算鬥爭的對象。經過幾次鬥爭大會之後，母親被趕出家門，只准帶一些鍋杓碗筷、衣物、鋤頭，去自謀生活，我們本來是一個大家庭，一直沒有分家，母親和伯母、堂兄嫂與姪兒女等生活了半輩子，現在卻被迫分開了，那些善良純樸、世世代代守望相助的鄰居親友，在「幹部」的指示和唆使下，一時亦都成了所謂「群眾」，成群結隊到家裡來搬東西，有的牽牛、有的趕豬、有的挑米，有的搬床、有的拿鍋、有的抬桌，只要是能夠搬動的東西，不論大小輕重，全部搬得空空的！後來房子和田地也全部被沒收，再分配給他們認為的「窮人」，實行共產黨所宣傳的「窮人翻身」了！

看得見的東西搬走之後，進一步便來找看不見的東西，他們迫令交出家裡的金銀珠寶。在那窮鄉僻壤，有誰見過黃金珠寶，早年曾流通過銀圓銅錢，但自抗戰前夕，政府實施幣制改革，採用法幣、關金，以及爾後的金元券之後，連銀圓銅錢都見不著了，從哪裡去找黃金珠寶？但幹部們卻一口咬定家裡有，非拿出來不可；否則就要打，就要鬥，母親、伯母和堂兄因而遭受了多次的批鬥，但沒有就是沒有，如何拿得出來？於是幹部便指揮群眾在室內挖掘，牆角壁縫，室內室外，挖去挖來，仍然挖不到，於是又開鬥爭大會，將母親、伯母，和堂兄都吊起來打，一定要交出黃金銀圓來；伯母因實在被打得無法忍受，她表示確有一些銀圓，願意交出來，鬆綁之後，她要求如廁，但她已被打得遍體鱗傷，特別是她那雙被纏得很小的小腳，已麻木不能動彈，她只得用力爬行，當她爬進李官義家的茅房時，便一頭栽進糞坑中去，希望藉那又深又臭的糞坑，了此慘痛的一生，但「幹部」和群眾並不就此放過，馬上將她從糞坑中拎起來，扔到堰塘中去沖洗，在那冰天雪地寒風刺骨的季節裡，一個身心都飽受摧殘傷痛的老人，如何能再經得起那麼嚴峻酷寒的折磨，可憐一向慈祥溫厚與世無爭，甚至連說話都斯斯文文的伯母，就這樣淒慘痛苦的結束了她的一生！

堂兄祖鑑眼睜睜的看著慈母死於幹部和群眾們的毒手，他傷心欲絕，存心隨母親而去，無奈那些幹部太有經驗了，他們對他的鬥爭並不因他失母之痛而稍加寬鬆，相反的對他看守得更為嚴緊，一刻也不讓他脫離群眾的視線，而且將鬥爭的方式更為提升，有時要他站在燒得火紅的磚頭上，有時則要他跪在「磁花子」上；所謂「磁花子」，即是將磁器打碎，把那些碎片和粉渣積在一起，叫人以血肉之軀跪在上面，試想那該是何等刺心的疼痛，那樣一個忠厚誠懇，終年辛勤工作的老農，就因為祖先遺留下來的些許田產，而遭到如此酷刑，死時身上都滿是傷痕，言之令人痛心不已。

母親在家裡甚受堂兄嫂和姪兒輩的尊敬，特別是大伯母又是她同胞的大姐，對她這個么妹一直愛護有加，由於她在家裡從不過問經濟，因而她所受的鬥爭羞辱，相對之下也就輕了一些，但將她從一個溫馨的家庭趕出來，要她獨自去謀生活，這已是多麼嚴酷的打擊。起初到山上，還可以摘一些果子、採一些野菇、掘一些蕨巴之類的東西果腹，但這些東西畢竟有限，時間久了，季節過了，就找不到了，在餓得沒有辦法時，就只有吃草根樹葉了；而吃過之後，不但沒有營養，且無法排洩，在那種生死茫茫、無依無靠的時候，唯一的兒子又不知浪跡何方，音信全無，她不由得悲從中來，常常嚎啕大哭。而且在那種飢寒交迫，無法維生的情況下，還要被迫去參加集體勞動，修道路、築水壩、鍊鋼鐵。

民國七十七（一九八八）年冬，政府開放「老兵返鄉探親」，我請假回去為她老人家慶祝八十五歲壽辰時，談到當年的情景，有位鄰居熊先生對我說：「那時候，我們聽見她老人家在山上哭，實在很淒慘！」

我含淚問母親：「那時有哪些親友對你好一點？」

母親說：「大家都要劃清界線，有誰會對你好呢？」

我又問：「那誰對你鬥爭得最厲害呢？」

母親深深的嘆了一口氣說：「唉！一切都已過去了哪！」

這樣椎心泣血、刻骨銘心的打擊和磨難，真的就都已過去了嗎？我想只是母親不願說出來而已，因為她怕我知道後會更難過，甚至在得知詳情後，會對那些人有所反應，引發一些不良的後果！這就是母親愛護兒子無微不至的真情流露！

㈡遭受喪夫、失母之痛

母親就是這樣打落牙齒和血吞，縱然是在絕望中仍要堅持活下去，而且她從不記仇，從不怨尤，否則恐怕她早已被仇恨和憤怒的火燄吞噬了，因為她所遭受的風暴實在太多了！當她二十三歲，正是錦繡年華，且婚姻生活極為美滿幸福的時候，突然有一天，土匪攫走了父親的生命，這晴天霹靂使得她肝膽俱裂，眼前一片昏暗。但等她意識稍微清醒之後，立即警覺到比因喪夫之痛而呼天搶地更為重要的，是如何保護懷中的稚子，迅速脫離土匪的追殺，因此她在家人協助安葬父親後，即背著三歲的我，不分晝夜，不畏險阻，逃到遠方的親戚家裡躲藏，而且住一兩天即換一個地方，以免被土匪發現。在那山高林密，人煙稀少的山區，常有猛獸出沒，但母親為了保護我，一切都不放在心上。也許由於幼小時長期逃難，驚嚇過度，且營養不良，影響身體的發育與成長。母親說我小時候，有一段時期，全身疲軟，有氣無力，好像棉條一樣，找醫生診斷，又都找不出毛病，她情急之下，揹著我到處求神許願，家人親友均為之耽心不已；有位舅媽甚至已對我不存希望，力勸母親改嫁，母親為之很生氣，她說：

「我只要把兒子撫養成人就好了！不愁吃、不愁穿，我為什麼要去服侍人？」

母親是把全部的心力和希望都寄託在我的身上了！

民國二十九（一九四〇）年六月，兇殘的日軍攻占我們當陽縣，姦淫燒殺，無惡不作；我們雖在鄉村，亦常有日軍前來騷擾，且行動飄忽，防不勝防，人們只得逃到山林裡去躲藏。不論冬天夏天，不分黑夜白晝，有時烈日當空，有時風吹雨打，有時雪飛霜降，很多人都因而罹患疾病，由於缺乏醫藥，死亡者不計其數，我的三個可愛的姪兒女，竟在一個月內相繼死亡，全家人為之哭成一團。民國三十年四月二十八日清晨，當人們正從山林裡潛回家中準備早餐時，二舅驟然發現一群日軍聚集在他們逃匿的親戚家的門前山崗上，他和舅媽立即奪門而出，利用熟悉的地形地物掩護逃走；高齡七十歲的外婆，纏著一雙小腳，行動遲緩，來不及逃走，結果竟慘遭日本鬼子殺害，五十多年來，這一令人切齒椎心的慘事，就像一條毒蟲一直在啃噬我的心，每想到我慈祥親切的外婆，竟遭到如此悲慘的劫難，我的心就滴血，我的氣就上衝，但我從來不敢也不忍和母親提起，深怕引她傷心。日軍走後，二舅派人來通知，母親和大伯母一聽噩耗，哭倒在地，然後一路哭著前往幫忙料理喪事，可是當他們正在為外婆洗滌穿衣，準備大殮時，忽然聽見有打門的聲音，二舅和母親與大伯母等這時已顧不得外婆的遺體，迅即從後門奔出，躲進屋後不遠的一處廢棄的煤礦坑裡。好在外婆住的是一棟古屋，深達四進（四重），每一進都有門閂，外面又有很高的圍牆，才能讓他們逃脫。隔不多久，即有數名日軍來到坑口，向坑內大聲斥喝，並以手電筒向坑內照射，母親等屏聲靜氣，嚇得全身顫抖不已，所幸那次日軍未帶警犬，天又下著大雨，否則那只有幾公尺深的礦坑，是絕對無法掩護搭救他們的。入夜以後，雨勢更大，他們就冒著大雨和黑夜，順著山溝往上爬，越過山頂，逃到比較安全的地帶。後來發現，就在那礦坑上面的山坡上，日軍搭建有崗亭，那夜若不是大雨掩蓋他們逃走的聲音，他們如何能逃過日軍的捕殺？及今想來，仍心有餘悸！

也就在外婆被殺的那一天，日軍還燒毀了我家的房屋，使我們在心理上、情感上和經濟上，都遭到永遠無法彌補的傷害和損失；而在八年抗戰期間，日軍不知殺了我們多少同胞、毀了我們多少家庭、奪走我們多少資源，若沒有日軍的侵略，大陸壯麗的河山，不至變色，人民也不會遭受空前的浩劫。毛澤東一九六四年七月十日在北京接見日本社會黨議員佐佐木更三、黑田壽男和細迫兼光等說：

我曾經跟日本朋友說過，沒有你們皇軍侵略大半個中國，我們中國共產黨就奪取不了政權。由於日本軍閥占領中國一半以上的土地，壓制了國民黨軍隊，我們才能重建無數的根據地，否則我們怎能在北京看戲呢？恐怕仍在陝北窯洞之中，這真要謝謝日本軍閥給我們的幫忙！

這話真是夫子自道，一點不假，所以我們一切的災難，都是日本軍閥造成的。可以說從甲午戰爭以來，我們真是吃盡了日本帝國主義的苦頭，但日本在戰後不但對我們沒有絲毫賠償，甚至連一點悔意都沒有，日本首相及各政客竟然還到供奉東條英機等戰犯頭目的靖國神社去參拜；尤其令人憤慨的，是日本根本不承認侵略中國，詭稱是什麼「進出中國」，且在竊據琉球群島之後，又想霸占我釣魚臺，甚至還放出「臺灣歸屬未定」的一些鬼話，其軍國主義的迷夢，迄今仍未清醒，實在是荒謬無恥到了極點。

(三)兒子當面對她說謊

在淪陷區內，日軍出沒無常，姦淫燒殺，給人帶來無比的恐懼與不安，留在家裡，每天除了躲避日軍的侵擾外，幾乎無所事事，於是在汪憲五老師的關懷及指導下，我和三位小學畢業的同學，一同前往後方去升學，當時母親的心裡十分矛盾，她自然非常期望我能繼續讀書，但又捨不得我遠行，在離家的前夕，她幾乎一夜都未睡，臨別時，她臉色凝重的問我能不能回家過年，那時鄉下人對陰曆年是十分重視的，因為它象徵骨肉親情的團圓，如有遊子未回家，等到深夜都不吃「團圓飯」。我記得那天是陰曆臘月初一，距離過年已經很近了，我如何能夠回來？但看到母親滿臉憂戚，熱淚盈眶，又不忍令她失望，所以明明不能回家過年，我卻當面對她說謊，我說：「可以！」說後便轉身就走，不敢再回頭，因為我已在流淚，母親也在流淚，我深怕一回頭就再也走不了了！

事實上，從離開母親到抵達目的地，在路上即走了二十多天，翻山越嶺，崎嶇險阻，尤其是大雪紛飛、天寒地凍，腳底都起了泡，流了血，到達學校時，已是陰曆年的前夕，生活雖然安定下來，而且有書可讀，但由於戰時物資極為缺乏，一天兩餐稀飯，一餐乾飯，且大部分都是包穀（玉米），而以包穀煮稀飯，因缺乏黏性，水是水，包穀是包穀，且又沒有葷菜，一個月才打一次「牙祭」，可以說整天都在飢餓狀態中過日子。由於淪陷區通信不便，一年難得收到一封家信，真是「三更同入夢，兩地誰夢誰」？那種流亡學生的生活，一輩子都不會忘記。後來當母親獲知我參加了青年遠征軍，便對國軍有著一份親切感。每當有國軍到來時，她就會想像是否有我在其中，但每次國軍來，不是徵糧，就是徵兵拉伕，我的兩位堂姐夫一位被徵兵，一位被拉伕，兩人都一去不返，直到現在仍音信渺無，不知葬身何處？

三十四年八月日軍投降後，我從四川萬縣請假回家去看母親，經過四年的離散，特別是在烽火戰亂之後，許多親友業已作古，母親見我回來，喜極而哭。後來母親告訴我，她在思念我的時候，就到我所栽種的那棵冬青樹前，一面撫摸那些枝葉，一面輕聲的對它說話，把她對我的思念和關愛都給予那棵冬青樹，看到它一天天長大，她的心裡也感到一些安慰。有人說：同樣的兩盆花，一盆在澆水時，只是把水澆上去，而另一盆在澆水時，卻對它說幾句話，結果它們所開出來的花就不一樣。也許正是母親的一片愛心，本來很不容易成長的冬青樹，竟然在這四年內，長得又高又大，當我陪母親去看時，只見它枝葉繁茂，生意盎然，我摸摸它，內心也感到很高興，可是當我民國七十七年從臺灣回家，再走很遠的路去看它時，則已不知去向了，我在那裡徘徊良久，黯然神傷，那兒是我生長的地方，我就是吃那塊土地上所生產的食物長大的，那兒的一草一木，一磚一瓦，都常在我的腦海裡浮現，多少童年往事，都一一湧上心頭，想到母親和歷代祖先，不分寒暑，披星戴月，刻苦耐勞，辛勤工作，他們在這塊土地上不知流了多少汗，流了多少淚，甚至流了多少血，然而現在卻是「坐看江山換主人」，不僅所有的房屋田地，都已成了別人的產業，甚至連一棵我母子所鍾愛的冬青樹，也逃不過被摧毀的命運！

在我離家後，有幾位小學同學從城裡逃到我們鄉間來避難，母親看到他們景況淒慘，就盡量設法幫助他們，並親手為他們做鞋子，那時在我們鄉間是沒有鞋子賣的，我從小所穿的鞋子，都是母親自己做的。而做一雙布鞋，一針一線，要花很多功夫和時間，母親竟然能在那種兵荒馬亂的時代，耐著性子為我的同學做鞋子，難怪同學們都一直對母親有一份感謝與敬愛之情。母親九十歲生日時，他們十餘人都結隊來慶賀，抬著壽匾，放著鞭炮，大家都顯得喜氣洋洋；母親看到他們也非常高興。

㈣生死茫茫四十年

民國三十七年六月，我到武漢考大學，想不到這次和母親一別竟是四十年，由於兩岸劍拔弩張，音訊隔絕，直到七十七年冬，我才能回去為她老人家拜壽，當我跪在她的膝前時，母子兩人哭成一團，久久不能自已，所有到賀的親友鄰居，亦都為之黯然悲戚。母親後來告訴我，她在被掃地出門之後，不但生活上無依無靠，幹部們還一再逼她要交出我寫給她的信，母親告訴他們說：「哪裡有什麼信？這個不孝的兒子，提起來就令我傷心！」

我說：「媽！真對不起，我不該離開妳，讓你為我擔心受氣！」

母親卻說：「你以為你不走還能活到現在？」

是的，當年和我一起到後方求學的三位同學，有兩位在共產黨來後不久，即被「鎮壓」（槍斃）了，何況他們還未曾參加過青年軍，還不是中共口中所稱的「四大害」之一呢！（因為中共曾指「國大代」、「立監委」、「青年從」、「軍官總」為「四大害」。）留在大陸上的青年軍同志，都遭受到嚴酷的鬥爭與迫害，很多人早已成了冤魂。直到江澤民當了中共總書記後，那些被鬥得死去活來的青年軍同志，才被釋放出來，因為傳說江澤民也是青年軍二〇八師六二三團的學兵，他了解當時滿腔熱血、投筆從戎的青年軍都是抗日的，都是愛國的，而他的團長即是後來擔任我國國家安全局長的王永樹將軍，可惜王將軍業已作古，無法證實。

今生能再見到日夜思念的母親，實在是畢生最大的福氣，我最大的心願就是要能與母親住在一起，不再分離，以便能晨昏定省，好好孝敬，以彌補我的罪愆，但母親不能坐車，車一開動她就嘔吐，從老鸛窩家裡到遠安縣城，不過才一個小時的車程，她就吐得很厲害。看她那樣痛苦，且路途遙遠，她又是這麼高的年歲，實不敢冒然接她來臺，不得已，只有設法改善她的生活，而最迫切的是要有一座抽水馬桶，因為她不論天晴下雨，要走相當長的一段距離到屋外去上茅房，如萬一不慎，跌入又大又深的糞坑，後果不堪設想，但山上沒有水，馬桶安裝了亦無用，感謝縣臺辦主任羅發教和外甥女婿張春雷局長等的幫忙奔走，獲得縣長胡發喜的同意，讓我在城裡買一塊土地，蓋一棟房子，將母親接到城裡來住，可是母親在那鄉間長大，一草一木都有感情，她說父親、外公、外婆及舅父等都埋在那山上，而且許多親友鄰居都非常熟悉，她捨不得離開，幾經勸說，她才同意和姪女等一起搬進城裡，等她住進新屋之後，左鄰右舍很快即成了她的朋友，還有一位年輕的吳太太，親手為她做了兩雙新鞋，穿在她那被纏得小小的腳上，輕便舒適，她越看越喜歡，而那些鄉間的親戚鄰居亦常來看她，且常留住十天半月才回去，因而她老人家對這棟相當寬敞的新居，也就越來越喜歡了！

㈤祈望能在天國相見

母親雖是外公外婆的么女兒，但個性溫厚謙和，心地善良開闊，當各種風暴橫逆無情襲來時，她忍不住會傷心痛哭，但哭過之後，即會擦乾眼淚，奮力向前，絕不向命運低頭。最近幾次回去，由於已無公務在身，在家陪她老人家的時間較長，每天和她聊天，談了許多童年往事、鄉土滄桑，和她所經歷的重重風暴，許多事情她都記憶猶新，好像又回到從前。我也將離別後的種種，特別是剛到臺灣時的艱苦情形，向母親訴說。當時在鳳山接受軍事訓練，烈日當空，炎熱異常，整天都是赤膊、斗笠、紅短褲，不是操場，就是野外，體力負荷極重，且國破家亡，骨肉離散，心緒十分愁煩，伙食又非常不好，致使體重急遽下降。後來考取政工幹部學校，在接受入伍教育之後，又分發到部隊去「當兵實習」，整天和士兵一起生活、操作、戰鬥，體力透支更多，經檢查結果，發現肺部已不幸罹患結核，而那時每月薪餉極為微薄，根本無法作有效治療，因此在貧病交迫孤苦無依的情況下，曾想自行了斷，但一想到母親含辛茹苦把我撫養長大，萬一她還活著，而我卻先死了，若有一天她知道之後，將是何等傷心痛絕，而我又是何等罪孽深重。正在悲淒愁苦之際，耶穌基督的大愛喚醒了我，祂說：「凡勞苦擔重擔的人，可以到我這裡來，我就使你們得安息！」〈馬太福音〉又說：「喜樂的心乃是良藥，憂傷的靈使骨枯乾。」〈箴言書〉這些話就像一股電流進入我的心中，使我頓時醒悟，憂傷是沒有用的，不如將一切憂慮愁苦都交給上帝，聽候上帝的安排處理。說也奇妙，經過一段時間的休養，我的病竟然完全好了。當我奉命出國需要體檢時，我原本還有些擔心，但經X光照相顯示業已全部鈣化，且日後工作壓力一直十分沉重，特別是第一次奉派前往越南工作時，三個月連續熬夜，但身體狀況卻一直都還好。我相信這是耶穌基督醫治了我，保守了我，母親聽後，甚為高興，她對這位滿有愛心與大能的上帝，也有意相信，只是在她所處的環境，一時尚無法受浸。同時她也不只一次的告訴我，將來百年之後，要和父親葬在一起。為了達成她老人家的心願，我和內人曾數次率同家人前往先父墓地祭拜察看，並與當地有關人員研商，解決一些細節問題，讓她老人家安心。

一九九六年春天我回去探望母親時，剛一進門，母親便對我說：「你去年是二月十七回來的，今年又是二月十七，真巧！」我說：「媽，今天是四月四日！」母親卻說：「我說的是陰曆！」母親就是這樣，陰曆陽曆一起記，而且從不錯誤，譬如我回去幾次，內子和兒女們各回去幾次，哪一天到家，哪一天離家，她都記得清清楚楚。去年十月，我回去看她，她還穿針引線，自己縫衣做鞋，並幫助料理一些輕微的家事，客人來了，她亦親切接待，所有熟悉的親友，她都能叫出名字，講話聲音宏亮，條理分明，且又十分風趣，常常逗得客人哈哈大笑！

一天下午，我和母親談得非常貼心，一時童心大發，就對母親說：

「媽！我唱首歌妳聽，好不好？」

母親說：「你已經七十多歲了，還唱什麼歌？」

我說：「小時候讀書，有一課的課文說：『老萊子，年七十，著五色衣，以娛其親。』我現在未穿五顏六色的花衣服讓妳看得高興，就唱首歌好了！」

在座的親友們跟著起鬨，我就唱了一首老歌〈闔家歡〉，他們鼓掌，還要我唱；我又唱了〈慈母心〉和〈夢駝鈴〉，母親和親友們聽了都很高興。

十月二十五日離家時，由於從家裡到宜昌機場需要兩個小時，而從宜昌飛上海的飛機是九點二十分，我必須五點半就要出發，所以我在前一天晚上就對母親說，太早了，請她老人家不要起來送我，臨走前，我到她的床前去向她老人家辭行，請她老人家務必要多加保重。

那時天還未亮，一片迷濛，孰知趕到宜昌機場後，竟是濃霧滿天，和回家時經過北京時一樣，又在機場苦等了七個多小時；當飛機抵達上海時，飛溫哥華的中國民航早已飛走了。以往在大陸，中秋節前後正是秋高氣爽、月白風清的好天，不知現在怎麼會變成這樣。當天晚上我在上海給母親打電話，說明未趕上飛機的情形，母親說：

「你這樣太辛苦了，以後不要每年都回來了！」

我說：「一年才一、兩次，有什麼關係！我只是將實際的情形告訴妳，希望妳不要耽心就好了。」

往事歷歷在目，然而想不到她老人家竟這樣快就溘然長逝，留給我的是無限的傷痛、懷念與愧憾。「子欲養而親不在」，惟有虔誠的祈求上帝恩賜憐憫，讓我們母子將來能在天國相見！

（本文原載於《湖北文獻》第一二五期頁七六至八一，民國八十九（二〇〇〇）年十月十八日稍作修正。）

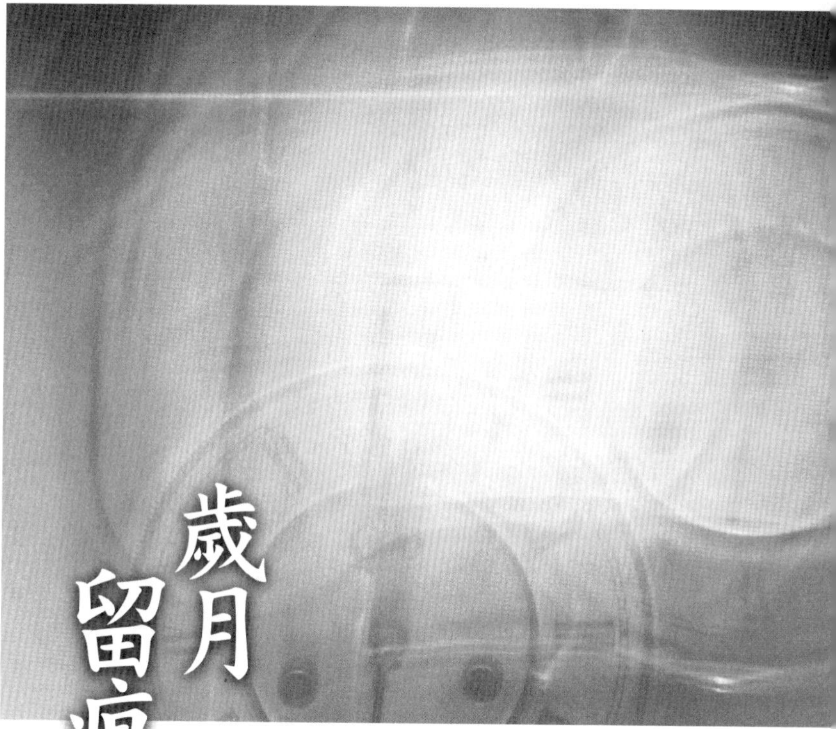

歲月留痕

一、抗日救國　參加青年軍

民國二十六年七月七日，日本軍閥以現代化的強大兵力進犯我國，揚言「三月亡華」，我全國軍民同胞面臨生死存亡的關頭，在最高領袖蔣中正委員長的英明領導下，前仆後繼，浴血抗戰，至三十三年八月，已進入第八個年頭。

而在這一年，正是我國長期抗戰最艱苦的一年，也是日本軍閥對我國攻勢最凌厲的一年。因為當時盟軍在歐洲戰場已壓制了德軍的攻勢，逐漸向歐陸推進；在太平洋方面，美國海空軍已大挫日軍艦隊，正進行逐島作戰，威脅到日本本土及海洋交通。至於緬甸戰場，史迪威 (Joseph W. Stilwell) 與馬歇爾 (George C. Marshall) 聯合向蔣委員長要求派遣遠征軍前往作戰，當時蔣委員長因日軍對我國正展開強烈攻勢，本不宜分兵作戰，但史迪威以斷絕美援物資供應相威脅，幾經協調，我遠征軍乃於三十三年四月由雲南出發，配合原已入印的中國遠征軍，對緬北的日軍進行攻擊。

這時日軍大本營為了補償其在太平洋所受的損失，不惜孤注一擲，同時為避免美國潛艇與空軍襲擊其沿海交通線，急欲打通平漢、粵漢、湘桂、滇越等鐵路線，希望能形成「大陸走廊」，使其軍隊與物質可從東北直達廣州、越南，所以日軍調集五十萬大軍，實施所謂「一號作戰」，在我國河南發動猛烈攻勢，於四月攻陷洛陽，同時並攻陷湖北省的襄陽、公安等縣城，復渡江南下進攻湖南的長衡，長沙於六月十八日為其攻陷，衡陽守軍方先覺部拼命死守，血戰六個星期，至八月八日犧牲殆盡，衡陽亦告陷落。日軍再沿湘桂鐵路攻占桂林、柳州，並於十二月五日攻陷貴州的獨山，距離貴陽僅六十公里，使陪都重慶為之震驚。

在這種強敵當前、內憂重重的情形下，最高領袖蔣委員長盱衡國內外情勢，認為盟軍反攻形勢已成，民心士氣高昂，為加強對日作戰的實力，並建立現代化的國防軍隊，乃於三十三年八月二十四日與二十七日，即衡陽失守的半個月後，兩度指示中國國民黨中央黨部與三民主義青年團中央團部，策劃知識青年從軍，爭取抗戰的最後勝利，以十萬人為目標，三個月內完成徵集。有關單位奉令後，即積極進行策劃發動「知識青年從軍會議」，一連四天，詳細研討各種有關的計畫與辦法，蔣委員長曾數度蒞會致詞，他在十一日開幕典禮中說：

這個運動如果成功，我們軍隊的力量固然可以增強，就是將來建國的工作也有了穩固的基礎。……而要發動知識分子，首先就要我們各級黨部的委員、團部的幹事，以及一切負責的幹部，凡年齡在三十五歲以下率先登記從軍。……我有兩個兒子，大的今年三十五歲，小的今年二十九歲，我現在都叫他們同時參加遠征軍服役；而且將來出征作戰，我決定親自來統率這個部隊，與一班士兵同志同生死、共甘苦，我覺得在我五十八歲的今年，能夠再回到我早年持槍作戰的生活，實在是生平最大的快事！

十月十四日會議結束的同時，即成立「全國知識青年志願從軍指導委員會」，推定黨、政、軍、教、新聞、文化等各界領袖人士為委員，其他各級徵集委員會亦迅即成立，並以：

一寸山河一寸血，
十萬青年十萬軍。

為激勵青年從軍的口號，利用各種新聞媒體大肆宣傳，期能喚起知識青年對危機的警覺，對國家的熱愛；抱定犧牲奮鬥的決心，勇敢奮起，請纓殺敵，投入偉大的救國軍營。

十月二十二日，軍事委員會公布「知識青年從軍徵集辦法」，兩天後，在日軍逼近桂林時，蔣委員長又親自發表「告知識青年從軍書」，呼喚全國知識青年要認識「抗戰已到了決定勝敗的最後關頭」，希望「全國知識青年皆能振臂而起踴躍從軍」，蔣委員長說：

> 現在我們經歷了七年餘的艱苦抗戰，而且已到了決定勝敗的最後關頭，今後的一年，將是我們爭取最後勝利的一年，這正是我們知識青年報效國家千載一時最難得的時機，倘若我全國知識青年皆能振臂而起、踴躍從軍、發揚蹈厲、挺身衛國，就可以徹底改造我們社會頹風，洗雪我們民族的奇恥大辱，不僅可以完成抗戰的勝利，並且足以奠

立建國永久的基礎。

我國相傳自宋朝以來，即有「好鐵不打釘，好男不當兵」，甚至有「好吃懶做去當兵」的諺語與誠詞。現在蔣委員長鑒於國難當頭，號召全國知識青年從軍，乃是要知識青年踏踏實實的到部隊去當「兵」，而且要在三個月內完成十萬人的徵集，這在中國歷史上實是一項空前的創舉。

當蔣委員長的號召發出以後，湖北省的主辦單位經過詳細的研商規劃以後，即於十一月中旬，分別遴請德高望重的人士，前往各中等以上學校及各機關社團講演，鼓勵知識青年踴躍從軍，派到我們湖北省立七高的，正是頗富盛名的湖北省動員委員會書記長及第六戰區幹訓團政治部主任白如初將軍。白將軍口才便捷、熱情洋溢，他在講話時慷慨激昂，獲得熱烈的迴響；校長王寓農先生緊接著上臺講演，他除了鼓勵同學們要認清時代，踴躍從軍外，並帶頭簽名響應，接著訓導主任和軍訓教官也都簽名，這時同學們便一起踴向簽名臺，紛紛簽名從軍。

我和好友任藝華兄在讀過蔣委員長「告知識青年從軍書」後，即曾與幾位要好的同學認真研討，如何面對此一重大問題。討論結果，大家都認為只有從軍，才能打倒日本鬼子，挽救國家危亡；因此在白將軍未來演講之前，我們即已決定從軍。白將軍和王校長講演後更增強我們從軍的決心，於是我們即把握機會當場簽名，結果竟是我們全校同學都簽了名，經《新湖北日報》及各種新聞媒體報導後，在當時的湖北省各地都造成了極大的轟動。同時全國各省市鄉鎮，包括淪陷區在內，廣大的知識青年都熱烈響應從軍運動，掀起中國有史以來最大的一次從軍熱潮，顯示中華民族這隻沉睡的猛獅業已醒來，據中央政府公布的數字，自十一月開始辦理登記到十二月底截止，全國經甄選及體檢合格的總計為十二萬五千五百餘人，遠遠超過預定十萬人的目標。

我們湖北省立七高所有體檢合格的同學，於三十四年元月五日奉命移住省訓團，接受各界的慰勉歡送，元月二十日集體前往四川萬縣青年遠征軍二〇四師辦理入營報到。那時沒有遊覽車，也沒有交通車，乃由軍方調來二十餘輛大卡車，載運我們恩施地區湖北省第一批從軍的五百餘人，當我們啟程之前，雖然天氣酷寒，省垣各界仍都前來歡送，大家唱歌、呼口號、熱情沸騰到了最高點。最令人難忘的是與我同車的胡佑文、佑華學長昆仲，他們的雙親一直站在車旁，忍受著刺骨寒風，和我們一起唱歌，當時可能只有歌聲最能代表彼此的心聲，於是〈滿江紅〉、〈熱血歌〉、〈大刀歌〉、〈抗敵歌〉、〈杯酒高歌〉、〈八百壯士〉、〈松花江上〉、〈義勇軍進行曲〉、〈從軍去中國的青年〉等歌曲，一首接著一首唱，當大家唱到：

天下父母心，
皆願兒女上戰場；
奮勇爭先去打仗，

為國去爭光。

……

只見胡伯父、胡伯母兩人熱淚盈眶，當車隊開始啟動時，胡氏兄弟和他們的父母再也忍不住了，一起放聲大哭，我們雖然家鄉淪陷，沒有親人在場，也禁不住跟著一起流淚；因為此時離別之後，不知何年何日方能重逢，而且是否還能再相見，誰也不知道，真正是生離死別，十分悲壯！

由於天氣奇寒，地面冰凍，且要翻山越嶺，十分危險，為了防止發生意外，每輛卡車的車輪都綁上鐵鍊，行進速度極為緩慢；因無車蓬，寒風刺骨，雪花撲面，第一天只到達建始，次日下午始翻越名聞遐邇的綠蔥坡，車輛小心翼翼的蜿蜒而下，抵達長江南岸的巴東，然後再乘船穿越巫峽、瞿塘峽，經巫山、奉節、雲陽等縣，到達二〇四師師部所在地的四川萬縣。在市內營區住宿兩天，辦理交接手續，並接受當地政府和民眾的歡迎，然後各自背著行李，步行到萬家壩，正式編入六一〇團第一營第二連。當時的營房都是臨時徵用的農舍，只對內部稍加改裝，因此我們一面接受入伍訓練，一面整理操場與環境，由於體力負荷重，人人飯量大增，所發食米根本不夠吃，每餐都「打衝鋒」（搶飯），我入伍的當天即被選為伙食委員，面對此種情形，必須盡速解決，乃向連長建議讓大家先安心吃飽，等操作正常後，利用星期假日的結餘來彌補。連長欣然同意。

沒有多久，我被選送軍士訓練隊，預定訓練三個月後，回連當班長。軍士隊的訓練就更嚴格了，由於立正的姿勢站得太久太挺，雙腿已變得僵硬，起頭幾天，幾乎每個人都無法蹬下來上大號，那真是非常痛苦的經驗。

軍士隊的訓練，從單兵徒手開始，進而持槍，由伍、班、排到連的基本教練，接著便是野戰教練，萬家壩附近的山頭，幾乎都給我們磨平了。每天都在山坡上搜索、爬行、衝殺，我因個頭較高，不論在軍士隊或是第二連，都是輕機槍手，那一挺捷克製的輕機槍，每天都與我相依為命。快要結業時，團部督導員室來函，調我去當股員，負責全團的文宣工作，支領少尉薪餉；副團長兼軍士訓練隊長易智上校獲知後非常不滿，他找我談話，劈頭便問我：

「你從軍是來當兵的，現在為什麼要去當官?!」我說：

「報告隊長，不是我自己要去的，是有人推薦的。」易隊長說：

「軍人事業在戰場，戰場要靠槍砲，要靠指揮，你好好準備去當班長！」

我想既然副團長不同意，那就好好準備當班長，可是沒隔幾天，隊上通知我到督導員室去報到。後來我才知道，原來派職的公文早已由師部呈報青年遠征軍編練總監部核准了，不能輕易變更。我到督導員室以後，由於場地寬敞，遇有假日，同學們都來找我，尤其好友任藝華兄在戰砲連當幹事，相距不到一百公尺，每天晚餐後至自習前的一段時間，便是我們散步聊天及研討問題的大好時機；而督導員彭克純中校和覃保全、葉明善兩位股長，亦很親切誠懇，對我愛護有加，因此工作雖然極為辛勞，心情卻十分愉快。

二、驚濤駭浪的日子

㈠從武漢到臺灣

民國三十七年冬，國軍在徐蚌會戰失利，一時謠言四起，物價飛漲，人心惶惶不安。三十八年元月二十一日，總統蔣公中正宣布暫行引退，並於當天離開首都南京，飛回奉化溪口，代總統李宗仁於翌日視事後，即電邀李濟深等積極策進和平運動；而在北平的華北勦匪總司令傅作義則在搞所謂「局部和平」，華中勦匪總司令白崇禧亦在武漢按兵不動，作其和平美夢。這時我們就讀於武漢三鎮各大專院校的青年軍復員同學二百餘人盱衡情勢，惟有忍痛犧牲學業，再度獻身國家，將革命事業從新做起。

當時同學們有兩種意見，一是去重慶，一是來臺灣；經廣泛討論的結果，認為反共不同於抗日，唯有來臺灣才是一條生路。且中央政府已於元月初任命陳誠先生為臺灣省主席、蔣經國先生為中國國民黨臺灣省黨部主任委員。陳誠在任第六戰區司令長官兼任湖北省主席時，他減少保安團的數量，將節省下來的經費用以成立湖北省立聯合中學，並親兼校長，大力搶救淪陷區的青年；而我們這群都是當年湖北聯中的學生，心裡都對他存有一份感激之情。蔣經國曾是青年遠征軍編練總監部政治部主任，「一寸山河一寸血，十萬青年十萬軍」，青年軍當時以身許國，抱持的是忠義血誠。蔣經國曾期勉青年軍要做到「一日青年軍，一世青年軍」，不論走到哪裡、不論面臨何種局面，都要共甘苦、共患難，以國家興亡為己任。現在國家有難，希望能再得到他的領導，拼死一戰。因此各院校的同學代表如湖北農學院的何澤浩、李發強，武漢大學的潘正文、姚振，中華大學的舒達，國立師範學院的沈宗英等等，乃聯名寫信給陳誠，希望他能幫忙解決赴臺的交通問題，可是等了許久，沒有下文。乃轉向湖北省黨部主委方覺慧與華中勦匪總司令白崇禧求援，仍然沒有結果。而當時情勢日益惡化，十分迫切，正當大家心急如焚之時，適有由孫立人將軍所主持的陸軍訓練司令部，派員到武漢地區招收青年學生及與部隊失聯的官兵，辦事處就設在武昌斗基營，處長為藍鐵民少將。於是何澤浩、潘正文等學長即前往洽商，藍處長極表歡迎，並願遵守政府規定，凡領有少尉預備軍官證書的復員青年軍同學，再服役時即以少尉任用。登記報名的結果，包括十餘位同學的未婚妻與女友，共二百零四人。另有志願從軍的高中學生八百餘人，合計一千餘人，浩浩蕩蕩，一起奔向臺灣。

三十八年四月八日清晨，我們從武昌徐家棚火車站上車，乘粵漢線經廣州來臺灣，行前並發表宣言：「有我在不許中國亡，有我在誰敢亡中國。」呼籲全國愛國青年一致奮起，以生命血肉挽救國家的危亡。當時中共潛伏在各院校的職業學生都來為我們「送行」，並進入車廂與我們握手，實際上他們是來清點人數，看我們到底有多少人；因為我們離開學校後，再也沒有人反對他們罷課遊行、反對他們「三光運動」，他們就可毫無顧忌為所欲為了。

經過兩天一夜的辛苦行程，九日晚間抵達廣州車站，住進白雲路一幢尚在興建中的空屋內，等候赴臺的船艦，直到五月十日才有海桂輪來接我們。在黃埔上船前，監察院長于右任先生正好來到黃埔，大家熱烈鼓掌，歡迎他講話，右老感於國難當前、情勢危急，他慷慨激昂、語重心長，雖然只是很短的時間，大家都熱淚盈眶、感動難忘。

海桂輪在珠江航行時十分平穩，可是一過香港海面，幾個巨浪便把我們衝得暈頭轉向、嘔吐不已；由於大家都擠在艙底，連嘔吐的地方都沒有，且天氣炎熱、空氣汙濁，感到十分難受。當時只有李發強、尹以琭等極少數學長，似乎具有異稟，尚能跑上跑下，為同學們拿水拿飯；其餘的都躺在艙內，動都不能動。從黃埔到高雄，不過四百多海里，經過兩天兩夜的折騰，直到五月十二日凌晨，才抵達嚮往已久的復興基地臺灣。而就在我們抵臺後的第三天，武漢三鎮即被白崇禧將軍不聲不響的拋棄了！

㈡在鳳山接受「新軍訓練」

海桂輪在晨光熹微中，緩緩的靠岸了，大家以歡欣鼓舞的心情，踏上了這美麗的寶島，放眼四望，才知道是海軍左營基地的碼頭。由於兩天兩夜未吃食物，無不饑腸轆轆，便從水果攤上買些香蕉充飢。這時一輛軍用卡車將女同學們載往屏東阿猴寮的女青年工作隊去了，我們這些大男生，則是各自扛著行李，前往火車站，搭乘火車到臺南的「旭町營房」，也就是現在成功大學的光復校區。

一進入營門，就感覺氣氛十分緊張，剛放下行李，隊職官們便宣布集合編隊，並令我們剪成光頭，換穿紅短褲，戴上竹斗笠，開始接受入伍教育。由於我們在武昌報名時，藍處長說得很清楚，將給予少尉軍官任用，現在為何將我們當作新兵看待？顯然與政府的法令及藍處長的承諾相違背，因此各校代表即據理向隊職官們陳情，希望他們能諒解，並向上級反應。就在這時，傳來營區內的新兵因受不了教育班長的打罵處罰，有跳游泳池自殺的，有吞金戒指或上吊而死的，大家更感到情況嚴重，必須及早設法解決。於是除分別寫信給司令官孫立人將軍，表達我們的心聲外，何澤浩學長等則祕密前往臺北，設法晉見省主席兼警備總司令陳誠，蒙允以警備總部名義致函孫立人將軍，在鳳山成立政工訓練隊，代訓六個月後，撥交警備總部任用。正在大家熱切期盼時，隊職官宣布：司令官已指派新聞處長張佛千少將前來訓話。張將軍學貫古今、思想敏銳、口若懸河、雄辯滔滔，給我們講了許多大道理，可是問題仍未解決。當他訓話結束時，大家即把握這難得的機會，坦誠恭敬的說明我們再次從軍來臺的經過，並指出戡亂作戰所以節節失敗，主要是由於國軍官兵在抗戰勝利後，失去中心思想，不知為誰而戰，為何而戰，以致軍紀敗壞，精神渙散；尤其高級將領自私自利，保全實力，各自為戰，見死不救，以致為共軍各個擊破，同遭覆亡的慘痛命運，我們投奔新軍，希望能從事精神教育和文宣工作，造成有思想有紀律的鋼鐵隊伍，因此，請求司令部在鳳山成立政工訓練隊，我們樂意接受新軍訓練，為反共救國而犧牲奉獻。張佛千聽後，覺得似乎不無道理，允應向司令官呈報。孫立人將軍果然從善如流，很快即成立政工訓練隊，令我們到鳳山去接受訓練。

政工訓練隊的營舍就是現今中正堂所在的地方，坐南朝北，是一間平房，原本是一座倉庫，連窗戶都沒有，稍加改裝，即成了我們的寢室和教室；吃飯則在露天，各人坐著小板凳，吹颱風、下大雨時，則進入教室，仍是那一張小板凳，菜碗則是一個鋁臉盆。由於菜少不夠吃，能吃辣椒的則以辣椒醬拌飯。首任隊長為鍾山中校，指導員為金曄少校，排長則是陸軍軍官學校畢業的軍官。根據訓練計畫，訓練時間為二十六週，即從六月初開始，到十一月下旬畢業，受訓期間給予下士待遇，畢業後以少尉分發任用。既然司令官孫立人將軍已採納我們的意見，有關階級待遇也就不再計較了，因為我們從軍原不是為了當官，只是希望能貢獻力量挽救國家危亡而已。那時一個下士，一個月的薪餉是臺幣十二元，約合美幣三角五分。當時生活的艱困，實非現在一般青年所能想像！

開訓後不久，又有從南京、上海各大專院校如中央大學、復旦大學、暨南大學、朝陽大學、大夏大學、上海法學院等校的同學數十人來到隊上，於是重新再作混合編隊，積極展開訓練。從單兵基本教練開始，進而伍、班、排、連教練及戰鬥教練，尤其重視體育，單槓、雙槓、木馬、跳遠、爬槓、游泳、劈刺、格鬥、枕木運動、四百公尺接力、一千公尺武裝超越障礙及五千公尺賽跑等等，從早到晚，都是光頭、赤膊、紅短褲，有時戴竹斗笠，在操場、靶場、野外，不停的操作跑跳，因為孫立人認為作為一個軍人，體格最重要；沒有強健的體魄，就無法從事艱苦的戰鬥任務。所以在第四軍訓班，設有一個教官人數眾多的體育組，負責學員生之體格鍛鍊，以增強戰力。

在軍事教育方面，特別重視實彈射擊與野外戰鬥教練，從擦槍開始，都有一套標準規定，絕不准使用鐵通條，以免磨損槍膛和槍口。必須用竹子通條，兩人將槍管抬平，慢慢用竹通條沿著來復線的溝紋，輕輕的旋轉，這樣就容易擦拭乾淨，除竹子通條外，尚有大竹籤、小竹籤、大毛刷、小毛刷、大方布、小方布；小方布又有油布、乾布之分，對武器的愛護可說無微不至。至於實彈射擊，要求就更為嚴格，例如步槍，從握槍把、扣扳機，到停止呼吸，必須確確實實，不能有誤，然後再依次實施箱上瞄準、三角瞄準以及各種射擊姿勢的預習，一切及格之後，方准實施實彈射擊，而在實彈射擊之前，還要作射擊預習，必須經過反覆磨練，心領神會，射擊時才能百發百中，成為神槍手！

鳳山天氣炎熱，風沙甚大，特別是夏季秋天，烈日當空，雖戴斗笠、打赤膊，仍是汗流如注，由於穿著短褲，陰囊遭風沙吹襲感染，產生一種奇癢無比的皮膚病，被稱為「繡球風」，那真是對男人極嚴酷的折磨。它越癢，就越抓，結果皮破血流，更癢更痛，而又無特效藥，尤其那些身材比較福態的同學，不僅白天流汗，夜間也流汗，所以更是受盡煎熬，出操時，他們不能操作，但必須兩腿分開，佝著身子在旁見學；野外教練時，他們也必須隨部隊行動，於是只得以右手抓握槍帶，左手拎著褲襠，兩腿向外彎曲，一搖一擺的跟在部隊後面徐徐前進，就像一隊企鵝。

既然是政工訓練隊，當然也有一些政治課程，如國父遺教、國際現勢、俄帝侵華史、共黨理論批判等，其中最令我們感到興趣的，是共黨理論批判，因為我們以前沒有學過，特別是在當時反共情緒正處於高潮時，了解共黨理論的荒謬，對我們來說，也實在是很重要的。

㈢聽孫立人將軍講「統馭學」

凡在鳳山受過「新軍訓練」的人，不論軍官、士官、乃至輪流調訓的士兵，幾乎都聽過司令官孫立人將軍講授「統馭學」(Leadership)。經常是數千人一起集合在司令臺前的廣場上聽他講演。不過我們政工訓練隊的同學，則是得到孫立人將軍的特別垂愛，他要單獨為我們講授，而且時數也比較多，每天上午四個小時、連續五天，時間是七月下旬，地點是在俱樂部；那是一棟相當寬敞的鋼筋水泥平房，我們兩百多人，還只用了一半，四周都有高大的樹木，濃蔭蔽天。我們坐著自帶的小板凳，腿上放著圖板，一面聽講、一面作筆記，比起在烈日下出操，真是一大享受！

平心而論，孫立人並不是一位很擅長講演的人，但他講話中肯實在，而且引證許多中外史例與他自己所親身經歷的事實，也頗能扣動聽眾的心弦，引起一些共鳴。

孫立人認為一個部隊，如果僅有良好的裝備、熟練的技巧，是不能作戰的；必須要有團結的精神、旺盛的士氣，特別是靈活的指揮，才能打勝仗，而這一切則是屬於統馭的能力。

一個部隊長，就是這個部隊的靈魂與核心，對於統馭需要特別重視，因為部隊的組織是寶塔式的，而作為寶塔頂尖的部隊長，必須要具有領導一切的能力，如果領導得法，就必能使部隊團結一心，奮勇爭先，克敵致勝，獲得成功；否則，不但會吃敗仗，甚至整個部隊，連同自己的性命都要犧牲，而國家亦將因之遭受重大損失與影響。

至於統馭才能的形成，孫立人認為部分是與生俱來的，但主要的還是要從不斷的學習中累積經驗。他曾以他自己為例，說他小時候體弱多病，到五歲才能走路，母親因照顧他積勞成疾，不幸早逝。後母待他非常好，見他溫順沉靜、舉止文雅，有時竟將他當成小女孩看待，為他穿女裝、梳辮子，甚至還在他的臉上擦胭脂；由於他率直的講述，我們都覺得好笑，但又不好意思笑出來。平時我們所見到的司令官，總是上身穿著軍常服，下身穿馬褲和馬靴，頭戴大盤帽，腰繫寬皮帶，氣宇軒昂，雄姿英發，真如玉樹臨風。想不到他小時候還曾被當著女孩看待；在他脫下軍帽時，當時雖只五十歲左右，頭髮卻已花白，只是皮膚白細、眉目俊秀，如果年輕時真扮成女妝，恐怕還真是一位美人呢！

孫立人說直到他十三歲考入清華中學之後，才如脫韁之馬，性格丕變。由於該校採用美式教育，特別重視體育，他的功課因已在家庭教師的嚴格督教下，打下深厚的根柢，因此每天除了上課，便是打球，足球、籃球、排球、棒球、手球，樣樣喜愛，經常活躍在運動場上，身體亦因而一天比一天強健；又因愛看俠義小說，喜歡為人打抱不平，竟在一年之內被選為四種球隊的隊長，而且都是校隊。由於他凡事詳細規定，秉公處理，上場打球時又控球靈活、指揮若定，成為全隊的靈魂；沒有多久，果然成績斐然，曾連勝四十五場，並在遠東運動會時奪得冠軍，成為人們心目中的英雄，也從而奠定他自己對統馭領導能力的信心。

孫立人不但喜愛體育，還一心想學軍事。他說因為很小的時候，在青島曾被德國人欺負，他覺得唯有國家強盛，才能受人尊重，而要使國家強盛，最直接的方法便是建立強大的軍隊，所以他決心要學軍事，但他的父親不同意，希望他學醫，他不好違背父親的旨意，清華中學畢業後，由於學的是工科，便申請到美國普渡大學去學土木工程。兩年後順利拿到工程學士學位，這時他仍想學軍事，便不再顧及父親的反對，毅然申請進入維吉尼亞軍校。該校有一個傳統的作法，就是老生管新生，而且以打人而聞名。孫立人說，在普渡有老師打學生，在維吉尼亞，則是老生打新生，而且不是一個打一個，乃是幾個打一個，並且是在光天化日、眾目睽睽之下，一拳接一拳的打。他在報到的那一天，就一連挨了好幾拳，但也就是那幾拳，使他走路的姿勢已完全合乎要求的標準。當時我們就想，原來司令官也是被打出來的，怪不得他所統率的第四軍訓班，特別是入伍生總隊，經常打人，而且還打得理直氣壯，這些都是有所傳承的，並且聽說司令官本人也曾用馬鞭打過人！

孫立人講統馭學，就是這樣循序漸進，從一般統馭與軍隊統馭的基本原則，講到平時和戰時帶兵作戰所應注意的事項，每講到一項，他即引用古今中外的名將與兵學家對練兵帶兵用兵的嘉言語錄，以及他自己從排長幹起所親身經歷的一些經驗與故事，而他引用最多的，乃是《孫子兵法》、《曾胡治兵語錄》與總統蔣公中正的訓詞。他認為指揮作戰，必須講求戰略戰術的靈活運用，也就是孫子所說：「以正和、以奇勝。」因為戰場情況千變萬化，絕不能一成不變，如果讓敵人摸透你的戰法，你便會掉入他所預設的陷阱，遭受失敗的悲慘命運。孫將軍以在緬甸作戰為例，當時日軍以兩個師團的強大兵力，將英軍七千餘人團團包圍，英軍總司令亞力山大上將，請求我國迅速派兵救援；當時上級為了顧及盟軍的友誼，下令孫立人就近以新三十八師，派出一一三團前往救援。窺其本意，不過是表示一點意思而已，但孫立人認為他身為部隊長，絕不能看著自己的官兵白白去送死，所以他決定親自率領該團七百餘人（其中一個營另有任務，不能隨行），星夜前進，以迅雷不及掩耳的行動，採兩翼包圍、分進合擊的戰法，使日軍措手不及，倉惶中棄甲曳兵而逃，死傷枕藉，使英軍得以被解救，並擄獲大量的戰利品，造成震驚世界的仁安羌大捷，使中國軍人得以揚眉吐氣，從而贏得英美人士前所未有的尊敬！

作為部隊的統馭者，孫立人認為必須要有高尚的品德、優良的學術，本著良心血性，以身作則，了解部屬心理，深得部屬信仰，在指揮作戰時尤要能勇敢果決，當機立斷，絕不可優柔寡斷、猶豫不決，因為一個部隊長，掌握著所屬官兵的生死存亡，當其馳騁於千變萬化的戰場時，官兵的性命、部隊的成敗，完全決於俄頃，如果顧慮太多、考慮太久，以致耽誤時間、坐失良機，而使敵人搶得先機，則將坐以待斃，失敗無疑。我們在大陸勦匪作戰，所以遭受慘痛失敗，孫立人認為部隊長要負主要的責任。他特別提到前東北保安司令長官杜聿明，這位曾兩度當過他頂頭上司的杜長官，以他的戰術思想和指揮才能，孫立人認為頂多只能當一個排長；因為他既無膽識，又不懂得戰略運用。他曾舉例說，當時在瀋陽有五個精銳軍，裝備極為精良，如果遵照上級規定的時間，前往攻取錦州，應該絕無問題；但他拖拖拉拉，行動非常遲緩，原來錦州的共軍見我軍聲勢浩大，本已準備撤退，後來發現我軍行動遲緩，他們乃調動大軍，形成大包圍。這時我軍見態勢不妙，便又遲疑不決，既想退回瀋陽，又想南下營口；如此徘徊幾天，匪軍的包圍已逐漸縮緊，官兵一時驚惶失措，只顧逃命，遂導致全軍覆亡。而整個東北亦因之陷入敵手，連杜聿明本人亦被敵軍俘擄，真是「一將無能，累死三軍」，國家和人民都因而受到悲慘的命運，當他講到此處，表情嚴肅，情緒激動，心中似乎仍憤恨不平。當時我們就想，如果當年東北勦匪作戰是由孫立人將軍負責指揮，應該會出現另一種局面，而我們也就不會退到臺灣。

(四)二十三位同學被逮捕

由於江陰要塞司令戴戎光變節投降，共軍於四月二十一日渡過長江天塹以後，南京、杭州、武漢、宜昌等各大城市，很快便相繼淪陷，臺灣全省即於五月十九日起宣布戒嚴；這時在臺灣的全體軍民已是同舟一命，尤其是軍人，雖然職位不同，但目標和任務卻是一致，更應同心協力，共赴國難。可是不知為什麼，當時在我們隊上總感到有一種不和諧，甚至相對立的氣氛。隊長鍾山中校，原是馬來西亞的僑生，英國皇家機械學校畢業，並曾參加皇家空軍海外志願隊，回國後又進入我中央軍官學校十四期，畢業後再進砲兵學校，不但英語、國語都很好，而且學識淵博，對戰術也很有研究，他因仰慕孫立人將軍，特別投效到孫所領導的新三十八師，到緬甸作戰，在任搜索連長及營長時，機智勇敢，屢建奇功，極為孫立人賞識和器重，東北作戰失利被俘，後來脫險來臺，仍投奔孫立人，所以孫派他來擔任隊長，可以說是對本隊的重視。指導員金曄上校，復旦大學畢業，學驗豐富，認真負責，幾位排長也都非常優秀，像這樣堅強的陣營，如果他們開誠布公，以良心血性來領導，絕對可以贏得同學們的支持與尊敬，然而可能由於他們有先入為主的觀念，認為這是一群問題學生，一進新軍的營門就表示不願接受入伍訓練，應該給點顏色看看，所以在言語上態度上，常引起同學們的不悅和反感。

而在我們學生這方面，有些同學認為國家已到了這種地步，救亡圖存第一，因求好心切，遇有不合理的地方，便直言相諫，希望有所改善，可能使隊職官在心理上感到不滿；還有武大的栗鐵山同學，將那時中共職業學生最慣常唱的〈山那邊好地方〉的曲譜，填上〈新臺灣好地方〉，有天晚飯後要大家一起唱，栗學長的本意，當然是要歌頌臺灣、讚美臺灣；但歌詞唱起來別人不一定聽得清楚，而曲調一聽就非常明白，雖然沒唱兩遍就停止了，但當時在營區內唱共產黨的歌曲，可能造成非常不好的影響。尤其重要的，有些同學對孫立人將軍寄予極高的期望，希望他能了解隊上的實際情況，因此推選潘正文、劉俊三、李清等三位學長，以全體同學的名義寫信，乘他為我們講統馭學的機會送給他；誰知孫立人接過信後，連信封都未望一眼，即順手交給隊長鍾山了，當時大家心裡就感到不妙。

果然未隔幾天，也就是八月五日的中午，當全隊正在午餐時，值星官宣布：

「司令官一四○○在司令部會議室召見，凡是唸到名字的同學，著軍便服、打綁腿，一三四○在隊部門前集合。」

這一宣布，激起一片歡欣。司令官畢竟是一位百戰英雄，享譽國際的名將，他要了解同學們的心聲，竟然一次就召見二十三人，真是令人敬佩。

可是這些榮獲司令官召見的同學，直到吃晚飯時仍未見回來，大家心裡覺得有些奇怪，難道司令官還賜宴不成？等到熄燈號吹過之後，仍不見他們回來，這時大家就知道事態嚴重了；然而整個營區一片寧靜，也無從找尋。到第二天吃過午飯後，同學們才藉口到醫務所看病，登記排隊，到相關單位去打聽，第一個要去的地方便是禁閉室，果然他們都在裡面，不過潘正文、劉俊三、李清、姚神英、向士宏、倪素墳、翟平安等七位同學已被押走了，不知送往何處？由於平時負責對外連繫的同學已被一網打盡，我們人地生疏，不知向何人求援？還是何澤浩學長偷偷遞出一張紙條，告知羅卓英將軍在屏東的住址，才由負責採買的同學祕密去見羅將軍，因為他曾是青年軍的編練總監，請他設法營救這些手無寸鐵身無分文的同學。

四天之後，也就是八月九日的夜晚，這些被關在禁閉室的何澤浩、姚振、易禮金、舒達、栗鐵山、舒敬昕、鄒定華、李如松、楊佑庭、葉一泰、張久裕、戴聲萱、蒲春厚、何榮高、劉定一、葛運炎等十六位同學，又被押走了，同樣不知下落，大家都心急如焚，深怕他們被丟進太平洋裡，因此不斷有人去找羅總監，請他搭救這些同學，可是羅將軍說有關單位都打聽過了，都說不知情，這時大家的心裡真是悲憤沉痛到了極點，但誰也不願再表示意見。由於驚慌、鬱悶、恐怖，積壓太深太久，竟至連續幾夜發生「鬧營」；午夜時分突然有人發出一種怪怪的聲音，跟著有聲音響應，只一瞬間，便在整個寢室，有人大叫、有人大哭、有的打人、有的咬人、有人從上舖掉落地面、有人在地上打滾，盧德斌學長（後任醒吾商專教授兼訓導主任）並在一次鬧營中，咬住鄰友的手指不放，對方本能的用力拔出，竟將他的門牙拔掉，兩人都鮮血直流，到現在仍令人記憶猶新，永難忘懷。

直到是年十月，那些被捕失蹤的學長又奇蹟似的來到臺灣，從他們的口述中，我們才得知他們是以「思想複雜、行動乖張、圖謀不軌」的罪名被押解出境。第一批七人於押赴廣州後即被關進監獄，在監獄中並與中共南下工作團的人員有所鬥爭，由於對方人多勢眾，情勢十分危險。第二批同學在抵達黃埔港時，廣州情勢已相當混亂，他們即乘管理人員自顧不暇時偷偷上岸，一方面以流亡學生的身分，請求教育部救濟，同時並積極探聽及設法營救前一批的同學，廣州綏靖公署在了解實際情況後立即予以釋放，於是他們二十三人又聚在一起，並前往黃花崗七十二烈士墓前獻花致敬，由於遭此誣陷，感觸良多，不禁悲從中來，相互擁抱痛哭！

由於大陸情勢急轉直下，廣州已岌岌可危，他們所能走的唯一生路就是再來臺灣；因此致電陳誠主席，請求設法搭救，誰知等了數日沒有回音。幸好何澤浩學長有位中學時的教官王雲平上校，在「三七九二」部隊擔任團長，有一天他們在街上相遇，何學長向他說明詳情，王團長立即接納他們加入部隊，於十月二十四日廣州棄守前，乘登陸艦來到臺灣。他們後來就個人的志趣奮勉發展，在教育界、文化界、財經界、企業界以及軍中，均有非常卓越、亮麗的表現與成就。

惟倪素墳、葛運炎、向士宏三學長遭此打擊，越想越氣，決定不再來臺。向士宏獨自去香港，倪素墳和葛運炎則飛往重慶，未久，重慶淪陷，他們被中共強迫還鄉，遭到極殘酷的鬥爭。因為當時中共將「青年從（軍）」與「國大代（表）」、「立監委（員）」、「軍官總（隊）」列為所謂「四大害」。他們認為這些在民國三十三年對日抗戰最艱苦危急關頭，忍痛放棄學業事業，響應蔣中正委員長號召參加「一寸山河一寸血，十萬青年十萬軍」的愛國青年，都是效忠蔣委員長的「頑固分子」。所以中共在占據大陸後，對留在大陸上的青年軍同學實施「鎮壓」（槍斃）、活埋、鬥爭、勞改，甚至傳聞有被剝皮凌遲而死的。

(五)到五塊厝「煉獄」

忍氣吞聲，為期二十六週的訓練，終於接近尾聲，各種測驗業已完成，只等司令官孫立人將軍蒞臨校閱後便可畢業了。隊職官們一再宣稱：「司令官這樣繁忙，還要親臨校閱，這是你們的光榮，務必要好好準備，不得怠忽。」

司令官指定校閱的課目是「班攻擊」，這對我們來說早已駕輕就熟，而攻擊的路線，則是從灣子頭到六四一高地，長約二千多公尺，從攻擊發起線到攻占敵人陣地，沿線的地形地物及敵人陣地的位置與兵力配備等，我們都已摸得清清楚楚，因此大家都有信心，絕不會讓司令官失望。在校閱的前兩天，隊職官們為恐百密一疏，又帶領我們去重覆演練，務求做到盡善盡美，絕不容許有絲毫缺失。

校閱的一天終於來到了，同學們個個精神抖擻、士氣高昂，先將內務和環境整理得十分完善，然後將隊伍提前帶到灣子頭的攻擊發起線，只等司令官一到，攻擊立即發起。一班接一班依序攻擊前進，每一個同學都卯足全力，希望能博得司令官的肯定和賞識，可是沒有多久，當各班正奮力攻擊前進時，值星官傳令下來：

「演習終止，隊伍到指定的地點集合！」

這時大家真是興高采烈，這最後的一課終於完成了。不料隊長林煒晨上校卻宣布：

「司令官指示，要各位再到五塊厝去接受兩個月的入伍訓練！」

大家一聽，就像洩了氣的皮球，情緒頓時跌到了谷底；隊職官們也垂頭喪氣，感到很沒面子。原來孫立人將軍的基本原則是絕對不變的，任何人要到鳳山接受「新軍訓練」，都必須先受入伍教育，我們先前不願在臺南接受，現在便將我們送到更為嚴格的五塊厝，這就是孫立人的堅持。

當天夜晚便有幾位同學溜走（開「小差」）了，我和好友任藝華學長也決定不再在這裡耗下去了。第二天晚上我們輕手輕腳進入儲藏室，準備拿幾件隨身衣服後離開營區，孰料被隔壁房間的隊長林煒晨上校發覺，他大聲詢問：

「誰在裡面做什麼？」我們只好報上姓名。林隊長說：

「明天再來找，趕快回去睡覺！」我和藝華兄只得乖乖出來，而他卻已站在門口等候，

他很嚴肅的對我們說：

「你們想做什麼我知道。」然後對著我說：

「我告訴你，別人可以走，你不能走，因為你們的成績都已算出來了，並已報到班本部去了，你是第一名，如果你也走了，教我這個作隊長的如何交待？」

接著他神色凝重，而很感性的說：

「人生並不都是一帆風順的，有時會遇到風險和苦難。兩個月，不過短短的兩個月，有什麼好怕的？咬一咬牙就過去了，凡事堅持到底，才能成功勝利。青年人不但要有勇氣，尤其要有毅力，士不可以不弘毅，任重而道遠，不要就為了這兩個月而憂傷洩氣！」

經他這麼一訓，我和藝華兄雖然心裡不樂意，但也不好意思逃走了；因為人與人之間，總要留些情面，何況人家也沒有惡意，不能做得太絕，令他失望寒心。

沒過幾天，我們便被送到五塊厝入伍生總隊。由於我們人多，編成第一營的第一連和第二連。我是第一連，連長為羅銀倫上尉（後任三軍大學少將總教官），排長都是少尉。教育班長則都是軍士隊畢業十八九歲的小伙子，他們精力充沛、動作熟練，整人的手法和功夫也是一流的。

從入伍生總隊接受我們的第一分鐘開始，值星官便宣布，不論在什麼地方，作什麼事情，

只要聽到哨音，便要馬上立正站好，等宣布的口令結束後，方可行動，如果是要到指定的地點集合，當值星官「向前看」的口令停止，還未進入部隊站在自己應該站立的位置，不論是徒手或持槍，都必須立即匍匐前進，如爬得不快，即受處罰。夜間上廁所，須向衛兵登記，等前面去的人回來後才能去，夜間不得有兩人同時上廁所。洗澡時，一連一個露天小水池，每人五分鐘，限時完成。至於吃飯、著裝、整理內務、打掃環境、乃至睡覺等等，都有詳細的規定，時間的限制，必須嚴格遵守，否則便要處罰。那些小班長最會利用機會找同學們的缺點和麻煩，一經發現，立即予以拳打腳踢，並口口聲聲說：

「不要以為你們是大學生，大學生有什麼了不起，我打給你們看。」在他們眼裡，大學生似乎等同囚犯。有一位許傳恕學長，敦厚實在，非常可愛，可是教育班長卻用小板凳把他的手打腫了，連吃飯都不能拿筷子。而且他們每天都檢討，看看哪些人還未挨打，明天該打誰，都有計畫。有天中午，我們從大貝湖附近實施野戰教練回來，快進鳳山市區時，正唱著軍歌，勇往前進，忽然聽到一陣急促的皮鞋聲，緊接著我的背上被打了一拳，並有聲音說：

「為什麼不唱歌？」

我回頭一看，才知是值星官李排長。當時我真感到莫明其妙，因為事實是在唱，而且是蠻大聲的在唱。一個連的行軍縱隊，總有三十公尺左右的長度，值星官為了照顧整個部隊，通常都走在中間地帶，我是輕機槍手，走在隊伍的排頭，他離我最少有四、五公尺，真不知他從我背後如何能看到我未唱歌？吃過午飯後，我的幾個「鄰兵」憤憤不平，要到連長那裡去為我討回公道，我謝謝他們說：

「這裡哪能夠找公道？司令官要我們到這裡來，就是要我們來挨打的，他自己不是也挨過打嗎？再過兩天，我們就要功德圓滿離開這裡了，算了，不要惹他們了。」

後來沒過多久，聽說那個李排長患肝病去世了，英年早逝，亦可說是國家的損失！

入伍生總隊的訓練，完全是術科，不是操場，就是野外，而每天早晨的第一課，便是越野賽跑，從五塊厝跑到高雄火車站，再從原路跑回來。那時高雄和鳳山之間很少有房屋，車輛更少，整條公路就成了我們的跑道。至於訓練的課目，仍是由單兵、到伍、班、排、連等基本教練與戰鬥教練，因為司令官的本意不是要我們去學什麼本領，而是要我們去接受磨練，兩個月的時間一到，倒是讓我們很順利的回到鳳山。三十九年二月一日舉行畢業典禮，司令官孫立人將軍親為我們頒發畢業證書及前三名獎品。經過八個月的苦訓，終於修成了正果，所有的同學都分發第四軍訓班所屬學生總隊，校官、尉官、軍士大隊及新成立的臺灣軍士教導團等單位，擔任連隊級的政治指導員。我被分到班本部訓導組擔任課員，承辦政治教育業務，只是畢業分發的那一天，正是農曆的除夕，部隊循例休假，有些同學拿到分發命令卻無法前往報到，過了一個很不一樣的農曆新年。

㈥親歷陸軍官校在鳳山復校

民國三十九年三月一日，總統蔣中正在全國人民殷切喁望下復行視事，同年八月，陸軍軍官學校在鳳山復校。因其原在成都的校本部未能即時撤出，乃以鳳山的第四軍官訓練班為基礎，加以擴充改組，也就是取消第四軍官訓練班的名義，將原有的訓導組改為政治部、行政組改為行政處、訓練組改為教育處、軍需室改為補給處、學生總隊仍為學生總隊，並由羅友倫中將出任首任校長。

羅友倫原名羅又倫，黃埔軍校七期畢業，前為第六軍少將軍長，在東北勦匪作戰失利後，前往美國哥倫比亞大學進修，獲悉蔣公復行視事，即毅然立即回國，進入陽明山革命實踐研究院受訓，以一篇〈讀訓質疑〉，深得蔣公中正嘉許，並公開稱讚他學習認真，富有研究精神。陸軍官校復校時，蔣公中正特下手令：「派羅友倫中將為陸軍軍官學校校長。」這一手令，不僅給羅將軍升了一級，還將他的名字也改了，而這一字之改，不但更有意義，而且音調也更響亮，具見蔣公中正對中國文字與中國文化體認之深。

羅友倫年青英俊、儀表非凡，雖然屢經陣戰，但因生得一張「娃娃臉」、而且個頭不高，當時三十九歲的他，看起來不過二十出頭。他曾在一次週會上說：

「現在部隊的軍紀和禮節實在太差，我到部隊去看演習，官兵都不知道向我敬禮，只說：看哪，好年輕的中將！」

羅校長也很會講話，有人講不過他，就稱他是「話學博士」！

陸軍官校復校後的第一件大事，就是招考第二十四期的學生，也就是所謂「鳳山一期」。

當時由於大陸淪陷，許多愛國青年都急欲從軍報國，特別是隨部隊來臺具有高中學歷的士官兵，更是熱切的希望能進入軍官學校，所以報名的非常踴躍，並有好些斬斷手指寫血書給羅校長，以示投考軍校的決心。羅校長對此曾在週會時公開表示：

「學生錄取絕對要以成績為標準，任何血書都不考慮，否則我們豈不是在鼓勵自殘，而我們未來的陸軍軍官豈不成了殘廢軍官，這是不可以的。」

我原本分發在第四軍訓班訓導組服務，現在隨著單位改編，便到政治部第一科當科員，仍舊承辦政治教育。當時同在第一科的尚有李瞻、張炳禧、李崑崙等兄。李瞻兄後來考取國立政治大學新聞研究所，畢業後留校任教，歷任教授、研究所所長，著作豐富，桃李滿天下，曾榮獲政府頒發學術獎章、獎金，為國內與國際極受尊重的學人。另有第二科的胡啟智兄，他是湖南才子，湖南大學畢業，對中國文學造詣甚深，尤擅寫詩作詞，曾任大學教授，著作亦甚豐碩。那時政治部分為三科，第一科主管政治教育，第二科主管政訓活動，第三科主管保密防諜，另有一位上校監察官，負責人事財務與軍風紀之監督，首任政治部主任為馮國徵少將，他也是黃埔七期畢業。有一天，不知為了什麼事情，和監察官起了爭執，馮主任一氣之下，即以監察官抗命為由，下令將他關入禁閉室。那時由於大陸棄守，許多部隊慌亂中撤退來臺，有的吃空缺，有的假報銷。種種違法亂紀的事，不一而足，國防部為了整飭軍風紀，樹立監察官的權威，特對監察官賦予較大的權力。現在一個政治部主任，為了意見不合，竟將上校監察官關了起來，這可不能等閒視之；國防部獲報後，立即下令傳訊那位上校監察官，而沒有幾天，政治部的馮主任亦被調職了！

繼任的政治部主任為胡軌（步日）少將，他是黃埔四期的老大哥，曾任中央幹部學校副教育長（教育長為蔣經國先生）、人民戡建總隊中將總隊長，公正廉明、和藹可親，極受官兵學生的尊敬。他來接主任，許多人都為他感到委屈，他則說：「能回到母校服務，實在是一種光榮。」有一次他要回臺北，補給處為他送去兩張火車票，他說：「這次是因私事請假，不能用公家的車票。」承辦人說：「沒有關係！」胡主任很嚴肅的說：「怎麼會沒有關係呢？公是公，私是私，不論大事小事，公私一定要分清楚！」又有一次，他在全校週會中對師生講話，謂在臺北時很多朋友問他：「今日的黃埔如何？」他說：「一切都很好，就是沒有精神！」使得同時站在司令臺上的羅友倫校長感到很不自在。胡主任為了重建黃埔精神，特擬頒運動綱領，展開普遍而深入的討論；並從先後兩次徵文中，將我所寫的一篇短文，用作「重建黃埔精神運動綱領」的前言，使我頗感榮幸。

民國四十年七月的一天下午，時任陸軍總司令孫立人上將的侍從參謀陳良壎少校來找我，他說：「總司令要你去當祕書，請你去看總司令辦公室的孫主任（克剛少將）！」這真是一件突如其來的訊息。下班後，我將此事向我的頂頭上司李宗瑞科長和教官趙尺子上校請教，他們都說：「這是好事，應該去！」我說：「我一個少尉，如何能去為總司令當祕書？」他們說：「你畢業時考第一名，總司令親自為你頒發畢業證書和獎品，當然對你印象深刻！」但是我想那只是例行公事，軍訓班那麼多班隊，差不多都是他親自頒發畢業證書和獎品，他哪裡還記得那麼多。而且孫上將貴為總司令，身邊必是人才濟濟，我一個農村青年，從小學起就當流亡學生，不是跑日軍的警報、就是逃山裡的土匪，根本沒有讀什麼書；參加青年軍又耽誤了一年多，好不容易考上湖北農學院，學的又是農業經濟，對文史哲學雖然有興趣，但讀的實在太少，現在要我去舞文弄墨，實是自暴其短。而且當時我承辦政治教育，為各班隊擬計畫、排課表、請教官、算成績、已駕輕就熟，同時還兼任一門課，逼著自己讀書，可以教學相長。最重要的是我那被無辜逮捕的二十三位同學，他們未經任何審訊就被押解出境，難道當時的司令官是被蒙在鼓裡嗎？雖然他們後來絕大多數又來到了臺灣，但他們心裡的怨恨，是可以想見的。如果我去為孫總司令當祕書，他們必定會與我劃清界線，因此我決定對此事靜觀其變；如果總部發布命令，軍人以服從為天職，我只得前往報到，但我絕不主動去進行。時間就這樣一天天的過去，直到九月下旬，政工幹部學校第一期招收新生放榜，我僥倖被錄取，也就按時前往復興崗去報到入學了！

（本文載於《湖北文獻》第一三五與一三六期）

三、有我在不許中國亡

面臨著苦難和血淚交織的時代，赤色恐怖正威脅著整個中華民族的生存，大好河山，盡是一片荒涼血腥，多少苦難的同胞，流離失所，走向死亡，多少田園荒蕪，廬舍為墟，千瘡百孔，萬方多難。然而也正有不少的人們，在那裡稱心得意，狂笑猙獰，滿意於他們所繪製的這幅苦難淒涼的圖案。

是那些軍閥豪門，官僚政客，他們憑藉著封建殘餘的勢力，操縱著國家的權柄，爭權奪利，頑固自私，剝削大多數人民的幸福以自肥，摧殘國家民族的元氣以遂其私慾。以國家民族作幌子，以從事革命相號召，劫持國家，壓榨人民，使整個社會失掉正義是非，到處瀰漫無恥與不平，政治顢頇，經濟紊亂，投機取巧，貪汙無能，賢良潦倒，小人猖獗，把國家弄得不可收拾，人民嚇得哭不成聲。

而共產匪黨更嘯聚一些民族敗類和無恥漢奸，稱兵作亂，效忠異族，執行莫斯科黷武主義者的策劃，實行赤化中國統治世界的陰謀，出賣我領土主權，廢棄我國號國體，使我國旗變色，使我國歌無聲，更要使我四億五千萬同胞子子孫孫都做無聲無色的亡國之民。

挽狂瀾於既倒，是每一代青年應有的責任。六年前，我們曾用生命挽救了祖國的危亡，今天又面臨著如此艱危的局面，誰忍坐視祖國的危亡，誰能目睹民族殉葬，誰再甘心讓這些敗類匪賊喪心病狂，我們要叫破壞國家、背叛民族、暴亂殺戮的強盜們滾出國土，封建腐敗無能的官僚財閥們滾下臺去，一次革命，兩面作戰，我們毅然背起了這時代所賦予的十字架！

我們深信人類基本的要求是生活的安全與自由，而要求民族獨立，政治民主，經濟平等，就必須求得三民主義的具體實現，使人人有飯吃，人人有工作。然而我們絕沒有理由為爭取麵包而喪失自由，我們更反對以平等作幌子，而先奪去人類已有的自由；我們認定只有政治民主，經濟平等，才是人類歷史進化的正確途徑！

看赤禍千里，睹生靈塗炭，我們實在太對不起祖先，更有負於先烈。假若今後仍然留戀迷途，再不改弦易轍，管你是達官顯要，販夫走卒，都是民族千古的罪人。因此我們要求他們拿出良心，團結合作，不再勾心鬥角，相互傾軋，不要說為了死亡線上的祖國，也要挽救行將毀滅的自己。我們更要政府大刀闊斧，痛自改革，掃除一切苟且偷惰的惡習，廢除無聊的公文旅行，以簡捷的作風，處理緊要的公務。更要切合實際需要，舉辦各種興革事業，對裝門面擺派頭的一切繁冗機構，必須徹底淘汰，「推」、「拖」、「拉」的老毛病，尤其要徹底革除。拉關係講情面的應酬工作，更要徹底剷除，必須大徹大悟，從根做起，提高軍人待遇，厲行廉能政治，才能鼓舞士氣，收拾殘破的人心。

寇深矣，國危矣，血腥的事實，我們不能視若無睹。是懸崖了，再不勒馬，勢必粉身碎骨。祖國在召喚，熱血在沸騰，我們要以真誠血性，立下團結救亡的誓盟。我們要把滿腔的憤怒，化為反共的烈火，把沸騰的熱血，變成抗俄的炸彈，拼命保命，毀家保家，我們不但要打垮敵人，創造勝利，而且一定要復興民族，完成革命。

同學們，同志們，「一日青年軍，一世青年軍」。「以往我們曾經共生死，現在我們正在共患難，將來我們還要共成敗」，這是蔣經國主任對我們的一再期勉。在這危疑震撼生死存亡的緊要關頭，我們要一起莊嚴的發出誓言「有我在不許中國亡！有我在誰敢亡中國」。

（本文係為「青年軍聯誼會高雄分會」舉行會員大會所寫之大會宣言。載於民國三十九年二月十二日《臺灣新生報》南部版。）

四、「軍人魂」振奮人心

火紅的鳳凰花，開遍整個營區，像志士的血，鮮豔、聖潔、燦爛！

已經是夕陽醉吻山峰的時分，操場上還響起一陣陣的「嘿」、「殺」聲，雄壯洪亮，從操場流向四方，震撼山岳，響徹雲霄！

辦公室內不知什麼時候被抹上了一層陰影，大家正使勁的揮動著筆桿，是快下班的時候了。

「『軍人魂』這篇訓詞，實在太沉痛太感人了！」坐在我對面的李科長，拋開卷宗，突如其來的說道，聲音打破了室內的沉寂。

「確實，我讀過總統很多文告，也聆聽過不少次訓話，就不像這次簡直使人落淚。」是老王的聲音在回答：

「老郭，咱們還是到尉官隊受訓去吧！」李把臉朝向另一位科長，而且還等待著他的回答：

「幹嗎一定要到尉官隊去受訓，照規定也要到校官隊呀！」郭邊寫邊答話。

「不，對於戰鬥技能的訓練，尉官隊還是比較實際些，萬一臺海保衛戰發生，我決定去參加實地戰鬥！」

「如果真有這麼一天，我們也只有如此才是生路！」

夜幕從茂密的葉叢中逐漸布滿人間，大地沉醉在溫馨的夜色裡。

晚自習時，指導員們捧著訓詞向健兒們宣讀著：

整個大陸這麼廣大的版圖，就在去年不到八個月的時間，竟喪失淨盡，這是何等可恨可恥的事！

我絕不自殺，我一定要忍辱負重，與共匪周旋到最後關頭，為死難官兵復仇，為國家民族除害。只要我們國家民族還有一寸土地，還有一部軍隊，我一定要在這塊土地上，高舉青天白日的旗幟，再接再厲，百折不回的奮鬥……

如果臺灣一旦為敵人所臨，我個人決定以身殉國，絕不愧為你們的上官，絕不愧為你們的領袖，絕不要你們做黨員幹部的同志因我而受辱。

指導員的聲音激動顫抖，眼角裡冒出晶瑩的淚珠。

憤恨在同志們的臉上激盪，怒火在同志們的心裡燃燒。

他們忘記了整天的疲勞，完全沉浸在澎湃的怒潮中。

這是一座將要爆發的火山！

一個晴美的早晨，鮮豔壯麗的國旗，隨著雄壯悠揚的國歌，緩緩的招展於晴空之中。副主任辛鍾珂將軍，提著沉重的腳步，走上司令臺，他面對麥克風，莊重和穆地說：

昨夜我通宵沒睡，因為我讀「軍人魂」訓詞，實在太感動了。總統要我們知廉恥，辨生死，負責任，重氣節。我覺得最重要的是「重氣節」，一個人必須能夠重氣節，他的行為才有準繩，他才能知廉恥，辨生死，負責任。我們軍人的氣節，比女人的貞操還要重要。女人失節，只不過身敗名裂，毀辱家風，我們軍人如果一旦變節，便要影響整個國家民族的安危禍福。古人說：「餓死事小，失節事大。」今天我們必須下定必死的決心，勇敢向前，從血泊中殺出一條生路，我們絕不能讓領袖為我們蒙羞，讓歷史文化從我們這一代手裡中斷！

臺下響起一片激烈的掌聲，像海嘯，像雷鳴，這掌聲是興奮，是熱情，是勇氣，是決心！下午，訓導組召集「軍人魂」研讀座談會，決定鉛印成冊，使人手一本，並積極展開小組討論，擴大宣傳教育。

於是在月白風清的夜色裡，到處洋溢著慷慨激昂的聲浪。

「總統說他絕不愧為我們的上官，不愧為我們的領袖，絕不要他的幹部為他而受恥辱，難道我們能做他的不肖部屬，不肖信徒，讓總統為我們蒙羞嗎？我們要為國家生，為國家死，為領袖死，為領袖生。」

五、青年戰時工作隊宣言

青年是一把火，是一把自由的火，一把正義的火，為了祖國的永生，同胞的活命，我們這把火，要在反共抗俄的戰爭史上，留下永不磨滅的光輝，要用我們自己的血肉，築起一條堅強的長城。

多少年來，我們冒險犯難，奮鬥犧牲，剛從日本帝國主義的魔掌下掙脫出來，卻又碰上來自烏拉山林的野熊，我們不做日本人的奴隸，我們也絕不做赤俄的牛馬，我們要憑頭顱和熱血，意志和毅力，精誠團結，奮鬥到底。

今天自由中國的每一個有熱血、有抱負、熱愛祖國、熱愛領袖的青年，都已走向反共抗俄的偉大行列。中國青年反共抗俄聯合會，是我們報國的司令塔，青年戰時工作隊的成立，更是我們報國行動的具體作為。目前我們的中心工作，是展開人人參戰運動，使後方的生活條件與前方的戰鬥條件一致，個人的生命財產與反共抗俄的成敗相結合，人人動員，個個生產，不分職業，不分男女，精誠團結，一致奮起，在偉大領袖蔣總統的領導下，幹到底，戰到底，苦到底，拼到底！

我們反牢騷，反埋怨，反觀望，反等待，我們要肅清匪諜，打倒灰色分子，剷除兩面倒的牆頭草，消滅失敗主義。在自由中國的國土上，我們都是反共抗俄的忠貞愛國志士，一切汙穢的渣滓要叫它在我們正義的火前燒死毀滅！

我們愛這兒的青山，愛這兒的綠水，愛這兒秀美的田莊和我們祖宗安息的墳場，這自由的天地，不准赤魔的血手來摸汙塗髒！我們要舉起保衛家鄉的大纛，和赤色的法西斯強盜砍殺搏鬥！

看！東方已放出勝利的曙光，天就快要亮了，當軍旗飄揚號角齊鳴的時候，便是我們跨過海峽踏上大陸的時光，我們多麼幸運能參加這偉大神聖的民族解放戰爭！時代的巨輪握在我們的手裡，中興的重任擱在我們的肩頭，我們樂觀，我們歡躍，我們歌唱，我們戰鬥！

年青的伙伴們，青聯會是我們自己的家，戰工隊是我們自己的隊伍，拿出我們的力量，獻出我們的熱情，讓我們并肩攜手，勇往邁進，為自由的新中國的誕生，奏起萬人合唱的交響曲！

（民國三十九年八月二十八日中國青年反共抗俄聯合會直屬高雄市青年戰時工作隊成立，余受囑撰寫此宣言，各報均予刊登。）

六、重建黃埔精神

民國肇造，變亂紛乘，軍閥割據，遍地血腥，主義不行，國是不振，歷數十年艱險之革命事業，幾功虧一簣，瀕於絕境。國父孫中山先生鑒於欲掃除革命障礙，完成國民革命，必先建立革命武力，以剷除反革命之連環勢力，乃授命校長蔣公中正，創辦黃埔軍校，於是黃埔島上，響起一片革命呼聲。

黃埔同學受黨國之培育，沐校長之感召，親愛精誠，堅苦卓絕，勇於陷鋒鏑赴水火而不辭。二十六年來，大小數萬戰，戰無不勝，攻無不克，其勇敢赴義，殺身成仁之精神，實驚天地而泣鬼神。回溯黃埔軍校成立之初，軍閥環伺，餉械無著，而同學們在校長英明領導下，出生入死，冒險犯難，以大無畏之精神，履險如夷，卒能掃蕩群魔，完成統一。及抗日戰起，我黃埔同學之熱血，更渲染於東北原野及南北疆場，故能樹立良好傳統，造成無上榮譽，為國家民族奠立獨立自由之基石。

然而祖國不幸，再罹災難，中共乘我抗戰之危，嘯聚民族敗類與無恥漢奸，稱兵作亂，荼毒生靈，挾其邪說，逞其暴行，欲舉我五千年文明之邦，滅絕文化，出賣土地，斷送主權，以供史達林魔王之頤指氣使。我莊嚴燦爛光芒萬丈之黃埔，竟亦因此而中阻於匪徒之血手，巍巍同學，其何以堪？「此恨綿綿，雖傾珠江之水，而不足以洗雪黃埔之血痕與淚跡。」

百年以來，國家之蒙垢受辱，史不絕書，然疆土之割裂，主權之侵暴，人民之荼毒殘害，且比於亡國滅種之患者，未有烈於今日。

大陸沉淪，妖氛遍地，時至今日，本班（第四軍官訓練班）已為我國碩果僅存之軍事學校，亦我黃埔之唯一繼承者。三年來堅苦奮鬥，鑄新軍洪爐，國人寄以無限希望，世界繫以安危存亡。吾人應知黃埔之光榮，乃千萬已死同學之鮮血所造成，今日欲挽沉痾於眩瞑，迴狂瀾於既倒，唯有步先烈血跡，法先烈精神，勇往直前，與敵人作殊死戰。

「風雨如晦，雞鳴不已」，「殷憂啟聖」，「多難興邦」，國家處於危疑震撼之境，正吾人準備反攻爭取勝利之時，「我生則國死，我死則國生」，「不成不已，不死不止」，祈願黃埔健兒，精誠團結，犧牲奮鬥，重整黃埔精神，奮力反攻大陸，為天地昭正義，為民族爭自由。

（民國三十九年六月十六日慶祝黃埔軍校第二十六屆校慶載於《精忠報》）

七、黃埔健兒齊奮起

二十七年前，國父孫中山先生為要掃除革命障礙，完成國民革命，授命校長蔣公中正創辦黃埔軍校，建立革命武力，以剷除反革命的連環勢力。於是黃埔經過披荊斬棘，成為國民革命的神聖基地。

二十多年來，黃埔健兒在領袖蔣公中正的領導下，東征北伐，剿匪抗戰，出死入生，冒險犯難，熱血灑遍國土，忠義激盪雲天，犧牲奮鬥，血淚交織，樹立了良好的傳統，造成無上的光榮，給中華民族寫下輝煌燦爛的歷史。

然而國步維艱，祖國多難。我們剛擊敗了日本帝國主義的侵略，又碰上了來自烏拉山林的赤魔！朱毛共黨乘我八年抗戰的艱危中坐大，並嘯聚一些民族敗類和無恥漢奸，稱兵作亂，荼毒生靈，挾其邪說，逞其暴行，以「解放」「人民」作幌子，實施參軍獻糧，清算鬥爭，接受莫斯科帝國主義者的策劃，實行赤化中國鯨吞世界的陰謀。出賣我領土主權，毀棄我國號國體，一心要使我四億五千萬同胞都做無聲無色的亡國之民。服服貼貼的認定蘇俄做唯一的祖國，高捧史達林做唯一的主人，甘心帶上克里姆林侵略者所給予的枷鎖！

在這新漢奸與新帝國主義的雙重襲擊下，黃埔健兒在血染成都平原後，竟一度斷絕了黃埔歌聲，壯闊瑰麗光芒萬丈的黃埔精神，竟亦因此受辱於中共的血手。今天大陸同胞，在鐵幕裡眼不能看見國旗，耳不能聽到國歌，周遭接觸的盡是一片荒涼、血腥、恐怖、殘殺。每個角落裡都可以聽到悲慘的哭聲，他們求生不能，求死不得，成年成月在暴力的壓榨下呻吟掙扎，這是多麼悲慘的局面！這是多麼苦難的時代！

挽狂瀾於既倒，是每一代青年應有的責任。儒雅岳武穆曾以「壯志飢餐胡虜肉，笑談渴飲匈奴血」，成為千古的民族英雄；文王被拘而演《周易》，仲尼遇厄而作《春秋》，屈原被逐乃賦〈離騷〉，左丘失明而作《國語》，文王以一怒而安天下，留傳千古。同志們！我們今天被中共迫到臺灣，國父艱辛締造的中華民國，先烈們血肉鑄造的黃埔精神，能就這樣在我們這一代手裡任其毀滅，聽其夭亡嗎？

面臨如此艱危險惡的局面，誰忍坐視祖國危亡，誰能目睹民族殉葬，誰能甘心讓這些異族敗類喪心病狂！是時候了，黃埔健兒，起來吧！我們要憑頭顱和熱血，意志和毅力，精誠團結，同心戮力，在偉大領袖蔣總統的領導下，戰鬥到底！

看！赤禍千里，生靈塗炭，我們對不起祖先，我們對不起已死的同學。假如我們今天仍是猶豫徘徊，再不奮起戰鬥，管你多少英才，都將是民族千古的罪人！今天，我們只有以血肉爭取生存，以生命保證勝利，只有從血泊中殺出一條生路，才不愧為中華兒女，黃帝子孫！

英勇的黃埔健兒們，寇深矣！國危矣！血腥的事實，我們不能視若無睹。是懸崖了，再不勒馬，勢必粉身碎骨。祖國在召喚，熱血在沸騰，我們多麼幸運能參加這偉大的民族復興戰爭，時代的巨輪握在我們的手裡，復興的重任擱在我們的肩頭，我們要憑良心血性，立下犧牲奮鬥團結救亡的誓盟。我們要重整革命靈魂，發揚黃埔精神，我們要把滿腔的憤怒，化為反共的烈火，把沸騰的熱血，變成抗俄炸彈，去炸燬我們所有的敵人，消滅一切侵略的妖氛。

（民國四十年四月十日載於陸軍軍官學校《兵略雜誌》創刊號）

八、黃埔、廬山、復興崗

蔣經國先生說：「當年的黃埔建軍是打天下，廬山訓練團是守天下，今天的政工幹部學校則是中興的革命大業。」

民國成立後，軍閥割據，變亂紛擾，主義不行，國力不振，歷數十年艱險締造的革命事業，幾功虧一簣，陷於絕境，國父孫中山先生鑒於欲打破革命障礙，必須建立革命武力，以掃除反革命的連環勢力，乃於民國十三年本黨改組時，決定成立陸軍軍官學校於黃埔，並派蔣公中正為校長，各地青年，聞風而起，不畏險阻，前往投效，從此黃埔島上，響起一片革命呼聲，一股蓬蓬勃勃的新氣象，象徵革命前途的無限光芒！

黃埔軍校的特點，在於精神教育與政治訓練，創辦之初，國父即任命廖仲愷先生為駐陸軍軍官學校中國國民黨的黨代表，擔任黨務和政治訓練，此是國軍黨代表制的起緣，亦是國軍政治訓練之開始。當時軍校學生不僅教其運籌帷幄，決勝疆場，衝鋒陷陣，殺敵致果的本領，並教其認清敵人，辨別是非，明利害，識時勢，成為真正有思想有靈魂的革命幹部。校長蔣公中正則更夙興夜寐，全神貫注，殫精劈劃，辛勤領導，故不半年，即以第一期五百學生為骨幹，成立黨軍，開始東征，且在叛軍猖獗，眾寡懸殊的情況下，終能以一當百，縱橫掃蕩，摧毀匪軍巢穴，軍紀之嚴肅，戰鬥之勇敢，實為我國戰史上開一新頁。而軍行所至，民眾更夾道歡迎，莫不簞食壺漿，鞭爆樵歌，以助捷音，以迎王師。

東江底定後，南路瓊州亦下，不到一年，廣東全省便告統一。民國十五年一月，本黨於廣州舉行第二次全國代表大會，決定繼承總理遺志，誓師北伐，國民革命軍在領袖蔣中正領導下，忠勇效命，奮不顧身，義師所至，無敵不摧，首克湘鄂，會師武漢，繼復贛皖閩浙，肅清滬寧，北洋軍閥吳佩孚既倒於江漢之交，東南軍閥亦被殲於鄱陽湖畔，革命勢力日益強大，民國十六年，國民政府奠都南京，並繼續揮軍北上，直抵北京，短短三年，便打破了革命障礙，鏟除了封建軍閥，民國十七年底，東北亦宣告易幟，歸順中央，青天白日滿地紅的國旗，遂得以飄揚於全國。

但至民國二十年「九一八事變」，國家又面臨危難，外而強敵壓境，內而共匪猖獗，在此國家民族面臨生死存亡的緊要關頭，領袖蔣公中正除積極加強政治與經濟建設外，認為最迫切的問題，是要著重軍隊的再訓練與再教育，於是成立廬山軍官訓練團，講授革命哲學，研究革命戰術，以堅定其革命意志，弘揚其革命精神，來完成禦侮興邦的大業，當時領袖說：

「我們軍官團這一次在廬山訓練，和民國十三年總理創辦黃埔軍校，訓練一般學生的意義，完全是一樣的。不過黃埔的使命是完成第一期革命的責任，而今日廬山的使命是要完成第二期的革命責任而已。」

廬山軍官訓練團從民國二十二年六月到二十六年七月，抗戰爆發以後又辦峨嵋訓練團，雖只短短的五年，但全國的軍官先後集結在一起，培養革命精神，講求革命戰術，其意義是何等重大，故經此訓練後，他們的精神煥然一新，思想行為都能共同一致，江西匪禍的肅清與對日抗戰的勝利，都是這五年廬山訓練所奠定的基礎。廬山軍官訓練團已光榮的完成它第二期革命的責任，在國民革命史上寫下了光輝燦爛的一頁。

然而祖國多難，軍閥打倒之後，有日本帝國主義的侵略，日本打倒之後，又有蘇俄帝國主義及其鷹犬中共的攻擊，抗戰勝利不到五年，整個大陸便為其侵占盤據，陷入黑暗陰森恐怖的鐵幕。而當此反共抗俄戰爭進入最緊張最嚴重的關頭，領袖又決定成立政工幹部學校於北投復興崗，在本校舉行開學典禮時，領袖親臨主持，並很明白昭示我們說：

「政工人員不僅要作軍隊的靈魂，士兵的褓姆，而且要作軍隊的基礎，民眾的導師……要使軍隊成為人民的武力，……創造國家光榮的歷史和個人輝煌的事業。」

東征北伐以及抗戰之所以能獲得勝利，就是因為我們的軍隊能與民眾相結合，到處得到人民的歡迎，得到人民的幫助，剿匪戡亂之所以遭受失敗，也就失敗在我們的軍隊脫離人民，喪失了民心，今天我們要中興革命，雪恥復國，「使軍隊成為人民的武力」，以六十萬國軍發揮六百萬人的戰力，實是我們最根本最切要的責任，更是我們今後努力的唯一方針。

主任蔣經國先生在我們入校之初更剴切的訓示我們說：

「當年的黃埔建軍是打天下，廬山訓練團是守天下，今天的政工幹部學校則是中興的革命大業。」

中興是失敗了再復興，是要成功別人所不能成功的事業，克服別人所不能克服的困難，打敗別人所不能打敗的敵人，「而且是要從荒亂中創新重生，從廢墟中奠基再造，尤其是要從信心的喪失中，來重新建立信心，更是要從失敗者的心情中，回轉頭來擊敗敵人，所以中興比任何創業要更加艱鉅，更加困難。」因此我們必須要有開天闢地的精神，犧牲奮鬥的決心和堅定不拔的毅力，方能擔負起這偉大莊嚴的使命，達成領袖的殷切期望。

第一我們要建立革命的人格：孟子說：「富貴不能淫，貧賤不能移，威武不能屈。」這正是革命者應有的抱負和風格。生為中國國民黨黨員，死為中國國民黨黨魂，實行三民主義以外無二志，效忠領袖以外無二心，顛沛不渝，生死與共。

其次要研究革命的學術：總理說：「革命的基礎在高深的學問。」又說：「除掉革命就沒有學問。」我們今天所需要的學問，一方面是革命的理論，一方面是革命的技能，因為我們除了理論以外，還要衝鋒陷陣，做艱苦的長期的社會鬥爭。

第三是培養革命的情感：革命者最珍貴的應該是情感，如果犧牲了身家性命來參加革命救國的同志，還不能手牽著手，心貼著心，那人間該是多渺茫多淒涼！國父曾說：「吾黨之情感至重，同盟會以前之黨員，親如骨肉，勿論矣，即是現在黨員數十萬，散處國內外，仍能情脈相通，共同革命，完全在情感。」我們看辛亥革命前一般革命同志，每當起義失敗時那種相抱痛哭，以心傳心的情景，該是何等悲壯動人。我們應該學學先賢不僅在患難時要親愛精誠，生死與共，就是革命成功，更要肝膽相照，無間始終。

第四要樹立革命的紀律：紀律不僅是軍隊的命脈，而且是「民主」「自由」的根源，我們確信只有嚴整的紀律，才是克敵制勝完成革命的唯一保證。

大陸沉淪，河山破碎，百年以來，國家之蒙垢受辱，史不絕書，然而國土之割裂，主權之侵凌，人民之荼毒，實未有甚於今日，但是根據本黨六十年的革命經驗，只要我們有革命的精神，革命的主義和革命的領袖，不論環境如何險惡，敵人如何兇猛，勝利終究是歸於我們的。黃埔建校之初，論土地不過三平方英里，論實力不過五百枝步槍，而且海島周圍都是敵人，可是結果我們終能掃蕩軍閥，統一全國。七七事變發生後，日本帝國主義的氣焰萬丈，但其結果仍是無條件投降，接受正義的制裁。今天朱毛匪幫出賣祖國，荼毒人民，不僅為全國人民所憤恨，亦為天地正義所不容，只要我們群策群力，團結一致，在偉大領袖的指揮下，必能創造本校不朽的動業，完成國民革命的第三任務，把三民主義的新中國完完整整的建設起來！

（民國四十一年三月載於《復興崗月刊》）

九、發揚對日抗戰精神

五年前的今天（九月三日），我們政府派徐永昌將軍為中華民國代表團的團長，在米蘇里艦上，參加盟國的受降典禮。瘋狂的日本帝國主義，規規矩矩地向我們屈膝；當時我們的國家，是世界四強之一，我們的同胞，受世人尊敬讚譽，多麼光榮的歷史，多麼輝煌的時代。然而曾幾何時，今天我們竟退出大陸，侷促臺灣，面臨這一富有歷史意義的節日，我們實在歡欣抑不住悲憤，興奮壓不住怒火！

是中共的血手，塗污了我們光輝的歷史，是蘇聯強盜，扼殺了我們民族復興的生機！

今天是我們反共抗俄戰爭最艱險的時候，也正是我們衝破黑暗迎接勝利的時候，在這生死存亡千鈞一髮的關頭，我們願乘此光輝的紀念日，向我青年朋友略進數言：

第一要有深切的認識：鐵的事實已經告訴我們，中共所給予大陸同胞的只有恐怖、飢餓、戰爭、殘害、血腥的統治和無辜的宰割。今天我們不能只圖一己的生存，我們不抗俄，便無以謀國家的獨立，為了祖國，為了人類，也為了我們自己，我們只有反共到底，抗俄到底！

第二要有堅定的信心：歷史昭示我們，只要是為真理正義而戰，不管這戰爭如何艱危窮困，一定能夠獲得最後勝利。假使僅憑一時力量的大小，就能決定戰爭的勝敗，那天下便永無公理正義了！七七事變以後，日本的氣燄多高多大，二次大戰開始，德國一口氣吞滅了多少國家，但是結果他們都逃不脫悲慘的命運，勝利仍是屬於正義的一面。現在國際情勢逐漸好轉，我們在整個世界反共抗俄的形勢上，並不孤立，只要我們自己不灰心，不洩氣，萬眾一心，團結一致，擁護政府的決策，服從總統的領導，人類智慧重見光明的一天，便是我們反攻大陸重建山河的一日。

第三要有積極的行動：反共有如救火，火不撲滅，是要延燒及身的。我們每個人必須拿出自己的智力、財力、氣力、以至生命，來參與這反共抗俄的神聖工作。尤其切要的必須先在精神方面積極動員起來，個個節約，個個生產，人人參戰，人人拼命，一切為勝利，一切為前線！

青年朋友們！苦難的祖國在召喚，大陸的同胞在呼號，我們能坐視國家危亡目睹同胞罹難嗎？起來！勇敢地站起來！我們是一把火箭，我們是一股怒潮，我們要燃起全國同胞的希望，要激起全國同胞反共抗俄的洪流，要燒燬中共製造的罪惡，剷除毒害人類的地獄，要把祖宗傳下來的神聖自由的火種，照耀全世界，照耀千世萬代！

（民國三十九年九月三日載於《延平日報》）

十、效法先烈的革命精神

民國紀元前一年的今天，五百餘革命青年，在黃興將軍的領導下，起義於廣州，經過一天一夜的激烈戰鬥，終因眾寡懸殊，彈盡援絕而失敗。但是這次革命戰役，志士們奮勇作戰，前仆後繼，其英勇壯烈視死如歸的精神，真足以驚天地而泣鬼神。國父曾說：「經過那次革命之後，死了的有七十二人，沒有死的，當然很多。當時做衝鋒隊的才有武器，有武器的不過三百人，所打的敵人，不止三萬人。……戰到結果，革命黨死了七十二人，後人以為是失敗。但是革命黨進攻制臺衙門，趕走兩廣總督，我們以戰論戰，當日廣州城內之戰，可以說是成功的。」

革命志士們為什麼敢以三百人去打三萬個敵人呢？就因為他們都是有抱負有魄力，熱愛祖國矢志革命的知識青年。我們看方聲洞烈士在赴戰前夕給他父親的信上說：「……瓜分之禍，已在目前，滿州政府……必欲斷送漢人土地於外人。……祖國存亡，在此一舉，事敗，則中國不免於亡，四萬萬人皆死，不特兒一人；如事成，則四萬萬人皆生，兒雖死亦樂也。……」林覺民烈士給其夫人的信說：「……吾作此書時，尚為世中一人；汝看此書時，吾已成為陰間一鬼。吾作此書，淚珠與筆墨齊下，……吾至愛汝，……吾充吾愛汝之心，助天下人愛其所愛，所以敢先汝死而不顧汝也。汝體吾此心，於啼泣之餘，亦以天下人為念，當亦樂犧牲吾身與汝身之福利為天下人謀永福也。……」還有文質彬彬的朱執信烈士，當時他為了參加戰鬥，用刀把自己的長袍割去半截，但是因為不會放槍，黃興將軍不讓他參加，他氣得臉紅耳赤，怒不可遏，後經同志們再三勸阻，才答允擔任機關部的連絡工作。是時方烈士二十一歲，林烈士十九歲，朱烈士（是役幸免於難）也只有二十幾歲。他們是多麼英勇，多麼壯烈，多麼令人感動景仰和崇拜！

七十二烈士是為革命而犧牲了，但是他們的血不是白流的，他們掀起了辛亥革命的高潮，推翻了專制的滿清，創立了嶄新的中華民國。可是祖國不幸，辛亥之後有軍閥割據，軍閥打倒之後又有日本侵略，日本投降之後又有中共和俄帝的侵略，致使先烈們冒險犯難艱辛締造的中華民國，又面臨著生死存亡的關頭，這是我們每個中國人的恥辱，更是我們革命青年最嚴重的考驗。蔣經國主任曾說：「今天在我們的背後有五千年的歷史，在我們的前面有億萬年光明的未來前途」。中華民族五千年的歷史文化會不會永被毀滅？四億五千萬同胞會不會永被奴役？大陸的錦繡河山能不能在我們的手裡光復重建？就要看我們這一代的青年能不能大徹大悟，自立自強！能不能效法先烈們的革命精神，為雪恥復國而犧牲奮鬥！

今天我們所處的時代，是亙古未有的時代，我們所擔當的事業，是亙古未有的事業，我們要有偉大的心胸，偉大的抱負，更要有偉大的目的。我們深信只要我們不放棄革命的主義，不遺忘歷史的教訓，不離開偉大的革命領袖，革命是一定成功的，前途是一定光明的。我們誓以必死的決心，在領袖的領導下，反攻大陸，消滅朱毛；從骨獄血淵中，鋪成一條光明大道，使國家走向獨立自由，使同胞走向幸福安康；更要在狂風暴雨中，種下無限生機的種子，讓它茁長民族新生的幼苗，使中華民族的光輝，與天地並存，與日月同光。

（民國四十二年三月二十九日載於新生報南部版）

十一、〈野百合花〉的反抗精神

讀中學的時候，就聽到人們談到王實味的〈野百合花〉，當時很想看，無奈中共對這篇滿紙血淚的作品視為惡性重大的罪狀嚴禁流傳，以致沒有機會。青年人真有一種所謂「因犯心理」，越是得不到的東西越是感到新奇神祕，就這樣，〈野百合花〉這個名字便一直寂寞的印在我的心上。

前天到臺北去參加一位朋友的婚禮，順便逛逛舊書攤。在一大堆破舊的雜誌中，無意中給我發現了，「踏破鐵鞋無覓處，得來全不費功夫」，來不及細看內容，趕緊買下。

我原以為〈野百合花〉一定是一部富有刺激性的小說，誰知竟是由四則短評所湊起來的一篇雜文，也就是魯迅所說的「匕首」型，全文不過才四千字而已。然而王實味竟因此短文賠上了他自己的生命，是何等可哀的事！

就文字的本身說，〈野百合花〉並不見得有什麼了不起的價值。可是在當時中共的巢穴延安，王實味敢冒著生命的危險，老老實實的（雖然也是極盡委婉的）把他自己內心裡那一股對中共的厭惡與絕望的情緒坦誠的寫出來，並且還送到中共的《解放日報》去發表。這種不畏強權不顧生死的反抗精神，是何等的值得欽佩！

抗戰時期的延安，被中共渲染得像「天堂」一般，許多青年惑於他們虛偽的宣傳，不顧一切間關而往，然而真實的情形如何呢？〈野百合花〉告訴我們：那裡實在只是一個滿布「黑暗」、「醜惡」、與「冷淡」的窯洞和淵藪。在「我們生活裡缺少什麼？」中，作者藉著「兩個青年女同志」在「昏暗中的談話」，給我們透露了真情，她們「低沉的」說：

「……動不動，就叫人家小資產階級平均主義，其實他自己倒真有點特殊主義。事事都只顧自己特殊化，對下面同志，身體好也罷，壞也罷，死也罷，差不多漠不關心！」

「哼！到處烏鴉一般黑，我們部裡××同志還不是這樣！」

「說得好聽！階級友愛什麼呀！屁！好像連人對人的同情心都沒有！平常見人裝著笑嘻嘻，其實是皮笑肉不笑，肉笑心不笑，稍不如意，就瞪起眼睛，搭出首長架子來訓人。」

「大頭子是這樣，小頭子也是這樣，××對上級是畢恭畢敬的，對我們卻是神氣活現，好幾個同志病了，他連看都不伸頭看一下。可是，一次老鷹抓了他一隻小雞，你看他多麼關心這件大事呀！以後每次看見老鷹飛來，他都嚎嚎的叫，扔土塊去打它。自私自利的傢伙！」

……

「害病的同志真太多了，想起來叫人難過。其實，害病，倒不希望那類人來看你。他只能給你添難受，他底聲音、表情、態度，都不使你感覺他對你有什麼關懷、愛護。」

……

從這些「低沉的」對話中，我們當可了解當時生活在延安的一般青年的心理了。孟子說：「惻隱之心，人皆有之」。「愛」本是每一個人的天性，更何況是同黨的黨員，是一同參加「革命」的「同志」呢？可是在共產黨的哲學中，根本嗅不到一絲「愛」的氣息！他們所最厭惡的就是「愛」，就是「溫情」！在他們看來，所謂「愛」，所謂「溫情」，都是「舊社會的包袱」，都是「資產階級的尾巴」，非徹底斬盡消滅不可。

以往也有一些思想幼稚的人，以為共產黨是講平等的，因為共產黨反對階級，主張「階級鬥爭」呀！其實，那完全是一派騙人的謊言。共產黨才是最講求階級，最重視階級利益的了。在延安「衣分三色，食分五等」，頭頭們的荒淫無度，令人難以置信。王實味也是一個共產黨員，但他畢竟還是一個有「理性與良心」的讀書人，眼見中共的種種不平，他按捺不住。他憤怒的寫道：

我並非平均主義者，但衣分三色，食分五等，卻實在不見得必要與合理——尤其是在衣服問題上（筆者自己是所謂幹部小廚房階層，葡萄並不酸），一切應該依合理與必要來解決。如果一方面害病的同志喝不到一口麵湯，青年學生一天只得兩餐稀粥（在問到是否吃得飽的時候，黨員還得起模範作用回答：吃得飽！），另一方面有些頗為健康的「大人物」，作非常不必要不合理的「享受」，以致下對上感覺他們是異類，對他們不惟沒有愛，而且——這是叫人想來不能不有些「不安」的。

我們不要忘記：〈野百合花〉的發表是在民國三十一年的三月，那時抗戰正酣，全國同胞都在節衣縮食，出錢出力，以爭取抗日戰爭的最後勝利。然而共產黨的頭子們卻打著抗日的旗子，躲在延安的窯洞裡「作非常不必要不合理的享受」。現在他們已由窯洞裡鑽出來，竊據大陸，沐猴而冠，一個個耀武揚威，成了混世魔王，全大陸的生命財產子女玉帛都掌握在他們的魔掌裡，其驕奢淫逸聲色犬馬的荒淫程度，又豈是我們局外人所能想像於萬一！

王實味是死了，但〈野百合花〉裡所跳動的那一股濃烈的反抗精神，是永遠死不了的。我們深信今天在大陸上的每一個中共幹部與人民，他們的心田裡都有一朵「野百合花」在盛開，在怒放，一個全面的反抗運動就要爆發了！

（民國四十七年十二月二十六日載於《復興崗報》）

十二、今日的聖人

【軍聞社特稿】「你們要了解士兵，只有先到部隊裡去當兵。」國防部政工幹部學校學生受完入伍訓練之後，蔣主任經國便對該校學生作過這樣的訓示。以後，這批優秀青年便一直經過了兩個月的時間同國軍戰士完全生活在一起，這些學生於「當兵」歸來，對於「今天自由中國的士兵都是當代聖人」一語，深有領悟。對於他們今後學以致用，大有裨益。這是記者昨與該校負責人所談的一片斷，同時並要求將陳祖耀君所寫〈今日的聖人〉一文公開發表，使社會更了解國軍官兵的偉大，由此產生對國軍普遍的關懷和尊重，對於正在展開從內心發出的敬軍運動，或許會更有效益。以下是陳祖耀君所寫的原文：

㈠

蔣經國主任曾昭示我們說：「今天自由中國的士兵，都是當代的聖人。」我們初聽這話，並不十分了解；可是當我們一到部隊當兵之後，由於整天和士兵們生活在一起，學習在一起，工作在一起，娛樂在一起，我們才體驗到這話的真實意義。而且我們深深的感到，如果不是一個對士兵有深切了解的人，絕說不出這樣的話來！

也許有人說：「當一個大兵，有什麼了不起，還不是穿著二尺五，到處嚇唬老百姓！」如果你真的還是這種想法，而且竟以這種眼光來看我們自由中國的士兵，那你才是大錯特錯，一個為人所不恥的時代落伍者！

我這樣說並不是有意挖苦，也不是存心奉承，這是有事實的根據的。

(二)

今天社會上有些人，專門圖享受，講安樂，好像他們生下來就是專門來接受人家的奉獻的，一天到晚，「只想拿別人的痛苦來換取自己的快樂，希望人家失敗來爭取自己的成功，甚至不惜出賣自己的靈魂，違背自己的良心，阿諛逢迎，奴顏婢膝，來換取所謂榮華富貴」，至於國家亡不亡，民族滅不滅，同胞苦不苦，似乎都不干他們的事！在這種人慾橫流，寡廉鮮恥的汙穢的世風中，只有我們的戰士們還保存著一線民族的生機，維繫著中華民族知廉恥重氣節的民族精神；他們不講待遇，不計地位，沒有牢騷，沒有怨言，忍受一切苦難，擔當一切責任，淳厚樸實，潔白光明，不要人家一針一線，不占別人絲毫便宜，而是以自己的血汗來換取國家的生存，以自己的犧牲，來爭取民族的自由，無我無畏，忠厚誠懇，這是多麼聖潔的靈魂，多麼完美無缺崇高偉大的革命人格！

(三)

一直到今天，還有一些所謂知識分子，甚至達官貴人，他們對自己的民族缺乏信心，把國家的命運寄託在別人的身上，一聽說有人援助便手舞足蹈，興奮得發狂；一聽說別人將撒手不管，他們就悲觀失望，惶惶不可終日。他們不知道「只有自立才能自強，只有自助才能人助，自己的命運只有自己才能決定。」然而兩年來，我們的戰士們自力更生，發奮圖強，使整個國軍邁向新的階程。

現在他們不但知道「為誰而戰，為何而戰」；而且深深了解「為何漢奸必亡，侵略必敗」的一番大道理。他們常說：「我們中華民族五千年來該遭遇了多少苦難和侵略，但是有哪一個能亡我們的天下？」「毛澤東是什麼東西，甘心給史達林作走狗，只要我們跨海反攻，和大陸的游擊隊來一個裡應外合，他那建築在人民血淚之上的秧歌王朝，便很快的可以消滅」。他們又說：「只有我們國父的三民主義才能使世界和平，使人類獲得溫暖。只有我們的領袖才能領導我們走向光明，走向自由！」因為他們有這種信心，所以他們勇氣百倍，一往無前。你看他們很多人的臂上都刺有「效忠總統，反共抗俄」八個血字，這是決心，這是誓言，這是血的保證。現在他們正在臥薪嘗膽，枕戈待旦，準備以自己的熱血和頭顱，去接受最艱苦的戰鬥，打敗瘋狂的敵人！

(四)

大家都曉得我們的部隊有了驚人的進步，但是戰士們學習情緒的熱烈，才是最為動人。不論操場野外，教室課堂，他們都專心一志的操練，用心用力的學習。那壯得如山的身體，矯捷敏活的動作，精練嫻熟的技能，實在不愧為一個標準的革命軍人。俗語說：「官怕入列，兵怕出列」，今天我們的戰士們，不僅動作嫻熟，技藝驚人，就是小部隊的戰鬥指揮，也都非常老練。他們常常利用空閒的時間，認真的讀書寫字，甚至情願拼著幾個月不抽一支香菸，不吃一粒花生米，積下十幾塊錢來買一支鋼筆，一本筆記簿，一個月就只七塊半錢！然而他們會作合理的支配。

有時連燈光也沒有，他們感覺很傷腦筋，然而他們並不就此灰心，於是想出一個克難的辦法，彼此在手心裡寫字，你寫給我認，我寫給你認，或者彼此交換問題，背誦讀本。現在他們不但都能寫得一手好字，而且文章也寫得非常通順有力。他們這種「學而不厭」的精神，努力向上的志氣，該是何等動人！就是顏回的簞食瓢飲，也要愧色三分。

(五)

臺灣今天不僅是我們民族復興的基地，而且已成了全世界反共抗俄的燈塔，然而這種力量的成長並不是偶然的，而是全國上下在領袖領導下努力奮鬥的結果。尤其是我們的戰士們，終年刻苦耐勞，自力更生，臥薪嘗膽，勤修苦鍊，餐風宿露，忍飢耐寒，在他們已成了習慣。他們重新鼓起了我們祖先開天闢地的克難勇氣，發揮了我們民族獨立自強冒險犯難的創造精神。他們變荊棘為坦途，化黑暗為光明，沒有住的，自己造房子，沒有吃的，自己種田地，鞋子沒有自己做，衣服破了自己補，「自己的國家自己救，自己的道路自己開」，早已成了他們一致的呼聲，一致的行動。兩年來他們在克難運動與兵工建設中，運用了所有的智慧，發揮了無比的威力，已給中華民國打開了新的局面，創造了中國歷史上輝煌的勳業。今天戰士們有的是犧牲奮鬥的勇氣，有的是克難創造的精神，他們「逢山開路，遇水搭橋」，靠著這種精神，靠着這種本領，天下哪裡還有打不敗的敵人，中華民族哪裡還會不復興？

㈥

尼采說：「人生不是一支蠟燭，而是一把火把，要把這把火照亮後傳給下一代。」今天我們的戰士們情願自己化為灰燼，讓民族的火種，在我們這一代手裡有光有色的傳下去，他們跳動的熱血，已燃起了萬丈光芒，照著中華民族的永生！

蔣經國主任說：「鋪路是要石塊的。」今天戰士們就是負荷重擔的石塊，讓人家踏著他們印在石塊上的殷殷血跡，英勇前進。蔣經國主任說：「種子核心是苦的。」今天戰士們就是埋在地下的種子，把自己的苦心碧血，結成燦爛的花，甜美的果，供人家吟味、讚賞！

(七)

從前周公制禮，使上下有別，長幼有序，奠定了中華民族偉大倫理的基礎，我們尊他為「聖人」。孔子教給我們「誠正修齊治平之一貫大道，與修身為本之唯一至德」，給中華民族開闢了一條光明大道，我們尊他為「聖人」。孟子以仁愛為天下倡，以「浩然正氣」傳授人，使中華民族養成了至大至剛沛塞天地的大無畏的民族精神，我們尊他為「聖人」。關羽忠義參天，武德峨峨，為中國軍人立下萬世楷模，我們尊他為「武聖」。

今天我們的戰士們一無所有，一無所求，所有的只是反共抗俄的責任，所求的只是中華民族的復興。他們抱定繼往開來的志願，負起救國救民的重任，犧牲奮鬥，百折不撓，出死入生，勇敢堅貞。他們代表了中華民族獨立自主的文化，他們代表了中華民族克難創造的精神，他們代表了中華民族浩然無畏的民族正氣，他們更要在偉大領袖的光輝下，開拓中華民族萬世千秋的隆運——我們有什麼理由不承認他們是今日中國的聖人！

是的，我們應該慶幸，我們的國家有這幾十萬的聖人！

我們應該歡呼，我們的民族有這幾十萬的聖人！

我們應該奮起，向聖人們學習，向聖人們看齊！

（民國四十一年五月九、十日載於臺北《中央日報》）

十三、復興崗上

曉園春滿，
柳湖泱泱，
碧草如茵柳條長，
桃李正芬芳！
我們在復興崗上，
管領著這一片風光，
絃歌處處，
意氣飛揚，
傳習民族文化，
擔負國家興亡；
聞雞起舞，
刻苦修養，

千錘百鍊望成鋼！
殷憂啟聖，
多難興邦，
滿懷信心和希望！
親愛精誠，
集中力量，
光復大陸國土，
實現革命理想，
國祚煌煌永無疆！
國祚煌煌永無疆！

中華民國六十六年三月二日於英士樓

（民國六十六年三月八日載於《復興崗報》）

十四、作復興崗的保羅

——惜別專科部第六期同學

再過一些時日，專六期的同學便要畢業離校了。這些天來，我們彼此的心裡都充滿著無限惜別之情，而且隨著時間的迫近，這種心情正與日俱增。我想這不是「英雄氣短」，乃是革命情感的真實流露。兩年來，我們共同生活在這個溫馨的大家庭中，革命的主義與理想，已把我們的心緊緊的結合在一起。在各位行將離校的前夕，不僅我們的心裡無限依戀，即復興崗的一草一木，想必對你們也是無比親切的！

蔣副祕書長曾說：「當年的黃埔建軍是打天下，廬山訓練是守天下，今天的政工幹部學校則是中興的革命大業。」「中興是失敗了再復興，是要成功別人所不能成功的事業，克服別人所不能克服的困難，打敗別人所不能打敗的敵人。」領袖所以要在艱苦中創辦這個學校，副祕書長和校長所以要苦心孤詣慘澹經營這個革命青年的基地，主要的目的便是要培養我們成為一個堅強的革命鬥士，能夠擔負起這個偉大莊嚴的神聖使命！

不久以前，校長在一次訓話中，曾以滿腔的熱望勉勵我們「作復興崗的保羅」！當時校長激昂而又慈祥的聲音，一字一句都打動我們的心弦，令人永誌難忘！我們都知道保羅 (Paul)

是耶穌基督的使徒，在他未信耶穌以前，曾多方迫害過基督徒，然而有一天當他要到大馬色(Damascus)去捉拿耶穌的門徒時，走在路上，忽然被耶穌的聖靈感動，從此他便死心踏地的傳揚耶穌的福音，為此他曾遭受到羅馬人無數次的鞭打，辱罵與監禁，最後並被釘死在十字架上。當他要被釘死的時候，毫無畏懼怨言，他誠摯的請求羅馬人說：「我主耶穌是釘十字架死的，我實在不配，如果你們一定要把這一份光榮加給我，求你們將我倒釘起來好了！」倒釘十字架是何等殘酷的刑罰，然而保羅為他所信奉的真理，竟毫不保留的獻上了自己的生命。今天我們復興崗的兒女，也要有為我們所信奉的真理而犧牲的決心！我們所信的真理乃是三民主義的革命大道，也就是中華民族的傳統倫理文化，我們除了實行三民主義以外無二志，除了效忠領袖以外無二心，我們要終身為傳揚三民主義實行三民主義而犧牲奮鬥。造次必於是，顛沛必於是，忠貞不渝，生死以之，這樣，才不愧為復興崗的信徒，才能作一個中興復國的革命幹部！

晚上我獨自徘徊在成功湖畔，月華如水，撒得滿地清輝，瑩徹的湖水，泛起片片漣漪，微風輕拂著大地，樹影婆娑，依稀掩映。置身在如此瑰麗的仙境，我不禁想到今夜在海的那一邊，正不知有多少顆破碎的心，在仰望著這同一輪皎潔的月？「遺民淚盡胡塵裡，南望王師又一年」，緬懷大陸上的苦難同胞，心裡真感到無限羞愧歉疚！

海峽風雲正緊，反攻復國的機運一天天的迫近，各位在此時完成學業，步上革命的征程，正是「青年創造時代」的大好時機，希望各位本著「不怕難」的誓言，為國家為革命，開拓

十五、論民族精神教育

㈠民族精神教育的重要

西元一八〇六年十月，拿破崙的大軍，以席捲西歐的餘威，揮兵北進，很快的便占領了德意志的首都柏林，迫使德軍訂下喪權辱國的城下之盟。當時的德國，敵軍壓境，民心渙散，全國上下，呈現一片喪亂亡國的慘象。然而就在這時，那偉大的愛國哲人菲希德（Johann Gottlieb Fichte）眼見祖國危亡，民族頹唐，深知欲挽救祖國，復興民族，必須先從喚醒國人的民族精神著手不可。於是他便在法軍的嚴密監視下，冒著生命危險，前後在柏林大學舉行了十四次演講，這便是那舉世聞名的「菲希德告德意志國民書」。由於他的呼喚感召，使德國人民重新恢復了民族自信心，重新開創了中興復國的途徑，故只短短的五年便把支離破碎的德意志聯邦統一了起來，並於一八一四年聯合友軍反攻法京巴黎，把拿破崙放逐於地中海的厄爾巴島，一雪八年前的奇恥大辱。菲氏的民族精神教育，不僅拯救了當年的德國，即在今日，他的演講對於德國人民乃至全世界被壓迫的民族，仍是一種莫大的啟示與鼓舞。

從菲希德的演講，我們深深體認，一個民族要求復興，必須先喚起民族精神，而要喚起民族精神，唯有教育才是最正確有效的途徑。這證之於我國的歷史，亦是不謀而合非常明顯的。越王勾踐的沼吳雪恥，是由於他「生聚教訓」「明恥教戰」，恢復了民族的自信心，才獲致成功。管仲尊王攘夷，而霸諸侯，主要的原因，在能倡導禮義廉恥的「四維」教育，為齊國打下精神力量的基礎。國父曾說：「要恢復民族地位，必須先恢復民族固有道德和精神。」這是一定不易的道理。今天我們退居臺灣，錦繡的大陸河山，已被蘇俄帝國主義盤踞，苦難的大陸同胞，正在俄寇及朱毛的奴役下，求生不能，求死不得，中華民族實已面臨著空前未有的浩劫。今天我們要從國際共產主義的洪流中，拯救我們的國家，復興我們的民族，唯有加強民族精神教育，才是最正確最根本的辦法。因為朱毛出賣國家，扼殺民命，無條件的投降俄帝，是任何中華兒女所不能忍受的。只要我們的民族靈魂能夠覺醒，民族正氣能夠伸張，民族精神能夠發揚，那不管俄寇朱毛的勢力如何猖狂，終必被我中華民族消滅。所以今天在反攻復國大決戰的前夕，加強民族精神教育，恢復民族自信心，實在是最迫切需要的課題。

㈡民族精神教育的真義

然則民族精神教育是一種什麼樣的教育呢？這首先我們要認識什麼是民族精神？所謂民族精神，即是民族繁衍成長，充實壯大的一種精神能力。領袖說：「民族精神是從何而來呢？這完全是我們民族的天性，是由我們中國固有的哲學培養滋長而成的正氣，亦就是浩然之氣。

換句話說，就是我們民族固有道德與精神的結晶。」因此，所謂民族精神教育，就是要以發揚民族文化啟迪民族精神為重心的民族本位教育，也就是要利用教育的力量，使全國同胞認識我先民經營締造的辛苦，歷代開發創造的艱難，以及學術文化的宏博優美，道德精神的偉大崇高，使全國人民對我民族過去的光榮歷史，油然而生一種嚮往敬慕的深情，並了解我民族當前所處地位的危險，能夠發奮為雄，自立自強。所以民族精神教育，就是一種救亡圖存的教育，它是要以三民主義為骨幹，以復興民族為起點，以完成世界大同為依歸的中國化的教育，與一般帝國主義者所標榜的狹隘的排外的民族主義（如希特勒大日耳曼主義、史達林大斯拉夫主義等）是絕不相同的。

㈢民族精神教育與反共抗俄

領袖說：「大家如要實行反共的教育，那首先要知道什麼是共匪最怕的，而且是他最恨的教育，無他，那就是他唯物史觀所最反對的民族教育和精神教育。」為什麼中共最怕而又最恨民族精神教育呢？因為民族精神教育能從民族靈魂的深處，喚起民族意識，激發民族情感，團結民族力量，共同為復興民族的大業而奮鬥。總理說：「如果說到我們民族要滅亡，要失敗，大家自然不願意，而說到民族能夠生存，能夠勝利，那才願意，這是人類的天然思想。」這就是說，民族主義是基於人類理性而不可磨滅的信仰，只要這種理性的信仰能夠存在，民族的生命便能永遠生存發展。中華民族五千年來，歷經內憂外患，而終能復興，便是靠這種理性的信仰維持於不墜。領袖說：「自春秋嚴夷夏之防，立忠奸之辨，歷代的聖賢豪傑，愛國民眾，為了這一信仰而奮鬥犧牲，樹立了民族堅固不拔的基礎。侵略者武力的摧殘，文化的麻醉，漢奸們無恥的出賣，無情的斷送，對於民族精神，終竟不能消滅，而對於人類理性，終竟不能摧毀。這一偉大的精神力量，就是我們中華民族立國於亞洲大陸，外患內憂雖紛至沓來，而仍能危以求安，亡而復存的保證。」俄寇和朱毛，深知我中華民族這種至大至剛的民族精神，是他們侵略中國的最大障礙與尅星，所以他們一開始即處心積慮，企圖消滅我們的民族精神。尤其在抗戰勝利後，他們更乘機傳播其「馬列主義」與「新民主主義」的毒素，以麻醉民心，蠱惑青年。今天他們在大陸，清算鬥爭，改造整風，更是毒辣殘忍，無所不用其極，他們知道只有使我們中國人的理性盡歸汩沒，中國人的民族意識完全消失，才能使中國人民俯首貼耳任其蹂躪，任其宰割。然而俄寇和朱毛這一切陰謀和努力都是白費的，因為人類的理性是永不能汩沒的，民族精神是永不能毀滅的。尤其在這二十世紀更是民族意識普遍覺醒的時代，侵略主義者的勢力愈是強橫，被壓迫者的民族意識便愈能覺醒，愈是濃烈。過去我們對日抗戰，便是這種民族意識的精神力量使我們獲得勝利，現在朱毛硬要把我們獨立自由的國家跟著蘇俄一面倒，硬要把我們中華民族變成斯拉夫的奴隸牛馬，這絕對不是黃帝子孫所能長期忍受的。所以我們今天只要以民族精神教育來揭櫫民族大義，喚醒民族意識，使全國同胞都能認清俄寇朱毛侵略賣國的真面目，那民族意識的本能和潛力，自然會油然而生，勃然而起，形成沛然而莫之能禦的怒潮，朱毛與俄寇也就必然要在我們民族大義與民族正氣的力量之前，俯首就戮，加速覆亡，這有歷史可以作證，不容我們稍有懷疑。

四民族精神教育的實施

至於如何實施民族精神教育的問題，領袖曾迭有很剴切詳明的訓示，我們深信只要遵照領袖的指示，徹底實施，一定可以成功的。現在僅就實施民族精神教育的重點，說明如次：

第一、要以道德教育為基礎：領袖說：「從今以後我們要自救救國，一定要從提高國民道德做起。」又說：「以我這幾十年來的革命經驗，和這一次的失敗教訓，所反省體會的結果，確認只有四維八德才真正是我們國家民族命脈之所繫，也只有四維八德，才是我們反共抗俄，自救救國的唯一的精神武器。」我們中華民族五千年來所以繼繼繩繩，獨立不搖，完全是建立在四維八德的道德基礎上。今天我們所以遭受如此悲慘的民族厄運，主要的原因，實由於國民道德的墮落，尤其抗戰勝利後，一般知識分子因為中了中共思想宣傳的毒素，竟對我民族傳統精神之四維八德，加以曲解抹煞。他們「以八德為封建遺物，視四維為頑固反動教育，並以此自鳴識時，而以超然中立為高蹈，跨牆觀望為自由……無形中成為共匪的工具，受其利用而不自覺」，甚至搖旗吶喊，推波助瀾，使整個大陸關進鐵幕，造成子弒其父，弟殺其兄，女訟其母，夫婦互相監視，家人視同仇寇的禽獸不如的悲劇。今天我們要反共抗俄，中興復國，必須要恢復民族固有道德，發揚民族傳統精神，以人類天性的情愛，去消滅野蠻狂妄泯沒人性滅絕道德的朱毛，及其所依存的蘇俄帝國主義。

第二、要注重氣節教育：中華民族本是一個最重氣節的民族。孟子說：「我善養吾浩然之氣。」「其為氣也，至大至剛，以直養而無害，則塞於天地之間。」文天祥說：「是氣所磅礴，凜冽萬古存，當其貫日月，生死安足論，地維賴以立，天柱賴以尊，三綱實繫命，道義為之根。」歷史上每當國家民族面臨生死存亡的關頭，總有一些志士仁人，「見危授命」，將自己的生命頭顱為國家獻上，殺身成仁，捨生取義，千載下猶凜然有生氣。少康一旅興夏，管仲尊王攘夷，魯仲連義不帝秦，諸葛亮臨表涕泣，精忠報國的岳武穆，大節凜然的文天祥，他如顏杲卿、史可法、鄭成功、黃花崗七十二烈士等，真是史不絕書，他們為國家為民族，犧牲奮鬥，萬死不辭，其精神，其氣魄，真足以驚天地而泣鬼神。領袖說：「吾人之頭可斷，吾人之骨可碎，而吾人之志之節，則絕不可為人所奪。」大陸剿匪的失敗，正因為我們喪失了這種正氣忠義的氣節，尤其一般不肖之徒，變節投降，認賊作父，更不知廉恥為何物？今天我們要反攻大陸，消滅朱毛，重建三民主義的新中國，必須特別注重氣節教育，培養國人堅貞不渝的志節，使人人能保持中華民族的人格與正氣，中華民族才能真正的復興。

第三、要加強文武合一的教育：我國古時的六藝教育，即是傳統的文武合一的教育。領袖說：「須知我國古代的教育，是實施文武合一的。孔子所倡導的禮、樂、射、御、書、數的教育，就是文武合一教育的具體內容。從這種教育制度裡陶冶出來的人，不但能文，抑且能武。因此當國家遭遇外患時，人人能起來執干戈以衛社稷，抵禦外來的侵略。可惜自文武教育分途後，即漸漸演變成為重文輕武，養成文人不知兵，武人不讀書的惡習，其貽害國家，至深且鉅。」現在高中以上學校的學生，均已普遍實施軍訓，大專學校畢業的學生，也要接受為期一年的預備軍官教育，這在我國教育史上實是一個破天荒的創舉。而每年的暑期戰鬥訓練，更是獨樹一幟的新興教育。我們希望這些優良的制度不僅要貫徹到底，而且要配合國防建設的需要，造就優秀的國防人才，為國家民族打下永久不拔的根基。至於一般國民，亦應普遍實施國民兵教育，使人人能具備軍事知識，能夠參加戰鬥，這樣才能雪恥圖強，復興民族。

第四、要注重生活教育：一個人的生活行為可以代表一個人的精神與人格；一個民族的生活習性可以代表一個民族的文明程度。我國古代注重「灑掃應對進退」的生活教育，所以社會安定，國富民強。近百年來，由於不平等條約的束縛，禮義廢弛，生活散漫，因此社會紊亂，人心陷溺，致為外國人所輕視。領袖說：「我以為今日教育，要使他發生反共救國的效用，無論是學校教育或社會教育，最要緊的是注重生活教育。」「就是要做到整齊、清潔、簡單、樸素。……新時代的人絕對不是吸香煙、拍香水、隨地吐痰、蓬著頭髮、拖著鞋子、扣子不扣、帽子歪戴的這一類的人。」今天我們要復興民族拯救國家，必須每個人從自己的日常生活做起，革除以往苟且偷安、醉生夢死、不守時間、不重法紀的惡習，養成獨立自尊、奮發有為、守時間、守秩序的精神與人格，來轉移社會風氣，改良民族習性，拿這種精神力量來對付中共，相信比有形的武力更要堅強。

以上所說各項，不僅學校教育應該注重，尤其家庭教育與社會教育更要切實推行，務使每一個國民，從小在家裡就有很好的家庭教育，進學校以後，又有很完善的學校教育，出學校以後，再有很好的社會教育，這樣接連教育，層層扶持，每一個國民都能養成健全的人格，則中華民族一定可以復興，中華民國一定可以富強。

(五)結　論

總之，民族精神是反共抗俄、復興民族最基本最有效的武器。我們從德意志在普法戰爭中所遭遇的命運，及菲希德告德國國民書中，深切的感到民族道德與民族自信力，對於挽救一個民族的危亡，該是占有何等重要的地位！國父說：「我們要以民族精神來救國！」今天我們國破家亡，海角飄零，俄寇中共正用其唯物主義的邪說暴行，毀滅我民族道德，屠殺我無辜同胞，遙望大陸，一片血腥，面對空前的浩劫，我們唯有加強民族精神教育，從民族靈魂的深處，喚醒民族意識，恢復民族自信力，發揚民族傳統的道德和精神，團結全民族的意志和力量，來復興民族，重建中華，完成歷史的使命！

（民國四十六年十二月載於《國魂》第一五一期）

十六、費邊主義與民生主義

歷史上每當國家民族存亡絕續的緊急關頭，總有不少的愛國之士，憂國之彥，奮身而起，冒險犯難，燃起智慧的火炬，照醒人們的心靈，以學術思想轉移社會風氣，使昏昏沉睡的人們，掀起救亡圖存的浪潮。這在中國如此，在西歐亦然。

十九世紀初葉，英國政府貪汙腐化，政治顢頇，經濟混亂，造成英國史上混亂動盪的局面，大英帝國的人民無不感到非常失望與不滿，尤其一般青年學者，更紛紛結合，圖謀改革，費邊學社(Fabien Society)的成立，便是這一時代所放出的一株奇異的花朵。

費邊本是西元前三世紀一位羅馬統帥的名字，因為他採取了「穩紮穩打」的戰略，戰勝了迦太基的大將漢尼拔(Hannibal)，給羅馬帝國創立了輝煌燦爛的史蹟。韋伯等以費邊名學社，一方面是在紀念這一代偉人的功勳，同時也表示他們要採取逐漸演進新舊遞嬗的方針，為社會主義與民主自由而努力奮鬥。

費邊學社於西元一八八三年成立，在最初幾年間，只不過韋伯、蕭伯納、奧里維、華拉司與比尚夫人五人而已。當時他們都是一些沒沒無聞的青年，可是他們的理想卻甚為遠大，他們聲言要「依憑高度的道德，以改造社會」，這在當時的英國，真是談何容易。然而他們卻始終揮起如椽之筆，鼓動人心，感召青年，向著他們理想的目標邁進。

一八八九年，該社開始發表言論，主張「運用普選制度與代議政治，逐漸改進社會，以達到社會主義的目的」，他們認為由資本主義社會發展到社會主義社會，應該是一種漸變的過程，而非一種急進的革命。拉斯基教授曾說：「余心目中所謂革命家者，乃依合法之步驟，本於人民之公意，而經過議會之程序，凡生產工具於國計民生有重大利害關係，斟酌緩急，收歸國有。但國有政策並非沒收之謂，對原有業主，仍須予以適當之賠償。工黨於私有財產與個人儲蓄，向來加以尊重，但欲使金錢不為社會之主人，而為社會之奴隸，則節制資本自屬應有之義。」又云：「但若革命家之意義為手持炸彈，腰纏手榴彈，則英國工黨並非革命黨。」他們主張國民的收入必須趨於平均，獨占及額外收入所得的利益，應該歸於公有，一面擁護社會正義，力圖社會安全，一面於公民基本權利無所侵犯，平等與自由雙方面都能兼顧並重。這種主張幾乎完全與國父孫中山先生的民生主義息息相通，不謀而合。

費邊學社成立到今天，已經六十餘年，始終書生論政，保持其學社的特色，然而他們卻成就了今日主宰世界引導人倫的思潮主流，給英國工黨奠立了巍然不拔的基石。

一九〇六年，英國工黨由費邊學社脫穎而出，正式宣布成立。費邊學社的社員們以個人名義加入工黨，以實現他們所抱持的理想，而且他們多成了工黨的領導人物。就在成立的當年，工黨以一個新政黨參加大選，結果竟在下議院獲得二十九個議席，奠定了工黨在英國政治上的基礎。一九二四年至一九二九年，工黨更是兩度執政。一九四五年，保守黨的邱吉爾以其領導英國人民擊潰德、義法西斯的餘威，宣布舉行大選，滿以為能操必勝的左券，不料工黨竟在下院獲得三百九十三席，以壓倒性的優勢，而由艾德禮出任英國史上的第三次工黨內閣。今年二月英國大選，保守黨雖極盡其反攻的能事，而工黨仍以三百一十四席，繼續登上了薔薇宮的寶座。

工黨之所以能幾度贏得選民的支持，最主要的原因是它能注重人民的生活，實行社會主義的政策。尤其第二次大戰後，他們徹底的實施社會安全保障、定量分配、全民保健、勞工保險，把一個貧困的英國社會給安定下來。所以無論敵黨如何強橫，問題如何困難，他們還是挺立不搖。他們的這種主張和路線是什麼？直言之，就是民生主義！因為他們能切切實實的實行民生主義，所以他們成功了政治不敗之基；因為他們能走民生主義的路線，所以他們能一再的贏得選民大眾的支持。

我們中國自國父孫中山先生倡導民生主義以來，已經五十餘年，然而由於戰亂不息，烽火連年，「平均地權」和「節制資本」的辦法始終未能實行。一般官僚豪門及投機工商業家，更趁火打劫，大肆壟斷搜括，摧殘社會經濟命脈，因此造成富者愈富，貧者愈貧的危殆局面。固有的中產階級亦因政府的缺乏保護，而走上了破產與貧困的道途。三十餘年來，我們不但未能實行民生主義，而且更承受了資本主義的衣缽，所以我們不但未能防堵赤禍，反為赤禍所趁！以致今天面對著布爾希維克主義者凶惡無情的襲擊，弄得焦頭爛額。共產黨徒挾其邪說，逞其暴行，欲舉五千年文物之邦，滅絕其文化，出賣其土地，斷送其主權，以供魔王史達林的頤指氣使，將人類的良知、理性及一切希望，都一齊拋到不可測的危險裡。這是空前的浩劫，這是人類的悲劇，這是我們未能實行民生主義所得的惡果！

今天整個大陸已為滔滔紅流淹沒，西伯利亞的寒風正淒厲的掃蕩著祖國的原野，億萬人民的眼睛，正朝著臺灣這復興基地的燈塔眺望膜拜。歷史發展到今天，一切已死的和已腐的觀念、制度、人物及一切封建殘餘的力量，人們已不再存有絲毫的眷戀，一種自發自救的自由中國運動，已成為全國人民的共同呼聲，這種呼聲是時代的洪流，是人類的共鳴，它將以排山倒海之勢，雷霆萬鈞之力，突破一切黑暗，奔向自由，奔向光明。

自由中國運動是一種思想運動，是一種社會運動，是一種新的革命運動。雖然目前它的環境十分險惡，局勢十分嚴重，但是只要我們有赴湯蹈火，衝鋒陷陣，雖罹萬死而不辭的決心，這種運動的火種是任何勢力不能撲滅的，而且它必將燎原整個中國與世界人類。因此我們今天必須英勇地把握這一時機，引導這一運動，使每一分愛自由反極權的力量，匯成一股宏壯的歷史主流，去摧毀瘋狂的布爾希維克主義及一切反自由反進步的勢力。

我們深信歷史發展的道路只有一條，人為的逆流終必被歷史的主流所吞滅，我們要以費邊學社作榜樣，不畏艱難，不急功近利，負起時代所賦予的使命，勇猛直前，再接再厲，創建一個新的三民主義的時代，一個新的強盛的中華民國。

（民國三十九年六月載於《戰鬥青年》半月刊）

十七、知難行易與力行哲學

總理領導國民革命，歷時四十年，「畢生學力，盡萃於斯」。然而至辛亥革命初成，一般黨人即以總理所主張的理想太高，不合中國之用，於是有「革命軍興，革命黨消」之非議，以為從此無須再用革命的手段來從事建設了。當時總理非常痛心，悉心研究破壞的革命何以成功，建設的革命何以失敗的原因，「非盡關乎功成利達而移心，實多以思想錯誤而懈志也。此思想之錯誤為何？即『知之非艱，行之維艱』之說也」。總理說：「此說深中於學者之心理，由學者傳之於群眾，則以難為易，以易為難，遂使暮氣畏難之中國，畏其所不當畏，而不畏其所當畏。由是易者則避而遠之，而難者又趨而近之。始則欲求知而後行，及其知之不可得也，則惟有望洋興嘆，而放棄一切而已。間有不屈不撓之士，盡生平之力以求得一知者，而又以行為尤難，則雖知之而仍不敢行之。如是不知固不欲行，而知之又不敢行，則天下事無可為者矣。此中國積弱衰敗之原因也。」總理為了挽救這種積弱不振，奄奄待斃的社會人心，故不憚其煩，連篇累牘，發明「知難行易」之學說，以「破此心理之大敵，而出國人之思想於迷津」，使國人能躍然以起，奮然以進，共同為實行其建設計畫而努力。

總理曾列舉十種淺顯的事例：飲食、用錢、作文、建屋、造船、築城、開河、電學、化學、進化等來作「知難行易」的證明。其實這類事例，不勝枚舉，即如行路說話，豈非盡人皆知，但如何舉步移動，如何開口發音，即近代物理學生理學專家，亦未能詳細說明，故「知難行易」，實為顛撲不破之真理。

總理並研究人類社會之所以進化，亦完全是在「行」。故總理分人群之進化為三個時期：第一期是「不知而行」的時期，人類混混噩噩，不識不知，行之而不知其道，是一種本能求生存的「行」。第二期是「行而後知」的時期，人類之覺悟漸生，知識日長，能從「行」中得到經驗。第三期是「知而後行」的時期，自科學發明以後，人類方得到真知特識，這是人類進化的最大收穫。但這種收穫並不是人人都有的，因為科學愈進步，分工愈精密，「一人之知行相去愈遠，不獨知者不必自行，行者不必自知，即同為一知一行，而以經濟學分工專職之理施之，亦應分知分行」。因此總理又把人類分為三種情形：一是先知先覺者，即研究創造的發明家；一是後知後覺者，即倣效推行的宣傳家；一是不知不覺者，即竭力樂成的實行家。總理說：「有此三系人相互為用，協力進行，然後人類文明進步，才能一日千里。」

總理在孫文學說裡反覆說明「能知必能行」，「不知亦能行」的主要意思，就是教我們腳踏實地，身體力行，不要空談理論，自誤誤國。總理深怕一般革命同志還不能真切領悟，馬馬虎虎，因此他提出嚴厲的要求說：「我不但要你們相信我，而且要你們迷信我。」又說：「你們一般黨員只要照我講的話，實在去行就好了，不要再去求另外的知。」因為總理是一個偉大的先知先覺者，他把革命的方案，建國的宏規，都已規劃得詳詳細細，條理分明，只要我們照著去做，便可以建設起一個三民主義的新中國。

總理逝世後，革命的重擔交給領袖，領袖不但在事業上承受了總理的遺志，即在思想上亦完全繼承了總理的學說，領袖的「力行哲學」便是根據總理的「知難行易」發揚光大而來。領袖嘗說：「總理說：『能知必能行。』我還要續一句：『不行不能知。』」這就把行的意義更向前推進了一大步。

「力行哲學」與「知難行易」，在本質上是完全一樣的，只是因為革命的形勢前後不同，其價值稍異。總理在革命過程中，所遭遇的現象是「行」與「不行」的問題，是一般革命同志不了解他的理想，不服從他的主張，是行不起來的一種普遍的畏難心理。所以，總理以「知難行易」來打破這種心理病態。領袖在革命過程中所遭遇的困難，則是動得太厲害，有的盲動，有的暴動，有的衝動，有的受人利用而反動，動的方向極不一致，動的力量不能集中，所以革命受到挫折。領袖認為這是「動」出了毛病，是動的方向發生了偏差，動的路線背離了主義。所以領袖指示國人說：「行與動是不同的，動並不就是行，……行是經常的，動是臨時的；行是必然的，動是偶然的；行是自發的，動則多半是他發的；行是應乎天理順乎人情的，動是激於外力偶然突發的。」總理認為真正的行，是有目的、有軌道、有步調、有系統，而且有「反之於心而安」的自覺，是正軌的經常的，周而復始繼續不斷的，這也就是一種「革命之行」。所以「知難行易」與「力行哲學」，二者的重心是不同的，但其本質與作用則完全是一貫的、相同的。領袖自己說：「我們認識了這一點，我們的心理防線便能建設起來。」

領袖對於「行」還有許多精闢的指示！

領袖說：「行為性之表，人之生也，是為行而生，我們亦當為生而行。」又說：「我們所行的是在行仁。」「行的目的，在增進人類生活，群眾生命，民族生存，國民生計。」

「行」是富有革命性的。革命是驚天動地的非常事業，革命的最高潮便是犧牲，所謂殺身成仁，捨生取義，便是行的最高表現。

「行」是包含著「動」的，所以勞動創造是人類的天性，是做人做事的基本，是力行哲學的特色。

「行」是要實踐的，是要以實踐求知，以實踐行仁，以實踐來改造中國散漫頹廢苟且偷惰的惡習。

「行」是要有起點、有順序、有目的，而且是經常的、恆久的，所以真正的行，必須是實事求是精益求精，始終如一，貫徹到底的！

好了，感謝我們偉大的總理和領袖，已指破了我們思想的迷津，燃起了我們前進的明燈。我們要記住「知是難的」，所以我們不能一知半解，必須努力求真知。「行是容易的」，我們必須腳踏實地，勇敢的「行」，大膽的「行」。今天擱在我們肩上的是滅共復國的重任，我們必須下定決心，抱著熱誠，腳踏實地，朝著我們所抱持的三民主義的理想前進，在偉大領袖的

十八、王昇將軍九次訪問越南

㈠當年的越南情勢

越南位於中南半島的東側，和我國廣東、廣西、雲南三省接壤，在我國歷史上稱為安南，原為我國的藩屬，唐高宗時（西元六七九年）曾設立安南都護府，與我國關係極為密切。越南的史籍很多都是用中文寫的，皇宮和廟宇的匾牌、對聯亦都是中文，很多人認識中國字，還會用中文寫詩作詞，許多風俗習慣都和我們相同，他們也過陰曆年，而且過的比我們還隆重，他們也尊崇孔子，各地都有孔廟，堤岸還有一條孔子大道（另有一條孟子大道），在孔子誕辰也舉行祭孔大典。這個親密的鄰邦，直到清光緒十一年（西元一八八五年），因中法戰爭而與法國在天津簽訂條約，糊裡糊塗的承認法國為越南的保護國，使中越兩國數千年的密切關係為之中斷。

第二次世界大戰時，日軍於一九四〇年春侵占越南。一九四五年八月，日本無條件投降，依照盟軍的協議，將在越南的日軍，以北緯十六度為界，劃為兩個受降區；十六度以北，由中華民國負責接收，以南則由英國接收。我國因極欲扶助弱小民族獨立，接收後即將政權交給當時由越南各愛國志士和革命團體所聯合組成的「越南革命同盟」（簡稱越盟）；而英國接收後，卻將越南政權交給法國，使曾經統治越南長達五十五年的法國勢力重回越南，以致引起日後的法越戰爭。經過八年的苦戰，一九五四年五月奠邊府一役，法軍慘敗；這時美法兩國眼見情勢危急，認為只有請受越南人民尊敬的吳廷琰出來，才能挽救危亡，於是在國內人民與國外盟友的一致期望和要求下，吳廷琰乃接受國王保大的任命，於六月二十七日由巴黎返回西貢組成新政府，出任總理的重任。

吳廷琰執政後不久（七月二十一日），便在國際的妥協安排下，於日內瓦簽訂「越南停戰協定」，規定以北緯十七度為界，將越南腰斬為二，再次造成南北分割的悲慘局面。北越由「越盟」統治，南越由法國保護；這時的「越盟」已完全由共產黨把持，以往參加「越盟」的愛國志士和革命團體，都已被越共殺害或鏟除。而南越的國家元首卻仍是阮朝的第十三代皇帝保大（本名阮永瑞），在國家面臨如此悲慘局面，他卻在巴黎，過其醇酒美人的生活，且為了私人的利害極力排斥吳廷琰，並在巴黎公開發布命令，解除吳廷琰的總理職務。吳廷琰眼見祖國分裂、生靈塗炭，乃不顧一切險阻，毅然宣布於一九五四年十月二十三日舉行越南政體複決投票，以越南人民的公意來決定越南的政體與元首。這一公民複決權的行使，其辦法是讓全國人民在帝制與共和之間選擇其一；因保大代表君主專制，吳廷琰主張民主共和，投票的結果便可同時決定越南的政體與國家元首。十月二十三日投票的結果，吳廷琰在五百八十二萬八千九百零七張選票中，獲得五百七十三萬一千七百三十五票，以壓倒性的多數大獲全勝；吳氏即於十月二十六日正式宣布越南共和國的成立，結束了阮朝的統治。因保大係殖民主義者的傀儡，保大被罷黜，法國的勢力亦隨之被迫退出越南。

依照日內瓦停戰協定，所有在北緯十七度以南的越共軍隊、行政人員、及傾向越共的人民，必須全部撤除南越；而在北緯十七度以北的法越聯軍、行政人員、和不願接受越共統治的人民，都必須撤出北越。但是越共在國際停戰監督委員會的監督下，表面上雖也辦理撤除工作，實際上卻將許多幹部及經過訓練的人員，有計畫的化整為零，就地潛伏，積極發展地下組織，並進而組織游擊隊進行武裝及政治鬥爭；在所謂「南部地方委員」的指揮下，到處散布謠言、打家劫舍、伏擊、暗殺、綁架、勒索、破壞交通、威脅民眾，特別是對地方行政幹部，更是極盡威脅恐嚇與殺害的能事，企圖造成全面的恐怖混亂，使人民不能安居樂業，使政府無法推行政令。

吳廷琰在這種紛亂的情勢下就任總統，一方面要面對越共的陰謀破壞活動，同時又要安置從北越撤遷出來的一百多萬難民，實在是一項極為繁重而又困難的工程；尤其重要的是殖民主義者所遺留下來的各個派系，他們都擁有武力，有時為了對付共同的敵人而相互聯合，有時為了爭取各自的利益而又彼此火拼。吳廷琰一本大公無私，勤政愛民的胸懷，以大無畏的精神，經過許多艱苦的奮鬥，始排除親法人士的阻撓，解散了保大皇帝的御林軍，收編了各教派的武力，將全國部隊統合整編為「越南共和軍」，實現軍令與政權的統一；並在美國軍事顧問團的協助下，一律實施美式訓練，接受美式裝備。

㈡吳廷琰總統來華訪問

吳廷琰雖是一個文人，但為情勢所迫，他對軍隊卻特別重視，他親自兼任國防部長，經常到各部隊巡視，凡軍事學校與訓練中心的開學或畢業、或其他重要典禮，他都親自去主持；他常常勉勵官兵，要認清革命目標，發揚道德勇氣，為國家和人民犧牲奮鬥。

吳廷琰為了廣結善緣，爭取友邦的支援；他在國內情勢稍微獲得穩定之後，即於民國四十九年（一九六〇年）元月十五日，率領文武官員，前來我國作為期五天的友好訪問。我政府對這位反共友邦元首的來訪極為重視，臺北街頭搭建多處歡迎牌坊，空軍並派出二十四架軍機升空護航，總統蔣中正親率文武百官與各國駐華使節，在松山機場以隆重的軍禮歡迎；其後並舉行贈勳典禮，致贈采玉大勳章一座。晚間又在介壽堂舉行盛大的國宴，款待吳廷琰和他的隨員，總統蔣中正還親自陪同吳廷琰，乘坐專機到南部高屏地區參觀經濟建設實況、及觀看空軍雷虎小組的特技表演、海軍兩棲作戰演習、及傘兵部隊的作戰演習。吳廷琰眼見我國軍官兵士氣高昂、戰技精良，留下極為深刻印象。當他得知我國軍官兵的待遇，還不及越軍的一半時，更感到十分驚異；因此他在與總統蔣公會談時，特別要求派遣一位將軍前往越南，協助其加強軍隊的整建工作，在與蔣經國先生會談時，再度提出此一要求。返回西貢之後，又循外交途徑來電催促，希盡速以「協助改善軍中福利」的名義，派一將軍前往越南。

我國防部為加強中越合作，協助越南反共，乃派時任政工幹部學校校長的王昇將軍，擔任此一艱鉅的任務。

㈢王昇將軍奉命赴越

王昇將軍奉命後，即指派時任軍官外語學校教官的陳禔上尉與筆者（時任政工幹部學校革命理論系上尉教官）為隨員。經過一個月的積極準備，於民國四十九年（一九六〇年）五月三日下午四時三十分，搭乘國泰航空公司的班機，先到香港，次日再乘原機前往西貢。當時香港政府對我們相當不客氣，在通關時即將我們的護照留置，直到第二天上飛機時才還給我們；以後數次經過香港時亦復如此。

王昇抵越的第二天上午，由袁子健大使陪同率領隨員前往國防部，拜會副部長陳中庸 (Tran Trung Dung)（部長為吳廷琰總統兼任）。陳副部長除表示熱烈歡迎外，並提出具體的項目，請王昇幫忙研究：一、如何鞏固部隊團結。二、如何提高部隊士氣。三、如何防制越共滲透。四、如何加強敵後工作。晤談結束後，再前往外交部拜會部長武文牡 (Vo Van Mau)。

越方原通知說，吳廷琰總統五月六日上午接見王昇，可是臨時取消了。直到五月九日下午，才由總統府部部長阮廷淳 (Nguyen Dinh Thuan) 代為接見。阮部長除代表吳總統表示熱烈歡迎外，並轉達吳總統的指示：請王昇先訪問各有關機關、學校、部隊及各省市地方政府後，再行研究各項問題。於是從五月十日起，即依越南共和軍總參謀部所擬定的日程，展開一系列的參觀訪問活動。

首先由心戰署阮署長陪同前往新山一總參謀部，拜會參謀長范春炤 (Pham Xuan Chieu) 少將（後曾任駐我國大使），再由范參謀長陪同晉見總參謀長黎文己 (Le Van Ty) 上將；接著即訪問總參謀部的第一廳至第五廳，然後是軍隊安寧署、心理作戰署及其所屬心戰營、社會文化署（軍眷服務）、退除役軍人事務署及所屬整型中心、軍醫署、共和軍總醫院、血庫中心、軍需署、軍裝食品庫小團（糧秣被服營）、軍具（兵工）署及其所屬之軍具工廠、總統府警衛旅司令部、首都軍區司令部、別働軍司令部、海軍司令部、空軍司令部、傘兵司令部、軍事大學、及梅山情報學校等。接著又訪問新聞部及其所屬的電影中心、青年總署、廣播總署、公民事務特委總署等，就這樣由警車開道，在西貢市區及其鄰近地區穿來穿去。

這些單位參觀完了之後，即向南行，先到邊和省政府訪問；然後訪問駐紮邊和的步兵第七師及該師所主辦的「保衛鄉村青年訓練中心」，還有實用美術學校、富利砲兵訓練中心、清栗漆畫廠、光中訓練中心、守德聯合軍事學校等。

接下來又乘專機，前往位於湄公河三角洲地區的巴川省政府、及在省政府附近的第四軍區司令部、永隆省政府、及位於省政府附近的人位主義訓練中心、以及花蘆「稠密區」、味青「稠密區」、與丐山「定居區」。所謂「稠密區」，乃是為了那些散居各僻遠地區的居民，避免遭受越共的裏脅迫害，由政府選定適當的地點，建立房屋、劃撥土地，將人民遷來集中居住，以保護其生命財產的安全。而「定居區」，則是為由北越逃出來的一百多萬難民所建立的社區，在美國的援助下，由政府劃撥土地、興建房屋道路，並提供耕牛種籽，使難民們得以安居樂業，重新獲得自由的生活與發展。其間也曾前往西貢的外港頭頓（Yuag Tau），遊覽海濱風光，參觀燈塔及附近名勝，並接受福綏省長的款待。

接著又由西貢向北飛行，先到風光明媚的避暑勝地大叻，參觀國家武備學校（中央軍官學校）；再飛濱海的芽莊，參觀芽莊士官學校、海軍訓練中心、空軍訓練中心、海軍學院（軍官學校）及慶和省政府。再繼續北上訪問位於峴港的第一軍區司令部，最後到達故都順化，參觀步兵第一師，並前往分割越南的北緯十七度的濱海河，參觀戍守在最前線的步兵第二團及其所屬各營連；站在砲兵陣地的砲座上，瞭望對岸的越共，他們的一切活動，都可以看得清清楚楚。

在一個多月的參觀訪問過程中，發現他們不論大小單位，都有一套標準作業；即先簡報、再參觀，讓王昇對該單位的任務、特性以及他們所遭遇的問題有所了解，再舉行座談，最後請王昇講話。每一個單位都是由該單位的首長親自接待陪同，所提出的簡報與問題亦都非常坦誠實在；而部隊學校與訓練中心，則多有樂隊與儀隊歡迎，可說十分禮遇。而王昇每到一個單位，即將所帶的「總統蔣公四十八年國慶閱兵」與「今日的復興崗」兩部影片交給接待人員，供他們放映，凡具有放映設備的單位，無不把握機會放給官兵和學生欣賞；特別是大叻的國家武備學校、芽莊的士官學校以及海空軍訓練中心等單位，甚至調動課目，連放兩場，將衛兵和服勤的官兵都替換下來，讓他們亦能觀看，造成不小的轟動。

越南地處熱帶，尤其五、六月正是「旱季」，每天的氣溫都很高，太陽像火傘一般籠照著大地，而我們每天卻要穿西服打領帶，特別是陳褆上尉怕熱，每天連外套都汗濕透了，直呼受不了。但更重要的還是在晚上，不管到什麼地方，一回到住處，便脫下衣服，積極研究參觀訪問所得的問題與資料，準備解決問題的計畫和方案；並為吳廷琰總統趕寫他所提倡的「人位主義」，幾乎每夜都弄到兩三點才睡，可是躺在床上，腦海裡五花八門，仍然無法入睡，而天亮之後又要準備新的一天的工作，王昇看筆者神色不對，怕無法長期支持下去，乃拿安眠藥給筆者吃，這是筆者生平第一次吃安眠藥。從而筆者才知道，長期以來，王昇由於工作忙、責任重、壓力大，早已在吃安眠藥了，且不論到什麼地方，他都隨身帶著，幾十年來都未曾斷過。

㈣晉見吳廷琰總統

七月六日下午，也就是我們抵越的兩個月之後，吳廷琰總統正式接見王昇。當時由於越南政府頒布法令，要求所有旅越的華僑都要入越南籍，都要按規定服兵役，婦女並要穿越南裝，引起僑胞們的普遍反對，中越關係一時弄得很不愉快，因此吳廷琰一見到王昇，就問他對越南華僑問題有什麼意見。王昇答說華僑問題應由駐越大使袁子健先生處理，他本人是軍人，且來越不久，對此問題缺乏研究，沒有什麼意見，不過王昇也說，中越兩國乃兄弟之邦，又同是堅強的反共友邦，他相信越南政府一定會善待華僑，妥為處理。吳廷琰聽後似甚為滿意，然後才轉入正題，詢問王昇兩個月來參觀訪問的觀感與意見。王昇除報告一般觀感外，即將在參觀訪問時所發現的七個重大問題，一一向吳總統陳述，吳都點頭表示同意，而王昇每陳述一個問題，即隨手將所研擬如何解決問題的方案，連同附件一共十九個文件，逐一遞給吳廷琰，最後，王昇拿出厚厚一本，封面寫著：「吳廷琰著：人位主義」給他。吳本熟諳漢文，讀過四書五經，且能作漢詩，只是不會講中國話而已。他十分驚訝的把《人位主義》拿在手上仔細翻閱，然後他對王昇說：「所有這些文件和方案，我都要仔細研閱，並付諸實施。不過要實施這些方案，要先溝通官兵的思想和觀念，因此要請將軍巡迴各地演講。」

王昇說：「我兩個月的時間已屆滿，且因職務異動，國內正等我回去辦移交，特向總統辭行。」

吳總統說：「你不能走！」

王昇說：「我是軍人，必須聽國防部的命令。」

吳總統說：「我會給蔣總統打電報！」原訂兩個小時的談話，竟談了三個半小時。

當天晚上，我們照例仍到中南飯店去吃飯（第一次訪越時，我們在西貢不論住 Hotel Caravelle 或住 Hotel Majesty，都到中南吃晚飯，因較旅館便宜很多），當時王昇因已達成任務，心情顯得十分愉快，他以很輕鬆的口吻對我說：「陳祖耀，吳總統應該頒給你一座勳章！」

聽到王將軍喜悅的聲音，我感覺如釋重負。猶記在松山機場上飛機時，陳禔學長看我心思重重，滿面愁容，要我 “Relax! Don’t Worry!” 可是我一直無法放鬆，直到這時方知未辱師命，心中的一塊石頭才算落了下來。第二天一早，心戰署長阮文珠到旅社來見王昇，他說昨晚吳總統對他和身邊的人說：「這個王將軍只帶了兩個上尉，才來兩個月，而且每天都在各地參觀，竟能針對我們的需要完成這許多文件，真令人感動，如果我有這樣一位將軍就好了！」

㈤破除越軍將校對我國的心結

吳廷琰總統真的很快即致電我政府，要求准許王昇繼續停留三個月，國防部因王昇已奉調總政戰部副主任，必須回來辦理移交，答覆同意一個月。吳廷琰首先即請王昇對全國將校演講「政治作戰」，並由參謀總長黎文已上將正式來函邀請，時間訂於七月二十六日上午八時，地點在總參謀部。是日上午七點五十分，王昇率領我們到達總參謀部，先拜會黎文已總參謀長。八點正，由黎上將與參謀長范春炤少將（後曾任駐我國大使）陪同蒞臨大禮堂，在檢閱儀隊後，並由樂隊演奏中越兩國國歌，旋由范參謀長致介紹詞，八點十分，王昇開始演講，他首先說明共產黨的本質，及我國在大陸與共軍作戰血的經驗與教訓，接著闡述政治作戰的意義、戰法，及當前世界各國實施政治作戰的現況，然後介紹政治作戰在我國軍中的作法，最後講到越南反共的前途。十點十分，演講在熱烈的掌聲中結束，休息十分鐘後進行討論，聽眾提出許多問題，王昇均一一為之作答。後來有位上校提出了一個出人意料的問題，他問王昇說：

「中華民國政府在一九四五年代表盟軍到越南來接收日軍的投降，如果當時不把越南的主權交給越盟，恐怕今天的越南不是這個局面，請問將軍對此問題有何高見？」

這個問題提出以後，全場為之啞然，大家都凝神望著臺上，看王昇究將如何答覆。因為對一個由政府請來的外國將軍，在這樣一個正式的場合，提出這樣一個尷尬的問題，實在令人覺得有些難堪，當時我的心裡就感到十分不快。王昇事後對我說，他當時曾有兩種考慮，一是這個問題超出今天的講題之外，不予答覆；一是轉問該上校，依他的看法該交給誰，因為那時的越南只有一個「越南革命同盟」（簡稱越盟）的政府。但他覺得這兩種答覆不但對兩國的邦交沒有裨益，而且可能更增加越南軍民對我國的反感。因為越南人民一直認為中國在歷史上是侵略越南的，越南歷史上的民族英雄，幾乎都是以反抗中國而著名的。再加上法國殖民主義者故意歪曲歷史事實，藉以離間中越關係。而抗戰勝利後，盧漢的部隊奉令接收越南，由於軍紀敗壞，給越南人民留下極為惡劣的印象，同時越共又極力挑撥越南人民與華僑的關係，由於許多因素，使得中越兩國的關係當時並不太融洽，因此，王昇乃決定把握此一機會，消除中越兩大民族之間的隔閡，特別是軍中將校對我國的心結。於是他以極沉穩的態度與極誠懇的語氣回答。他說：

「我覺得這位上校的問題提得很坦率，我亦願意很坦率的回答這個問題。」繼而說出他對這個問題的看法。他說：

我們中國自國父孫中山先生領導革命以來，其目的在求中華民族之自由平等，同時也極力幫助各受壓迫的民族獲得自由平等。故民國成立以後，對於越南和韓國的愛國志士在中國境內所組織的復國運動，無不予以支持援助，哪怕是開罪各有關的強國，亦在所不惜。開羅會議時，蔣中正委員長更堅決主張越南和韓國在戰後必須予以獨立，中國政府和人民對越南民族的獨立運動始終是同情和支持的，這是有歷史的事實可以證明的。第二次世界大戰結束時，依照盟軍的協議，越南以北緯十六度為界，將日軍劃分為兩個受降區，十六度以南由英軍負責接收，十六度以北由國軍負責接收。但英軍在接收之後，立即將主權交給法國，致使法國殖民勢力重返越南，占領越南半壁山河，以致後來演變成為「法越戰爭」。我們中國對越南沒有任何領土野心，只希望越南能獲得獨立自由，而當時的「越南革命同盟」是由越南各愛國志士，各革命團體所聯合組成的，並且得到各同盟國的支持，所以中國軍隊在接收北緯十六度以北之後，即遵守我政府指示，迅速將主權交給越盟。在中國政府的本意，乃是誠心幫助越南人民早日獲得獨立，成為一個民主自由的國家。孰知越盟後來竟為共產黨所把持，所有參加越盟的愛國志士與革命團體，都被胡志明相繼排除或殺害，這不但是我們中國政府所未曾想到，恐怕也是越南的許多愛國志士所未曾想到的，否則他們便不會因參加越盟而遭受殺身之禍了。

接著，王昇又以很沉痛的語氣說：

說來我們也很痛心。對第二次世界大戰，我們中國對日抗戰時間最長，犧牲最大，貢獻最多，但勝利後，我們不僅未能幫助友邦完成獨立，甚至連我們自己的國土亦不能確保，就在抗戰末期勝利業已在望時，與我們併肩作戰的盟邦，竟在雅爾達會議中將我國祕密出賣了，不但強迫我國要允許外蒙獨立，並讓蘇俄軍隊進入我國東北，將接收日軍的武器用來裝備共軍，使共軍擴大叛亂，其後並強迫我中央政府與中共和談，阻礙國軍進攻，斲喪民心士氣，致使中共因之坐大猖獗，導致整個大陸河山為之變色！

最後，王昇以勉勵與期待的口吻說：

我覺得今天人與人之間，國與國之間，可能都有或多或少的誤會或不愉快的事情，但我們中越兩國是兄弟之邦，我們都是被壓迫的民族，以往我們同遭帝國主義的凌辱，今天我們又同受國際共黨的侵略，我們應該清除過去的誤會，加強當前反共大業的合作，從今以後，我們要增進了解，要同心協力，來消滅我們共同的敵人共產黨，這才是我們當前應該走的一條正道。

王昇講到這裡，全場掌聲雷動，這時已是十二點三十分了。總參謀長黎文己上將站起來驅前與王昇握手，又是一陣熱烈的掌聲。黎總長說：

今天非常感謝王將軍的光臨，他的精闢的講演，使我們獲益良多，正如王將軍所說，我們今後要團結合作，協力抗共。現在因時間已過，討論停止，各位如還有問題向王將軍請教，可以書面送請王將軍解答。我們非常感謝王將軍。

聽眾又報以如雷的掌聲。黎總長並送王昇榮譽狀一方及指揮棒一枝，王昇亦以「中國之友」紀念牌及「政工紀念徽」各一座贈送黎總長。然後黎總長、范參謀長等在全場熱烈的掌聲中，親送王昇到大禮堂門口，始殷殷握別，晚上並有許多越南軍官前來寓所向王昇道賀，讚譽演講非常成功。

其後又有數場講演，亦都非常精彩。心戰署長阮文珠特於王昇離越前三天，即八月二日下午在心戰署舉行一次盛大的「惜別座談會」，讓心戰幹部向王昇請教反共的經驗與意見。阮署長在致詞時，一再對王昇的協助表示感激與敬佩，各與會人員亦均熱烈發言，提出許多問題和意見，王昇均為之解答。其中有位少校說：

「在將軍未來之前，我們曾聽說中華民國的軍隊訓練精良，但仍將信將疑，因為在第二次世界大戰結束時，貴國盧漢的部隊到越南來接收日軍投降，軍紀很壞，姦淫、擄掠、吸鴉片，給我們極惡劣的印象。這幾次聽到將軍的講演，對將軍的學識見解和風範，內心非常敬佩。我們相信貴國的軍隊一定能完成反攻大陸消滅共黨的任務。」

由於每次參加講演或座談的都是越南三軍的重要幹部，如後來主宰越南政局的阮慶、陳善謙、阮文紹、阮高奇、高文園、阮文偉、黃文高、陳文忠、杜茂等等，都對王昇協助越南的真誠與解決問題的卓見，極為認同與支持，因而與王昇建立深厚的友誼，所以即使在吳廷琰被推翻以後，每一個時期的每一個掌握政權的人，都對王昇極為信賴與尊敬，並都希望能獲得王昇的協助與指教。

㈥經國先生祕密訪越

王昇將軍率領我們於八月五日返國後不久，越南政府又循外交途徑來電邀請，希望王昇能再率員前往越南協助工作。國防部正簽辦時，不意越南傘兵司令阮正詩上校，在若干失意政客的煽惑下，突於是年（一九六〇）十一月十一日發動政變、包圍總統府，企圖迫使吳廷琰總統改組政府；雖然為效忠吳廷琰的阮慶師長和黃文高師長，星夜率部前來解圍，阮正詩見寡不敵眾，逃往金邊，使這場未經流血的政變很快得以平息，但對越南的民心士氣與國際聲譽都受到很大的影響。

總統蔣公中正為同情吳廷琰總統的處境及協助其加強反共措施，乃於高雄西子灣召見王昇將軍，囑其前往西貢，一方面代表政府慰問吳廷琰，同時並和越南政府各部門研究如何加強反共措施。王昇奉命後，即於十一月二十日離開臺北，獨自前往西貢。王昇抵達西貢後，仍住白藤街五號越南政府賓館。次日上午九時，吳廷琰總統即予接見，「風雨故人來」，吳廷琰看到王昇到來，內心似特別感到親切，兩人整整談了一個上午。吳廷琰經過這次政變，更下定決心，一定要建立軍中政治作戰制度，使官兵知道為誰而戰、為何而戰，將官兵的思想意志和國家人民的利益前途相結合，不再讓少數的野心政客和不肖軍人誦惑利用。他對王昇說：

「你們中華民國能夠這樣做，我們越南也要這樣做！」

因此，他決定請我政府派遣一個軍官團，請王昇親自領導，長期住在西貢，協助越南政府建立軍中政治作戰制度，訓練政治作戰幹部。

王昇即針對派遣軍官團赴越所應負責的工作項目與具體作法，經過詳細研究，向吳總統提送備忘錄後，於十二月四日下午返抵臺北；即將越方的要求，向我政府簽報，很快即獲得批准，同意派遣一個七人軍官團，由王昇率領前往越南，時間暫訂為一年。王昇在確定人選，分配工作後，又於十二月十日趕赴西貢。

王昇這次匆忙赴越，有一個很重要的任務，就是要安排經國先生前往越南訪問。

蔣經國先生當時是中國國民黨中央常務委員、行政院政務委員、國防會議副祕書長及青年救國團主任；而且眾所周知，他是總統蔣公中正的長子。他在這個敏感時刻前往越南，當然是代表總統蔣公中正對吳廷琰的支持與慰問，同時並與吳廷琰交換一些反共的經驗與意見，以加強中越兩國的合作關係。

由於經國先生的身分特殊，不能對外公開，所以只能祕密進行。經國先生的專機於十二月十四日上午八時三十分，在西貢新山一軍用機場降落，僅有兩名隨員。下機後，即在停機坪乘越南政府的禮車，在嚴密的戒護下進住政府賓館；連他們所乘的座車兩邊車窗，都掛上深色的窗簾。吳廷琰並派他的總統府警衛旅司令阮玉魁中校為經國先生的侍衛長，以示對經國先生的隆遇；而專機則在軍用機場加油後立即飛返臺北。

經國先生在吳廷琰總統元月分訪華時，曾與之單獨會談；現在再度相見，當然更為親切，所以他們的會談也就非常融洽而愉快。

經國先生在西貢停留期間，並由王昇與阮玉魁司令陪同參觀越南民族英雄陳興道祠、與悅王廟等名勝古蹟、以及國家博物館等文化事業。經國先生抵越的第二天，恰好是王昇的生日；經國先生除在行館為王昇慶生外，特為王昇畫蘭花一幅，以作紀念。

經國先生在西貢僅停留兩日，即趕返臺北，結束了這一次的祕密外交之旅。

(七)奎山軍官團

吳廷琰總統所要求的七人軍官團，國防部經簽奉核定後，即於十二月七日下午四時，在總政治部集合；王昇將軍即席宣布赴越任務，並分配工作及指示所應準備的事項。團長由王昇將軍親自擔任，副團長為時任憲兵司令部政治部主任阮成章少將，襄助團長領導策劃全團工作；參謀長為劉戈崙上校，在團長副團長領導下，督導團內全盤工作，並負責團內經費之領取與保管。團員楊浩然中校負責團內事務與出納工作；陳玉麟中校負責團內會計與膳食管理；陳祖耀上尉負責團內祕書；陳禔上尉負責團內公共關係。

軍官團成立後的第二天，即在臺北市長沙街國軍英雄館集中辦公，積極展開出發前的各項準備工作。參謀總長彭孟緝上將和總政治部主任蔣堅忍中將，均曾分別召見全體軍官，並點名訓話。國防會議副祕書長蔣經國先生，在國防部會議室召見全體軍官時，特別勉勵大家要盡心盡力幫助越南反共，並要注意生活言行，表現中華民國軍官的風度。

令人遺憾的是我們參謀本部一位主管長官，他不相信一個七人組成的軍官團，會有什麼作為，每月全團的辦公費、通訊費與交際費只核發二十美元；王昇一言不發，一文不爭，並對團員們說：「我們既然奉了領袖的命令，有錢要幹，沒有錢也要幹。」

十二月三十一日，軍官團全體軍官在副團長阮成章將軍的率領下，於下午三時四十分，乘日航公司班機前往香港。由於駕駛員罷工，第三天，也就是民國五十年元月二日，才改乘越航公司班機，於下午三時飛抵西貢。在越方的熱烈歡迎下，住進白藤街五號越南政府賓館。

軍官團抵達西貢的第二天，適為吳廷琰總統的六秩華誕，越南各界多有慶祝活動。王昇為介紹本團軍官與各有關人員見面，早已發出邀請，訂於元月三日晚間七時，在駐地舉行酒會，為吳總統祝壽；所以軍官團到達西貢以後，即全體動員開始布置壽堂及進行各項準備工作。元月三日這天，「白宮」內外張燈結綵、喜氣洋洋，尤其在那美麗的西貢河畔，晚風輕送、柳影婆娑，更令人心曠神怡。來賓二百餘人，無不同聲讚美，有些人甚至留戀忘返，直至深夜始相繼離去；袁子健大使等都一致認為，以這種方式宣布軍官團的成立，實是別開生面。

我們自抵西貢的次日起，每天都舉行早餐會報。王昇規定每天要報告前一天的工作情形與當日的工作計畫。他並要求全體軍官：

「一定要謙虛、誠懇、親切、周到，不僅工作要成功，作人更要成功，不能讓任何一個人說我們不好，不能因為很小的事情惹出一些麻煩，我們一定要以主動熱情的精神，誠懇謙虛的態度，來完成我們共同的使命！」

王將軍並在第一次會報中提出他親自擬定的「奎山軍官團工作預訂計畫」，在這個計畫中分為兩大部分，一是建立制度，一是訓練幹部，由於越南國情複雜，建立制度實非一蹴可幾，而要制度實施成功，尤需要有健全的幹部，因此王昇指示我們積極準備創辦政治作戰研究班。

元月十五日下午二時三十分，奎山軍官團全體軍官在王昇率領下，前往越南總統府向吳總統作簡報。越方參加的人員計有總統府特別軍事顧問、防衛旅司令、國防部各廳署長以上重要主管。簡報前王昇向吳總統介紹奎山軍官團的軍官，吳總統一一與之握手，接著王昇說明簡報的項目與程序，先由參謀長劉戈崙上校報告「軍中保防工作」，然後由副團長阮成章少將報告「政治作戰研究班教育計畫」，簡報完畢後，王昇再作補充報告，他並提出一個具體的建議，請吳總統准予成立一個臨時性的政治作戰研究委員會，由有關部門的主管及必要人員參加，並請指定一位將級人員為召集人，慎重進行研究有關建立政治作戰制度的問題，定期向吳總統報告研究結果。吳總統聽後非常高興，他說：

越南和中國好像兄弟，又好像親戚，關係特別密切。因為我們是一家人，所以你們來越以後，我們並未特別招待你們，希望能夠原諒。今天的簡報很好，教育計畫很完善，可以就按這計畫實施；保防工作很重要，希望將軍在這方面多予協助。關於成立政治作戰研究委員會的問題，我現在即指定總參謀部的參謀長阮慶少將為負責人，要他在最短期間內即成立，請將軍多予協助。

阮慶將軍奉命後顯得十分熱心積極，很快即成立政治作戰研究委員會，並於元月二十日舉行第一次會議，就吳總統交議的「建立越南共和軍政治作戰制度方案」，作概略性的研討，這個方案實際上即是王昇第一次訪越時向吳廷琰提出的，會中雖然與會人員均認為構想很好，越軍也確實有建立此一制度的需要，但因牽涉因素太多，以後雖又討論了幾次，卻始終未能正式付諸實施。

建立制度需要花很多時間溝通協調，訓練幹部則比較單純易行，因此王昇在我們抵越之初，即分配我們每人所擔任的課程，且每一門課程講授什麼內容，他都擬定好了，並規定每一小時的課程必須寫三千字的教材，他還要親自審定，所以每個人都在不分晝夜的趕寫教材。王昇自己擔任人位主義（三十小時），副團長阮成章少將擔任政治作戰研究（三十小時），參謀長劉戈崙上校擔任反共戰略研究（十小時）、政戰參謀業務（二十小時）及保防工作（四十小時），團員楊浩然中校擔任政訓工作（四十小時）及監察工作（二十小時），陳玉麟中校擔任心理學（四十小時）及心戰工作（四十小時），陳褆上尉擔任民運工作（二十小時）、福利工作（二十小時）及演講技術（二十小時），筆者擔任哲學概論（四十小時）、理則學（四十小時）及共產主義批判（三十小時），合計四百四十個小時。另有越南憲法、越南近代史、吳總統行誼、國家建設、北越實況、越盟陰謀策略研究等課程，則由越方擔任。筆者與楊浩然學長還奉命分別擔任教務工作與訓導工作，那時不僅我們每一個軍官均日以繼夜的趕寫教材，即負責翻譯的朋友們亦是不分晝夜，他們都是我國中央軍校畢業的旅越僑胞，能對我們熱心協助，亦非常難得。

越南政府為了減少內部和外在的阻力，決定先成立心戰訓練中心，在心戰訓練中心內辦理政治作戰研究班，於是王昇乃與越方人員冒著遭越共伏擊的危險，乘車到大叻、芽莊等地尋找班址，結果還是選在西貢黎聖宗街十五號前法軍的營舍。為求辦班成功，在研究班開訓之前，先辦兩天幹部講習。當時的越軍真是充滿了求新求變的精神，除了心戰訓練中心臨時調來的幹部之外，政治作戰研究委員會的相關人員與心理作戰署的重要幹部，亦都來參加講習；接著又對翻譯人員實施兩星期的訓練，並讓他們彼此觀摩討論，以增進其技能與信心。而王昇因國內工作繁重，他在教育計畫、課程內容與班址全部決定後，即於三月二十五日返國，而於政治作戰研究班開訓前一天再到達西貢。

㈧政治作戰研究班

政治作戰研究班於五月二十四日上午九點舉行開訓典禮，由總統府部部長兼國防部副部長阮廷淳主持，總參謀長黎文己上將、兼班主任阮慶少將、越南各高級將領、各國駐越武官及本團全體軍官，均應邀觀禮。本期招訓對象為陸軍團級以上與海、空軍、機關、學校、醫院、工廠同等政治作戰機構之正副主官，共計一百二十人，訓練期限為十六週，當天下午由筆者與楊浩然中校分別報告教育工作與訓導工作，另由越南軍官報告行政與管理工作。第二天上午八點開始，王昇即為他們講授人位主義，阮慶將軍並親自陪王昇到教室向學員們詳為介紹，王昇每講授一段落，即讓學員們發問討論，越南軍官多受過法國軍官養成教育，善於表達，喜歡辯論，對此理論課程，尤感新鮮，討論到最後，學員們都說：「我們贊成將軍的意見。」王昇在講完「人位主義」以後，即陪同由阮慶將軍所引領的「越南軍官訪華團」一行，於六月十三日回到臺北。

政治作戰研究班於十月十四日訓練期滿，舉行畢業典禮，吳廷琰總統親臨主持，越南政府自阮玉書副總統以下各文武官員、各國駐越使節，均應邀參加。吳總統親頒畢業證書，他在致詞時，特別強調政治作戰在現代戰爭中的重要，期勉學員們畢業後要努力完成反共保民的偉大使命。對本班教育的成功，他更極為嘉許，對本團的精心策劃與全力協助，尤深為感謝。下午兩點，全體學員與教職員又前往總統府，接受吳總統點名訓話。他再次訓勉畢業學員要認清自己的責任，努力拯救自己苦難的國家與同胞，語重心長，聽者無不動容。吳總統並與本團軍官一一握手，再三表示感謝，他說：

「你們對越南共和國作了極大的貢獻，這種貢獻不是任何金錢財物可以買得到的！」

由於政治作戰研究班的反應極為良好，越方又要我們辦理初級班，人數仍為一百二十人，因我們在越工作的時間只剩兩個月，所以教育期限縮短為八週，教育對象則為陸軍營連及海、空軍同等單位之政戰人員與各級重要幕僚。於是我們一面為研究班上課，一面為初級班編教材，該班十一月一日開訓，五十一年元月二日畢業，時間雖較短，但訓練成果一樣圓滿。

我們在越工作一年結束時，越南政府鑒於我們僅僅七位軍官，團長且因國內工作繁忙，兩度回國，但為他們辦理政治作戰研究班，初級班，又為他們研究建立制度、擬計畫、寫教材、辦行政，每天除上課外，還指導各種活動，學員們也反應熱烈，乃由國防部與總統府部開會通過，並報請吳總統批准，頒贈每人榮譽星座勳章一座。據越方告知，這是越南共和國成立以來第二次對外國軍官頒贈勳章，在此之前，只有美國前駐越軍事顧問團團長威廉中將曾獲得此項榮譽。此外，越方並曾簽奉核定致贈本團軍官每人路費美金一千元，但為全體軍官婉拒，尤為越方所欽佩。當時本團每月的辦公費為美金二十元，僅是過陰曆年時，犒賞越方派來的憲兵、警察、安全人員、駕駛及廚師等，就超過了全年的費用，所以平常一切的費用，完全由我們自己捐獻。我們每個月的生活補助費為美金一百八十元，除去每月捐助辦公費五十元，分攤伙食費三十元，賸餘一百元作為交通、郵電等零用金。

我們回國後不久，吳廷琰總統又來函，邀請王昇將軍前往協助，因他非常欣賞並贊同王昇將軍對他所提出的各種方案與作法，但又恐遭到美國方面的阻撓，所以當王昇率領我們在越南工作時，只得以「奎山軍官團」的化名，每天都穿著便服，現在他又要王昇前往幫忙，王昇乃於一九六二年六月前往西貢，向吳廷琰總統提供意見，深獲吳氏採納，他並希望王昇能長期留住西貢，以便隨時可以諮商，但王昇因本身工作繁重，無法長期離開，乃推薦劉戈崙上校前往，因劉上校曾在越南工作一年，對越南各有關機構和人員已非常熟悉，劉上校奉命後，即於民國五十一（一九六二）年八月前往西貢，積極協助越南各有關單位工作，直到次年十月奉召回國，接任總政治部第四處處長，翌年元月一日榮升少將。

㈨向魏茂蘭上將簡報

越南自一九六三年十一月一日發生流血政變，殺害吳廷琰總統並推翻他所建立的第一共和後，內部鬥爭激烈，國家元氣大傷，給予越共擴大叛亂的大好機會。阮慶中將於次年三月二日取得政權，自任總理，總攬國家行政大權，同時任命陳善謙中將為國防部長兼三軍總司令，阮文紹少將為三軍參謀長，形成所謂鐵三角，而這三人都與王昇具有深厚的友誼，所以在阮慶取得政權的第三天，我政府即派王昇前往西貢，表示對他的堅決支持，並研商有關越南與共軍作戰的問題。同年八月，越南政府為對抗越共的擴大叛亂，決心建立全面有效的政治作戰制度，王昇再一次應邀訪越。八月二十三日，越南政府為國防部長兼三軍總司令陳善謙晉升上將，舉行盛大的酒會，越南政府文武官員、各國駐越使節以及美國駐越軍援司令魏茂蘭上將等眾多將領均參與盛會。王昇身穿便服，擠在人群中，阮慶總理進入會場時，全場響起熱烈的掌聲，當他一眼看到王昇時，立即快步驅前與王昇熱烈擁抱，所有的鎂光燈都集中在他們倆人身上，引起全場的注意。美國駐越軍援司令魏茂蘭上將（Gen. William C.

Westmorland）知道他是王昇後，即主動請一位越南將領為之介紹，他劈頭就對王昇說：「我知道你到了西貢！」於是兩人由越戰的現況，談到如何贏得越戰，越談越投機，因酒會時間有限，雙方均意有未盡，王昇乃表示願意為他作一次政治作戰的簡報，魏茂蘭上將極表歡迎，因為當時他統帥五十餘萬最精銳的美國大軍，擁有世界上最現代化的各種新式武器，再加上六十餘萬越南政府軍，以及韓、泰、菲、澳、紐等國軍隊，共達一百二十萬人，但在越南戰場上，卻像一個巨人掉入廣袤的泥淖之中，一籌莫展，且曠日持久，各方對他壓力越來越大，現在有人願為他提供贏取越戰的方策，自是求之不得。

這個簡報是由王昇親自撰寫的，並譯成英文與越文。首先說明共產黨是自由世界的公敵，其目的在赤化整個自由世界。它「以欺騙對付對方的靈魂，以暴力對付對方的肉體」，其殘忍陰險，實非世人以常情所能想像。致使許多純潔的學者、正直的軍人、善良的民眾，受盡愚弄而不自知。一旦淪入鐵幕，則被迫過慘絕人寰牛馬不如的生活。

共產黨的作戰方式，在武力戰方面，除與一般軍事家一樣，重視兵員、裝備、戰略、戰術外，並特別講求從無到有，以少勝多。尤其為了支持有形戰爭之勝利，乃開闢無形戰場，努力從事於看不見的戰鬥。對方若僅以純武力戰應付，縱使能一時一地獲得勝利，但久而久之無不陷於困頓迷惘之境。王昇接著即簡報政治作戰六大戰的內容與戰法，並指出，我們必須認清：

> 反共戰爭是一種爭取民眾，爭取民心的戰爭；而如何能爭取民眾，爭取民心，一方面

我們自己要做些什麼，一方面還要不讓敵人做些什麼。

王昇又在「戰略指導」、「軍隊制度」、「兵力運用」、「行政技術」等方面，提出具體可行的方案。簡報最後說：

在越南戰場上，我們可以看得很清楚，惟有美國是真心而且是有力的支持者。為了爭取這一戰爭的勝利，在政治作戰方面，我們希望美國：

一、支持越南軍隊足夠的員額，建立政治作戰制度。

二、支持越南政府成立武裝的政治作戰部隊，進行面的戰鬥。

三、支持越南軍隊建立電視臺，分發每連一部電視機，俾能用康樂藝術形態，向三軍官兵進行有效的反共宣傳教育。

四、分發每連若干小型電子喊話器，加強敵前心戰喊話。

五、建立強有力的心戰電臺，進行對敵心戰。

以上所報，完全是基於共同敵人共同利害的立場，坦誠提出若干意見，吾人所見容或未能盡符貴國的觀點，但其中不無反共之經驗，是否可行，謹供參考。

魏茂蘭上將聽完簡報以後，感到非常欣愉，認為政治作戰制度對於越南反共作戰，確實具有極大的幫助。因此，當即同意越南政府盡速建立此一制度，並希望我國政府能從速派遣一個顧問團，長期駐留西貢，以協助越南政府。美國並願依照第三國援助越南之規定，給予我國顧問團以行政支援。二人相談極為愉快，最後並與王昇合影留念。

八月二十八日，王昇在西貢學生示威遊行極為劇烈中，仍與越方繼續研究建立軍中政治作戰制度及政治作戰部隊等問題。下午，阮文紹將軍在極度繁忙中，親到王昇所住的張明講街政府賓館，舉行最重要的一次會議。決定越南共和軍建立政戰制度，中華民國派遣顧問團，并由阮文紹將軍與王昇當場共同簽訂一份協議。晚上阮文紹將軍宴請王昇，暢談至深夜。

接下來連續兩天，王昇率同隨員，繼續與越方研究政治作戰學校的編制、設施及訓練計畫。並與越、美雙方進一步研究我國派遣軍事顧問團協助越南建立軍中政治作戰制度的有關問題。

八月三十一日上午，王昇再度與美軍援越司令部作戰處長德彼將軍討論關於政治作戰部隊如何建立如何運用的問題。以及我國顧問團赴越後行政支援的細節問題。王昇並代表中華民國政府與美國軍援司令部簽訂第三國援越的支援協定。

九月一日，越南共和國國防部部長兼三軍總司令陳善謙上將，以國心文字第〇一六四號函致送我國國防部參謀總長彭孟緝上將，正式邀請我國派遣軍事顧問團赴越。

(十)成立駐越軍事顧問團

王昇一九六四年九月四日返國後，即將在途中所寫報告及在西貢所簽協定，一併呈報國防部，並面報參謀總長彭孟緝上將與國防部副部長蔣經國先生。國防部很快即簽呈總統蔣公中正核定，同意越美的邀請，成立「中華民國駐越軍事顧問團」，並發布命令，以鄧定遠中將為團長、韓守湜少將為副團長、毛政上校為參謀長，團員為孫守唐、周樹模、諶敬文、李宗盛等上校，陳祖耀、祝振華、趙中和、陳慶熇等中校，趙琦彬、駱明道、陳貴、范純道等少校，合計十五人（此後人數增加為三十一人），於同年十月八日飛抵西貢，工作時間暫訂為一年。此為中華民國成立以來所派出的第一個「軍事顧問團」。並使青天白日滿地紅的國旗，與其他各派出軍隊援助越南作戰的國家的國旗，一起飄揚在「自由世界軍援委員會」前面的廣場上。

駐越軍事顧問團竭力協助越南政府，建立越軍政治作戰制度，設立各級政治作戰組織，推行政治作戰工作，創建政治作戰大學，訓練政治作戰幹部，並派遣顧問到陸軍各軍區司令部及海、空軍司令部，協助推行政戰工作。又在芹苴、光中、順化等地舉行連隊政戰工作示範演習，甚為順利成功。

㈩我國旅營長前往越南戰場觀摩

一九七二年春，越南政府軍在北、中、南三個戰場，面對北越正規軍的猛烈攻擊，特別是平隆省會安祿之戰，經過兩個多月的浴血奮戰，終於獲得輝煌勝利，使越南的民心士氣大為振奮，自由世界各國亦交相讚譽，都對越南前途燃起希望。

當時我國國防部不知是哪一位長官靈機一動，想出一個點子，說我國師長以上的指揮官均已有實戰經驗，旅、營長級則大多沒有；如果將旅、營長送到越南戰場去吸收實戰經驗，豈不是很好？因此便給我們軍援團一道命令，要我們和越方交涉，讓我國的旅、營長分批前往越南戰地，實地體驗戰鬥與戰地生活，並了解越軍和越共的戰法。

本團接到這個命令後，真是十分為難，雖然軍援團和越南各單位的關係均非常良好，但要派這麼多軍官到人家戰場上去和他們一起生活，確實會增加許多負擔和困難；就連身經百戰的我國駐越大使胡璉將軍亦都認為這是給越方為難。當時筆者忝為參謀長兼駐越南政戰總局首席顧問，職責所在，乃先與總參謀部作戰與後勤等部門進行研商，他們認為這是不可思議的；因為越共神出鬼沒，戰場上隨時都會有狀況發生，如我國軍官萬一在戰場上被俘、受傷、或陣亡怎麼辦。而且兩軍對峙，接受觀摩訪問極易影響指揮官的決心與行動，實難以接受。本團司令姜獻祥將軍，亦親自向越南總參謀長高文園上將和參謀長阮文孟中將提出，請他們幫忙，亦均認為茲事體大，不敢貿然嘗試。

我們正在焦頭爛額、無計可施的情形下，適高棉總統龍諾邀請王昇將軍前往訪問。王昇於七月二日抵達西貢，我們在簡報越南現況後，即將此一無法解決的難題向他報告；王昇聽後，即指示安排去見越南總理陳善謙。由於王昇此次只是路過西貢，原無會見越南高級官員的計畫，而且時間又十分倉卒，但陳善謙總理聽說王昇來了，立即撥出時間，於第二天早上即予接見。兩人見面至為歡欣，王昇當面向陳總理提出此一建議，陳立即答應與阮文紹總統商量；當天下午總理府來電話，調阮文紹總統對我國軍官前往觀摩表示歡迎，於是我國旅、營長終於得以分批前往越南戰場，我們軍援團亦因而得以完成此一不尋常的任務，及今回憶起來猶覺十分幸運！

㈢眼看越南淪亡

美國以世界超級強國，以自由世界盟主的地位與聲勢，對面臨國際共黨侵略的越南共和國，提供經濟與軍事援助，其所表現的人性光輝與道德勇氣，曾獲得世人的尊敬與讚譽，實在說當時的越南，如沒有美國的援助，根本無法生存。因法國於一九五四年六月退出越南時，越共已席捲半壁河山，且對南越正實施「沒有戰線的戰爭」，美國乃支持吳廷琰返回越南，力挽狂瀾。當時美國總統艾森豪告訴越南人民說：

「美國將用經濟與軍事力量，來使越南成為一個獨立自由，並且強大而有力量的國家，以對抗共產黨的滲透、顛覆、與侵略。」

艾森豪旋即成立駐越軍事顧問團，派出顧問三二七人，由奧丹爾少將擔任團長，接替法軍協助越南訓練部隊，又提供十二億美元，解決越南經濟危機，及安置由北越逃出的一百多萬難民。其後隨著情勢的需要，至一九六〇年底，美軍駐越顧問已達六八五人。

一九六〇年十二月，越共成立所謂「南越民族解放陣線」，開始在各地積極展開鬥爭活動，一九六一年九月十八日，越共攻占距西貢六十英里的福成省會，並殺害該省副省長，其叛亂勢力逐漸擴大。一九六四年八月二日，美軍驅逐艦麥杜斯號在東京灣公海，被北越魚雷艇攻擊。兩天後，美軍驅逐艦端納卓號與麥杜斯號，又在東京灣遭受北越魚雷艇攻擊。詹森總統乃下令對北越的砲艇與岸上支援設施，採取「空中行動」。八月七日，美國國會通過有名的「東京灣決議案」，授權美國總統擊敗任何對美國部隊的武裝攻擊，以防衛東南亞的安全。

一九六五年二月七日，越共部隊攻擊位於中部高原百里居的美軍基地與機場，造成美軍人員與飛機的重大傷亡與損失，美越空軍乃對北越軍事目標展開襲擊。同年三月八日，美國海軍陸戰隊三千五百人登陸峴港，並立即參加地面作戰，此為美軍正式介入越戰的開端。

其後隨著戰局的擴大，美軍不斷的增加，至一九七〇年達到五十四萬三千餘人。同時還有韓國、泰國、菲律賓、澳大利亞、紐西蘭等國的部隊，亦達六萬餘人，再加上越南共和國本身的正規軍五十萬，地方軍、義軍六十萬，總計達一百七十五萬餘人。經過十年的苦戰，據美國國防部公布，美軍在越戰中陣亡官兵五萬六千三百九十七人，受傷三十萬六千六百五十三人，失蹤二千九百四十九人。另因飛機汽車等意外事件死亡的美國人約一萬零三百人。越軍陣亡官兵二十五萬四千二百五十七人，受傷七十八萬三千六百零二人。至於一般民眾死於戰火者沒有正確的統計數字，估計最少在二百五十萬人以上。美軍在越戰中投擲炸彈七百六十萬噸，為第二次世界大戰所投擲的三倍半，據五角大廈說，美國空軍共損失了三千七百餘架噴射機，五千餘架直升機。而在經濟方面，美國共耗費一千五百餘億美元，每一個越南人約合七千美元。然而這場耗費鉅大，傷亡慘重的戰爭，卻在美國國內與世界各地強烈的反戰聲中，尤其尼克森為了能當選美國總統，特迎合民眾心理，提出「越戰越南化」的政策聲明，明確表示不再參與越戰，迫使越南政府屈辱的和北越簽下「巴黎和平協定」，使美軍黯然退出越南。

這個於一九七三年一月二十三日所簽訂的「巴黎和平協定」，可以說完全是依照北越共黨歷年來所提「停戰計畫」內容而訂，其目的只是要美國無條件撤軍，要越南共和國無條件投降。對北越共黨入侵南越的三十餘萬部隊竟允許其繼續留在南越，僅在「協定」中含糊其詞的說：

「將由越南雙方在國家統一、和諧平等、互相尊重、不受外國干擾，符合戰後局勢的精神下解決！」

「巴黎協定」唯一讓美國感到欣慰的，是規定北越必須遣返美軍俘虜，但卻是「分批」遣返，北越所持的理由是美軍也是「分批」撤離！事實上美軍有五十四萬多人，當然不能一次撤離，而美俘不過才兩千多人，北越卻堅持非「分批」遣返不可，其後北越便利用這「分批」遣返的問題，給美國製造許多困擾和麻煩，而且迄今仍有一千三百五十九名美軍下落不明，實際遣返的不過才一千五百九十九人而已。這些失蹤的美軍便成了他們父母心中永遠的痛了。

最令越南政府深惡痛絕的，乃是美國政府的背信忘義。美國總統尼克森原本曾以十封信函，且曾多次公開向越南政府保證，將繼續給予越南軍經援助，但尼克森並未如期提供，前美國駐越軍援司令魏茂蘭上將在其所著《一個戰士的報告》(*A Soldier Reports*)說：「阮文紹總統在一九七四下半年下令規定：一個士兵每天一枚手榴彈，八十五發子彈，每門砲每天四發砲彈。」特別是尼克森因水門事件下臺之後，繼任的福特總統於一九七五年四月十日，眼看越南情勢十分危急，特提出七億二千二百萬的緊急軍援，二億五千萬元的經濟援助，希望國會在四月十九日以前完成立法程序，但國會遲遲不採取行動，因此當北越部隊對越軍發動攻擊時，越軍有飛機不能飛，有大砲沒有砲彈，有步槍沒有子彈，而北越部隊卻從蘇俄與中共獲得充足的供應，用以對越軍猛烈攻擊。一九七五年一月四日，北越共軍一舉攻占位於西貢東北的福隆省城，接著又於三月十日攻占中部高原的重鎮邦美蜀，使全國為之震驚。

由於越南局勢驟然發生劇變，阮文紹總統甚望老友王昇前往西貢，幫忙籌謀劃策，挽救危亡。而正在此時，高棉共黨在「共黨兄弟國」的強力支援下，利用新式武器與強大火力，實施水陸交通封鎖，使首都金邊完全陷於孤立，高棉總統龍諾在情急之下，亦電請王昇前往研商對策與作法。王昇明知越、高兩國大勢已去，但基於多年來的反共情誼，他仍於三月上旬前往西貢，與阮文紹總統會面，轉達我政府對越南情勢的關懷，並研究對策，旋即前往金邊，與龍諾總統商談，並接受贈勳。龍諾總統雖派出最可信賴的一營官兵，負責維護王昇的安全，但棉共的砲火已射到貴賓招待所的門前，龍諾總統乃請由美軍飛機送王昇到曼谷，受到我國駐泰國大使彭孟緝上將的熱誠接待，而在王昇回到臺北不久，金邊和西貢即於四月十七日與四月三十日相繼陷落，言之令人浩歎！

十九、痛定思痛話越戰

㈠美國援助越南乃潮流所趨

今年四月三十日，為前越南共和國淪亡二十周年，亦為越戰結束二十周年紀念日。二十年來，越南人民四處逃命，歷盡人間悲苦；有的葬身海洋，有的淪落異域，而無法逃出的人們，更是被越共迫害奴役，鬥爭屠殺，這一場歷史血腥大悲劇，其撼人心弦、賺人熱淚，似乎永遠無法休止。

四月上旬，美國前國防部長麥納瑪拉，由於耐不住內心的煎熬，在其發表的《越戰回憶錄》中，坦承美國人介入越戰是一項錯誤，他說：「我們錯了，徹底的錯了！」並在華盛頓接受《新聞周刊》記者艾爾特訪問時表示，他為此而感到「痛心疾首」。因為麥納瑪拉當年曾是甘迺迪與詹森兩任總統的國防部長，是美國參加越戰的關鍵人物，他本人曾多次前往越南，實地考察越戰的真實情況，因此，有人稱這場戰爭為「麥納瑪拉」戰爭。對他來說，不管越戰結束多久，永遠都是他的心頭之痛。

越戰如果自一九六四年二月一日，美軍百里居基地被越共攻擊，美軍直接參與作戰算起，足足打了十一年。此期間美軍駐越兵力最高達到五十四萬九千餘人（一年輪調一次），陣亡五萬六千餘人，受傷三十餘萬人，失蹤二千九百四十九人，耗損戰費達一千五百餘億美元，結果卻被越共打得暈頭轉向，不得不退出越南，使美國喪盡顏面，所以一直到今天，仍為一個爭論的話題。

首先我們對「美國介入越戰」和「美軍介入越戰」，應予以區分，因為這兩者在基本上實有所不同。如就美國介入越戰來說，當時面對國際共黨席捲東歐、東亞，特別是中國大陸亦被關進鐵幕，氣燄萬丈，聲勢高漲，滾滾紅流，令人驚心膽戰；身為自由世界盟主的美國，憑其豐富的資源與強大的國力，提供軍事與經濟援助，協助各反共國家抵禦共黨的侵略，防止善良人民遭受共黨赤化奴役，在當時實為一種時代潮流，一種理所當然的正義之舉，深獲各反共國家與自由世界的歡迎與支持。尤其是越南於一九五四年五月奠邊府一役，法軍被越共徹底殲滅，法國不得不忍痛退出越南，並在日內瓦協定中以北緯十七度為界，將越南一分為二；北越由越共統治，此時美國為拯救越南人民，乃積極協助越南「愛國志士」吳廷琰，於是年七月返回西貢，擔任南越保大政府的總理，一方面撐持危局，一方面安頓來自北越的百萬難民，在那種兵荒馬亂，危如累卵的情勢下，如果沒有美國的大力支援，南越半壁河山可能立刻沉淪，所以美國當時介入越戰，實是基於人道與全球反共戰略的需要，不但無可非議，且曾獲得自由世界的讚譽。

㈡美軍介入越戰確為錯誤

但到一九六四年二月以後，情況完全改變。由於美軍百里居基地與東京灣海軍艦艇遭受攻擊，美軍乃決定派軍參加越戰；於是美軍部隊一批接一批，飄洋過海，投入越南戰場，這就踏出了錯誤的第一步了。因為越南自一八六二年五月起，自南而北，相繼遭法國侵占，越南人民抗法運動屢仆屢起，未嘗間斷，一九四〇年三月，又被日軍侵占，越南人民乃將抗爭目標轉向日本；而在日本投降後不久，法國的勢力竟又重返越南，更激起越南人民的憤慨與反抗。越共頭目胡志明乃打著「越南獨立同盟」，簡稱「越盟」的旗號，領導越南軍民經過八年的艱苦作戰，於一九五四年趕走法國殖民主義，此時越南人民的民族意識極為高漲，而美國卻在法國退出不久，乘虛而入。如僅提供軍經援助，大力支持吳廷琰政府，越南人民為求免遭越共的迫害屠殺，自是熱烈歡迎；然而美軍不此之圖，竟以地面部隊直接投入越南戰場，給予越共煽動「反美帝、反吳傀儡」的口實與機會。

早在民國四十六年（一九五七年）十月先總統蔣公發表《蘇俄在中國》一書時，即曾明白指出：「遠東戰爭的主流，乃是我們東方反共各民族對蘇俄傀儡——中韓越的共匪極權暴力，作民族革命的解放戰爭。」（三五七頁）因此蔣公主張：「遠東反共戰場，要由我們遠東國家來負責承擔，西方國家實在沒有直接參戰的必要。否則，不僅對西方國家為不利，而且亦是不利於東亞反共戰爭的。」（三六五頁）由於反共戰爭是「民族革命的解放戰爭」，不僅先總統蔣公反對美軍「直接參戰」，即當時的越南總統吳廷琰亦堅決拒絕美國派兵入越，因為吳廷琰是越南人民尊敬的「愛國志士」，他深知越南人民的民族情感與仇外排外心理，如果美軍部隊縱橫在越南國土，越共勢必以民族主義相號召，為保衛越南領土主權，對美國進行「民族抗戰」。因此當美國總統甘迺迪於一九六一年先後派副總統詹森、國防部長麥納瑪拉及參謀首長聯合會議主席泰勒上將等赴越，向吳廷琰提出美國派兵參戰的構想及具體作為時，均為吳所峻拒，導致華府與西貢之關係呈現極為緊張的狀態，最後且在美國的允許及壓力下，吳廷琰政府被推翻，吳廷琰甚至被殺害。

㈢推翻吳廷琰鑄成大錯

如前所述，美軍直接參加越戰，已是犯了錯誤，而推翻吳廷琰，尤其鑄下大錯，美國前駐越軍援司令魏茂蘭上將，在德國漢堡接受記者訪問時就曾坦白指出：「美國在越南犯下的最大錯誤，是不該推翻吳廷琰。」這是一位統帥大軍在越南歷經戰爭與紛亂，從內心深處所迸發出來的沉痛感言。因為吳廷琰當初所以能獲得美國的青睞與支持，返回越南執政，乃因其在越南人民的心目中有其崇高的地位。他畢業於順化神學院及行政研究所，二十多歲時即當藩郎的知縣，一九三三年因其所提越南主權問題及農業賦稅等改革方案，未能獲得法國與保大皇朝的應允，憤而辭去位極人臣的吏部尚書，時年三十二歲；從此奔走各地從事民族革命活動，同時由於反對共產主義，倡導人位主義，曾被胡志明囚禁於北越太原，幸獲天主教會的及時營救而脫險。一九五〇年八月，經多方努力獲得法國的簽證，得經香港、日本到達美國，在天主教會的協助下，盡力尋求美國政界與學術界領袖人士的支持，一心要將越南的反殖民戰爭轉變為反共戰爭，以謀求越南的獨立自由。一九五四年日內瓦協定簽定時，南越的元首保大皇帝仍在法國消遙，西貢群龍無首，吳廷琰乃在美國的大力支援下返回越南，從風雨飄搖中穩定政局，並展開各種有效的反共措施。但是吳廷琰畢竟是一個越南人，且在公民投票中以百分之九十以上的選票獲選為越南共和國的首任總統，面對越共的滲透破壞與威脅，他不能不以越南人民的意願與利益為考量的前提，因此便常常與美國的政策與要求相違背，致使美國對之由支持而失望而厭惡，終致遭受殺身之禍。

在吳廷琰政府於一九六三年十一月一日被推翻之後，他所建立的一切反共制度與措施全部毀於一旦，例如經過多年苦心經營且行之有效的「戰略村」，即全告瓦解。特別是吳被殺以後，西貢不斷發生政變，各軍事將領互爭雄長，各教派領袖及政客亦跟著推波助浪，直到越共進入西貢的前一天，楊文明始從陳文香手中奪得政權，但不到二十四小時，即已成了越共的階下囚，由越共軍人押著在西貢街頭遊行示眾。

(四)「不求勝戰略」是失敗的根源

尤其令人不解的是，美軍進入越戰之後，完全缺乏主動攻擊精神，處處採取防守，根本低估了越共的戰略目標，輕忽了越共的侵略野心；也許在美國當局看來，以世界超級強國來對付小小的越共，嚇都被嚇死了，根本用不著強勢攻擊作為，以免觸怒中、俄共，這也就是當年麥克阿瑟將軍所說：「美國打的是一場不求勝的戰爭。」雖然美軍官兵在戰場上的表現是那樣可圈可點，令人欽佩，如溪生保衛戰、安祿保衛戰、光復廣治之戰，以及一九六八年反擊越共春節攻勢之戰等，美軍每次都獲得很漂亮的勝利，但那都只是局部的。就整個戰爭而言，未能發揮決定性的作用，戰爭的主導權始終操在越共的手中，以致曠日持久、師老無功，使原本一場神聖的反共正義之戰，變成了「骯髒的戰爭」。尤其是美國人民崇拜英雄，缺乏之耐性，國際共黨摸透了美國人的心理，全面的有計畫的實施誣衊毀謗，挑撥離間，使美國國內產生「鷹派」「鴿派」，相互攻擊，各不相讓；並利用部分政客與青年學生，不斷發動大規模的反戰運動，使美軍在越南無法持續作戰。

相反的，越共在國際共黨的堅強支持下，不論裝備如何低劣，環境如何險惡，生活如何艱苦，他們絕不妥協，絕不退讓，而且愈戰愈勇，愈戰愈強，最後終於迫使美軍不得不退出越南，完成其以武力統治全越的戰略目標，言之令人不勝感慨。

（民國八十四年五月六日載於《青年日報》）

二十、越戰為什麼失敗

本月上旬，美國前國防部長麥納瑪拉在其發表的《越戰回憶錄》中，坦承美國介入越戰是一項錯誤。嚴格地說，「美國介入越戰」並沒有錯，身為自由世界盟主的美國，憑其豐富的資源與強大的國力，提供軍事與經濟援助，協助各反共國家抵禦共黨的侵略，在當時實為一種理所當然的正義之舉。但是，「美軍介入越戰」則是錯誤的一步。

越南在被法國殖民統治七十餘年間，抗法運動屢仆屢起，未嘗間斷。一九四〇年三月，又被日軍侵占，越南人民乃將抗爭目標轉向日本，而在日本投降後不久，法國的勢力竟又重返越南，更激起越南人民的憤慨與反抗，經過八年的艱苦作戰，方於一九五四年趕走法國殖民主義。此時越南人民的民族意識極為高漲，而美國卻在法國退出不久，即乘虛而入，甚至以地面部隊直接投入越南戰場，正好給越共挑撥煽動「反美帝、反吳傀儡」的口實與機會。

不僅先總統蔣公中正反對美軍「直接參戰」，即當時的越南總統吳廷琰亦堅決拒絕美國派兵入越，但這也是導致華府與西貢之關係呈現極為緊張的狀態。最後且在美國的允許與壓力下，吳廷琰政府被推翻，吳廷琰總統甚至被殺害。

美軍直接參加越戰，已是犯了錯誤，而殺害吳廷琰，尤其鑄下大錯。因為吳廷琰當初所以能獲得美國的青睞與支持，於一九五四年返回越南執政，乃因其在越南人民的心目中有其崇高的地位。

但是吳廷琰畢竟是一個越南人，面對越共的滲透破壞與威脅，他不能不以越南人民的意願與利益為考量的前提，因此便常與美國的政策與要求相違背，致使美國對之由支持而失望而厭惡，終致遭受殺身之禍。

在吳廷琰政府於一九六三年十一月一日被推翻之後，他所建立的一切反共制度與措施，全部毀於一旦，例如經過多年苦心經營且行之有效的「戰略村」，即全告瓦解。特別是吳被殺以後，西貢不斷發生政變，各軍事將領互爭雄長，各教派領袖及政客亦跟著推波助瀾，直到越共進入西貢的前一天，楊文明始從陳文香手中奪得政權，但不到二十四小時，即已成為越共的階下囚，由越共軍人押著在西貢街頭遊行示眾。

美軍進入越戰之後，完全缺乏主動攻擊精神，處處採取防守，根本低估了越共的戰略目的，輕忽了越共的侵略野心。這也就是當年麥克阿瑟將軍所說：「美國打的是一場不求勝的戰爭。」雖然美軍官兵在戰場上的表現可圈可點，但那都只是局部的，就整個戰爭而言，未能發揮決定性的作用，戰爭的主導權始終操在越共的手中，以致曠日持久，師老無功，使原本一場神聖的反共正義之戰，變成了「骯髒的戰爭」。尤其美國人民崇拜英雄，缺乏耐性，國際共黨摸透了美國人的心理，全面的有計畫的實施誣衊毀謗，挑撥離間，使美國國內產生「鷹

二十一、越戰失敗的經驗教訓

越戰結束到今年四月三十日雖已屆滿二十周年，但對越戰的評論仍屬見仁見智，由於越戰對美國的傷害實在太大，所以一直無法平服。美國前國防部長麥納瑪拉於四月十日在其發表的《越戰回憶錄》中，坦承「美國介入越戰」是「徹底的錯了」，他並為之感到「痛心疾首」，但卻立即在美國國內引起嚴厲的批評。

麥納瑪拉在越戰期間，是甘迺迪與詹森兩位總統的國防部長，對派兵赴越居於關鍵性的地位。越戰最後遭到失敗，面對來自各方的指責，特別是五萬六千餘官兵陣亡，三十餘萬人受傷，還有二千九百四十餘人失蹤，迄今生死不明，他內心的煎熬與痛苦，是可以想見的。而對越南人民來說，情況就更淒慘了，他們死於越戰的人數，據估計超過二百五十萬人，甚至連吳廷琰總統亦被殺害。而在越南共和國淪亡以後，人們四處逃亡，有的葬身大海，有的淪落異域，其他無法逃離的人們，則全被關進鐵幕，任由越共宰殺奴役。麥克阿瑟將軍曾說：「勝利是沒有任何東西可以代替的。」因為戰爭一經失敗，就只有任人擺布任人宰割，不論多美的理論、制度與作為，都煙消雲散化為烏有了。

越戰失敗的因素很多，前越南共和國總統阮文紹在逃離西貢後，曾說美國在越南犯下的錯誤，不下百餘種，其實越南政府所犯的錯誤又何嘗不多，這裡我們不忍指摘任何一方，只想從失敗的慘痛事實中，提出幾點值得省思與警惕的案例：

㈠民族主義不可輕忽

越共頭目胡志明（本名阮必成，又名阮愛國），一九一七年即已在巴黎加入「馬克斯主義研究會」，一九二四年前往莫斯科參加共產國際第五屆大會，並於翌年隨蘇俄顧問鮑羅廷前來中國，以李瑞的化名擔任其祕書，所以他是一個資深的共產黨員，但他一直不肯以共產黨員的面目出現。一九三〇年，他在香港成立「越南革命青年同志會」，展開對法國殖民主義的抗爭運動。一九四〇年日軍入侵越南，他即成立「越南獨立同盟」（簡稱「越盟」），並將自己姓名改為胡志明，以民族抗日為號召，騙取中、美兩國政府的支援。日本投降後，法國的勢力重返越南，激起越南人民更深的憤慨與反抗，胡志明乃因勢乘便，領導越南軍民奮起反法。經過八年的艱苦奮戰，一九五四年奠邊府一役，徹底殲滅法軍，迫使法國退出越南，並獲得北緯十七度以北的統治權。一九六〇年冬，他又成立「南部民族解放陣線」（簡稱「南解」），藉以激發越南人民的民族精神與情感，與美國進行殊死戰。所以從歷史的事實看，胡志明始終是以民族主義相號召，而隱藏其共產黨員的本質，不論對法、對美、對日，他均打著民族主義的旗號，美其名曰「民族抗戰」，他就這樣以民族主義打敗了法國，打敗了美國。

㈡團結才能對敵作戰

美國以世界超級強國出兵越南，兵力最高達到五十四萬九千餘人，耗損戰費達一千五百餘億美元，經過十一年的苦戰，最後竟被一個小小的越共擊敗，不得不灰頭土臉，黯然退出越南，實是令人不可思議的事情。究其原因，主要在於不能團結一致，不能全力對敵。

首先是美越雙方不能團結：美國認為吳廷琰能返國執政，全是由於美國的大力支持，所以吳氏應全力配合美國的政策與行動。而吳廷琰則雖感謝美國的支持，但他畢竟是一個越南人，且是由越南公民投票所選出來的首任總統，不能不顧及越南人民的尊嚴與權利。由於立場不同，歧見日深，最後竟導致吳廷琰政府被推翻，吳本人且被殺害。

其次是美國國內不團結：當時以蘇聯為首的國際共黨國家，看得十分清楚，只要美國退出越南，這場戰爭就贏定了。所以千方百計，在美國內部挑撥離間，製造所謂「鴿派」（主和）、「鷹派」（主戰），互相攻擊詆譭，並利用政客與青年學生，發動反越戰運動，同時邀請越共的外交部長阮氏平（女），前往美國各地舉行講演與座談，又利用各種媒體，以影片、幻燈、圖片等，顯示美國在越南因作戰而造成的種種「罪行」，甚至募集大量物資，由知名演員珍芳達等率領，乘坐鳳凰號等船隻，前往北越慰問其受傷的官兵和人民，代表美國人民向越南人民表達道歉。越共又將這些活動錄影錄音、製成卡片、傳單，向美越軍人與民眾，全面展開心戰宣傳，使美國成了「侵略越南的罪魁禍首」，使越戰成了「一場骯髒的戰爭」！

第三越南內部尤其不團結：特別是吳廷琰被殺之後，軍事將領互爭雄長，十七個月內，發生九次政變，五次成功，改組了十次內閣，每一個取得政權的首領，都要派出自己的親信，擔任各部部長與各省（四十四省）省長。但這些新任省長剛剛履新，甚或還在赴任的途中，西貢又發生了政變，新的首長又派去了。因此不但軍隊無心作戰，地方政府更完全成了真空，給予越共發展組織，裹脅民眾，壯大聲勢，擴充力量的大好機會。

㈢打仗絕對不能靠別人

越南政府和人民可能從未想到美國會中途退出，置他們死生於不顧，當他們獨立作戰時，美國一定要派兵參戰，因為美國是自由世界的領袖，遏阻國際共黨的侵略，是它不可旁貸的責任。如果越南不保，勢必產生「骨牌效應」，整個東南亞都將陷入國際共黨手中。但是當美軍大力參加越戰以後，他們又缺乏主動攻擊作為，只是處處防守，與越共捉迷藏。雖然美軍官兵勇敢善戰，在戰場上表現得可圈可點，如百里居、朱萊、蓬山、亞紹山谷、安溪、德谷、鐵三角、鸚鵡嘴、魚鈎、寮南、溪生、廣治、安祿等戰役，特別是一九六八年反擊越共「春節攻勢」之戰事，美軍都贏得漂亮，贏得掌聲。但這些都只是局部的，對整個戰局並未產生決定性的作用。而美國人民偏偏缺乏耐性，眼見越戰結束無期，便發生怨戰反戰運動，美國總統尼克森乃適時祭出「越戰越南化」的法寶，決定抽身。一九七三年元月二十七日巴黎協定簽訂後，六十餘萬的美、韓、泰、菲、澳、紐等國部隊，即迅速脫離戰場，退出越南，而由北越滲透到南越的三十餘萬部隊卻仍留在南越，以當時越南政府十一個步兵師的兵力，面對如此強敵，如何能承受得住。尤其美國原先答允撥付的二十二億美元，全部沒有兌現。多年來連武器彈藥、甚至官兵薪餉都要仰賴美國的越南，驟然遭到美國撒手不管，一走了之，焉得不迅速崩潰滅亡？

㈣慎防敵人滲透潛伏

一九六五年，前越南共和國國防部長阮友固中將，應我政府邀請前來臺灣訪問，當其訪問結束時，越南政府突然發布命令將其免職，並禁止其返回西貢。當時我們以為這必然又是一次權力鬥爭，後來才知道阮友固竟是越共潛伏在西貢政府的一顆重要棋子。原來他在讀高中時即已加入共黨，越共有計畫的培養他考軍校，搞兵運，在他任第二軍區司令時，越共曾令他乘機殺害阮文紹，在中部高原成立臨時政府，切斷峴港第一軍區與西貢之間的關係，他以時機尚未成熟而未執行命令，曾讓越共感到不悅。另有資料顯示，越共前「南方政治局」負責人，後來升任越共總書記的黎筍，在越戰期間亦曾潛入西貢的棋盤區，直接指揮越共的一切軍事與政治行動。而在越南共和國於一九七五年淪亡後，若干政府官員、民意代表，乃至三軍軍官，竟搖身一變而成為越共政府的官員，且據說有一些是我們認識的，消息輾轉傳來，令人驚異而難以置信。

「他山之石，可以攻錯」，越戰的經驗教訓實在太多，無須一一陳述。想到越戰中那些英勇將士與善良民眾所遭遇的不幸，內心常感傷痛與不安，但願所有掌權的人，能以高度的智慧化解戰爭，讓世界真能和平，人間永享安樂！

（民國八十四年五月十七日載於《青年日報》）

二十三、不信青史盡成灰

一九九五（民國八十四）年是我國對日抗戰勝利五十周年，也是第二次世界大戰結束五十周年。五十年來，美國政府做了許多對不起我們這個歷盡艱辛並肩作戰的盟友，如史迪威、馬歇爾兩位將軍來華調停國共戰爭，極力偏袒中共，助其坐大。司徒雷登大使策動李宗仁競選副總統（見程思遠著《政壇回憶》），造成國民黨內部分裂等不勝枚舉。然而就在各國慶祝第二次世界大戰結束五十周年時，美國參眾兩院的議員，於七月二十六日在華盛頓國會山莊，以盛大的酒會，向第二次世界大戰期間領袖人物中碩果僅存的先總統蔣公中正夫人宋美齡女士致敬，這不僅如酒會的主席塞蒙參議員在致詞時所說，使所有與會的來賓產生「接觸歷史的感覺」，同時也讓我們看到人性仍有一些光輝。

在中國大陸，中共亦正在熱烈慶祝對日抗戰勝利五十周年，並強調他們是抗日的「中流砥柱」。不久前，廣西電影製片廠拍攝了一部電影「鐵血崑崙關」，在廣西各地放映，場場爆滿，造成轟動；另有一部影片「七七事變」，在上映期間，亦受到觀眾熱烈歡迎。但這兩部電影要到北京、上海等各大城市放映時，卻未能獲得批准，且所有關於這兩部影片的宣傳亦全部停止，原因是這兩部影片中所出現在畫面上的作戰部隊，都是穿著國軍的制式服裝，戴著青天白日的軍帽，顯然違反了中共的文宣說詞，所以遭到了封殺的命運。然而那些負責策劃及參與拍攝的人士，以及所有曾遭受日軍侵略的中華兒女，他們內心對歷史事實的認知，就能因不准上演而封殺得了嗎？

「上海作家協會」的「專業作家」葉永烈，曾寫了一本約四十萬字的《毛蔣爭霸錄》，將先總統蔣公中正和毛澤東兩人，從在廣州第一次晤面，經過五十多年的分合鬥爭，直至兩人相繼去世，從各種不同的角度，作了深入詳細的比較評斷，他在自序中說：

蔣介石一生，雖始終反共，但也做了三件好事：一是領導北伐，二是領導抗戰，三是退往臺灣之後，堅持「一個中國」，並著力發展臺灣經濟。❶

又在第五章中說：

通觀他（蔣介石）的一生，有三件事是受到人們讚賞的，即領導北伐、領導抗戰，及在退往臺灣之後，仍「堅持一個中國」，並著力發展臺灣經濟。❷

至於毛澤東呢，葉永烈則輕描淡寫的說：

❶ 葉永烈著《毛蔣爭霸錄》，香港利文出版社，頁一。
❷ 同❶，頁二二五二。

毛澤東曾說，他的一生只做過兩件大事，一是打敗了蔣介石，二是發動了文化大革命。❸至於這「兩件大事」所造成的慘痛後果，葉永烈並未詳細的寫出來，因為世人已都看得非常清楚了！

在同一本書中，葉永烈還寫了一段蔣夫人宋美齡女士在抗日戰爭期間，冒著生命的危險，奔走前線慰問戰士的情形。他說十月二十三日下午（著者按：應為一九三七年），蔣夫人和端納顧問及一位副官，在上海乘車前往慰問傷兵，途中遇到日軍飛機，司機一時緊張，車子翻覆，蔣夫人被拋到溝渠裡，滿身汙泥，不省人事，端納卻安然無恙，他和副官把蔣夫人抬到附近一戶農家，端納看蔣夫人還有呼吸，便唱起歌來，蔣夫人聽見歌聲，漸漸甦醒，車子修好之後，蔣夫人堅持要繼續前往看望傷兵。等他們回到上海之後，經醫生檢查，蔣夫人傷了一根肋骨，不得不臥床治療。❹

一個拿中共「工資」的「專業作家」，敢於寫出歷史的真相，而美國的國會議員，亦樂於「接觸歷史」，看來人心未死，記憶亦未全失，因此我們相信青史亦必不至「盡成灰」了。

（民國八十四年八月二十六日載於《青年日報》）

❸ 同❶，頁五八五。
❹ 同❶，頁二五三。

二十四、前進莫斯科

日子過得真快，我們第一期畢業已是半個世紀了。想當年我們大多是二十餘歲的小伙子，如今卻已都是古稀以上的老人了，且有不少學長在拼命為國家社會犧牲奉獻後，業已走入歷史。歲月不饒人，何等令人感傷喟嘆！

民國四十二年我們離開復興崗時，正是「反共抗俄」最高潮的年代，面對「共匪」一再揚言要「血洗臺灣」，並在臺海不斷挑起戰端，而蘇俄共產極權更是耀武揚威，在世界各地發動侵略戰爭。當時我們朝乾夕惕念茲在茲的就是「反攻大陸」，「打倒蘇俄帝國主義」。我們深信「亡共在共，復國在我」，我們更深信「共產主義終必被丟進歷史的灰燼裡去」！只是當時眩於國際共產集團的侵略氣焰，多少認為這是一件人類長期奮鬥無比艱辛的工程，能不能及身完成，並無十分把握。誰知就在一九八五年，蘇俄一個從基層幹起的老共產黨員戈巴契夫，在他逐步竄升，攫得蘇共中央最高權威（總書記）後，眼看蘇俄內部危機四伏，如不及時採取非常措施，整個國家勢將難逃悲慘的命運。因此他下定決心，不顧一切實施「全面改革」，由於他的「大翻修」，世界人類才逃過核子大戰的厄運。同時中共在鄧小平的領導下，亦實施

「改革開放」，整個人類歷史乃出現新的局面。

戈巴契夫在實施「全面改革」後，雖被迫下臺，但其繼任人選卻不斷派遣高級官員與媒體負責人前來臺灣訪問，促進我國與俄羅斯之間的友好關係。民國八十三年八月，我國廣播電視協會組織「東歐訪問團」，推我為團長，一行十二人，前往俄羅斯、波蘭、捷克等國訪問，看看這些國家廣播電視機構的經營管理及其在各方面所展現的情形，我們訪問的第一站便是莫斯科。

從臺北去莫斯科，最好是由香港搭乘俄航的班機，但當時由於俄航連續出事，大家有些怕怕，乃決定坐華航班機先到法蘭克福，再換德航飛往莫斯科。當飛機接近莫斯科時，大家都很興奮，因為七十多年來這個國際共黨的核心，充滿神祕與恐怖的「邪惡帝國」(evil empire) 之都，即將身歷其境。

當飛機於八月八日下午三點四十分降落在莫斯科的喜瑞米提耶夫（Sheremetyevo）機場時，一看手錶比臺北晚五個小時，如從臺北算起，我們總共飛了十五個小時。在臺北看氣象預報，說莫斯科的氣溫在攝氏八至十八度之間，孰知一下飛機，感覺和臺北一樣熱，我們帶的毛衣夾克都派不上用場。

莫斯科的國際機場，規模似乎並不大，且連空橋也沒有，入境大廳又矮又小，又沒有冷氣，輸送行李的轉盤轉轉停停，大家都汗流浹背，好不容易才拿到行李，通關口的關員們卻又慢條斯理，一副沒精打采的樣子。由於手續繁瑣緩慢，造成擁擠混亂，我們等了一個多小時，仍不知何時才能通關。後來經我國駐莫斯科代表處的官員們多方交涉，才讓我們禮遇通關。

出得機場，即坐專車進城，這專車也沒有空調，且門窗緊閉，真像烤箱一樣，好在自機場至市區並不太遠，約莫走了四十多分鐘，看到兩座高聳的尖塔，接待人員告訴我們，一座是為發射世界第一顆人造衛星史潑尼克進入太空而建的紀念塔，塔的外型像一具巨型的太空火箭，強勁的衝向天際；另一座則是俄羅斯廣播電視公司的發射塔，在塔的較上端，有一個名叫「七重天」的旋轉餐廳。我們預訂的旅社 Cosmos（俄文為 Kocmoc）就在這兩座塔的近鄰。可是這座高二十六層，擁有一千多個房間的旅社，竟不准車輛接近，必須在一百公尺以外停車，要旅客們先到旅社辦好手續分配房間以後，再回到車上取行李，給人留下頗為深刻的印象。

當天晚上，我國駐莫斯科的代表羅龍先生伉儷，在一家「臺北餐廳」請我們晚餐，十點鐘結束時，太陽仍掛在西邊。我們在附近攝影，上車時，一個彪形大漢尾隨我們上車，站在車門大聲嚷嚷，因翻譯已離去，不知他說些什麼，正思該如何打發他，司機將車發動準備關車門時，他也就自動下車了！

回到旅社，大家都忙著打電話回家報平安，可是房間的電話只能打市區，要打國際，必須到二樓國際電話部。但走近一看，好多人都正在大排長龍，原來這麼大一家旅社，只有兩支國際電話，真令人難以置信，無可奈何，只得跟著排隊。可是排了一會兒，前面的隊伍卻一哄而散，原來服務人員已到了關門休息的時間。十二點再去排隊時，又是兩條長龍，這大概也算是共產國家的一種特有文化吧！

第二天上午開始參觀訪問，我們訪問的第一個單位是莫斯科國際廣播電臺，下午訪問莫斯科「奧斯坦丁諾」電視臺，兩個單位均由副董事長主持簡報，引導參觀，並以餐會款待。他們的組織都很龐大，建築亦很宏偉，只是機器設備則較為陳舊。其後我們即由接待人員引導參觀克里姆林宮博物館、大教堂廣場、伊凡大帝鐘樓、以及頗富盛名的地鐵等，最後來到著名的「紅場」！

在未去紅場之前，我以為它必是紅的，孰知到達現場一看，才知它並不紅。這個長六九五公尺，寬一三〇公尺，全球聞名的廣場，是用茶色的磚塊鋪成的。所以稱為紅場，乃源於俄羅斯文 Krasnaya 這個字，它的本意是「紅而美麗」，英文則直接翻成 Red Square。也有人說，紅場之所以紅，乃是由於長期以來，在這裡所流的鮮血染紅的。傳說「恐怖的伊凡」幼年時，就常喜歡躲在克里姆林宮圍牆的高樓中，窺視紅場上行刑的殘酷血腥場面。一六四八年以後，許多領導農民暴動的首領如斯翠來茲 (Strelets)、拉辛 (Razin) 及布加契夫 (Pugachev) 等等，都是在紅場被殺的。而俄共在「二月革命」攫得政權以後，在紅場殺的人就更不計其數了。在靠近克里姆林宮牆的旁邊，有一座白色的平臺，就是專供殺人用的，所以紅場實際上乃是一座刑場，叫它如何不紅？

走近紅場，首先映入眼簾的，是美輪美奐光彩奪目的糖果屋，它就是著名的聖巴西爾大教堂(St. Basil's Cathedral)。這座教堂是十六世紀中葉，恐怖的伊凡下令建造的。在九座高大的圓型建築物上，各有一間以聖徒的名字命名的小教堂。而每一個小教堂的屋頂上，都有著洋蔥式的圓頂，這些圓頂有的像草莓、有的像水蜜桃、有的像香草冰淇淋、有的像木瓜冰淇淋、有的則像冰淇淋聖代。位於最中間的那一座，其圓頂則是由純金鑄成的洋蔥，真是匠心獨運，巧奪天工，各展風姿，美妙絕倫，特別是在陽光照耀下，更是鮮豔華麗，令人嘆為觀止。恐怖的伊凡在這座大教堂落成之後，越看越欣喜，越看越得意。可是，他不但沒有犒賞那些費盡心血歷經千辛萬苦的工程人員，卻竟密令將負責建築設計的巴爾馬波茲尼克(Barma Postnic)及一些石匠和工人的眼睛全都給弄瞎，以防在這個地球上再有類似的建築物出現，其心腸的狠毒，真令人髮指！這個看起來相當廣闊的紅場，是用一塊一塊的磚頭鋪成的，所以地面並不平整。因此蘇俄政府每年紅軍節在這裡舉行閱兵時，那些參加分列式的官兵們，想必是十分辛苦的。

在紅場的中間地帶，放著兩排木架，將紅場一分為二，雖然中間留有一些空隙，可讓遊客自由穿越，但在觀感上則非常不調和。這不由得使人想起當年那個名叫提亞斯魯斯特的德國青年，他駕著一架輕型飛機，在毫無預警的情形下降落在紅場附近，距克里姆林宮的權力中心不過千餘公尺，使當時號稱世界超級強國的蘇聯頭目們大失顏面。因此這些破壞景觀的木架，可能也是他們在安全上所採取的一種措施！

紅場的右邊，是高大的克里姆林宮牆，在牆的中間地帶，有著列寧等歷史人物的墳墓。

本來史達林的屍體也埋在那裡，赫魯雪夫當權時，認為史達林是屠殺人民的劊子手，把他挖出來用火焚化，埋到另一端的牆角下去了。在紅場的左邊，則是俄羅斯最大的百貨公司，它是俄共權貴們的購物中心，彩色的玻璃，精緻的雕塑，宛如一座美麗的宮殿。北邊則是俄羅斯極富盛名的歷史博物館，館內藏有俄羅斯最珍貴的器物，很值得一看！

（民國九十二年四月三十日載於《政工幹部學校第一期畢業五十周年專集》）

二十五、三民書局　兩岸第一

我第一次和三民書局的劉董事長振強兄見面，是在民國四十八年的夏天。那時我在北投政工幹部學校（民國五十二年改為政治作戰學校）革命理論系任教官，講授理則學，並先後受聘到國立政治大學、中正理工學院、中央警官學校及中國文化學院兼課。我一直覺得讀書、教書、寫書，乃人生一大樂事。因此我一面教課，一面將研究所得寫成專著，送請同系的賈教授宗復老師審閱。賈教授真是一位可敬可愛的老師，他竟冒著溽暑、流著汗珠，很快即看完了，且很愉悅的對我說：

「你寫得很好，可以出版！」

我因受到他的鼓勵，一時興起，便請他為我寫序。我想左思花了十年功夫，寫成〈三都賦〉，剛出版時卻沒沒無聞，及至他請望重士林的皇甫謐作序，竟造成洛陽為之紙貴。因此我想如果能請賈宗復老師和牟宗三老師幫忙寫序，可能也會引起人們的注意。孰知賈老師卻立刻很嚴肅的說：

「你以後要養成習慣，寫書千萬不要請人寫序！」

當時我多少有點失望，後來卻越想越有道理。因為隨著年齡的增長，接觸的範圍較廣，方知請人寫序，裡面竟也有一些可笑的祕密。

為了將此書出版，賈老師引我到三民書局去看劉董事長振強兄，希望他能幫忙。那時的三民書局創業未久，位於衡陽路的四十六號，只有三分之一的店面，上架的書籍也不多，承振強兄的盛意，惠允代為總發行。至於出版問題，我則去找系主任周世輔教授。周主任學識淵博，親切熱忱，對中國文化與國父遺教甚有研究，且有許多著作，其後轉任國立政治大學的訓導長，可以說桃李滿天下。其哲嗣南山、陽山、玉山諸先生均極優秀，早已成為國內知名的學人與政論家。周主任了解我的情況後，當即慨允以其夫人闞淑卿女士所創設之陽明出版社的名義，代為報請內政部登記出版。剩下來的印刷問題，我則請政工幹部學校的印刷所幫忙，分期付給他們印刷費。這樣印刷、出版、發行三個問題，才算得以解決。有人說出書好像女人生孩子一樣痛苦，我想對那些有才華有財富的人，應是輕而易舉的事。但像我這樣兩者俱無，確實是煞費周章。然而想不到出版以後，反應還真不錯。像這種冷門的書，不到一年，兩千本即已銷售一空，且榮獲總統蔣公中正頒發績學獎章一座，政工幹部學校並用作教材。國立臺灣大學教授虞君質老師曾來信說：

「大著說理精當，文詞詳明，誠屬當代此類教本中之白眉，當大有益於有志研究此學之青年學子。」

名作家亮軒馬國光教授還將拙著列為他精讀的著作之一，他在其大著《一個讀書的故事》

（頁三九，書評書目出版）中寫道：

「我把要讀的書分為三類：雜讀、選讀、精讀。……精讀書則指世人奉為經典的一些名山鉅論，中國古典文、哲、史作品概在此列。但我精讀的書極少，……只有四本：高瀨武次郎著《中國哲學史》、陳祖耀著《理則學》、中華版《中國文學發達史》、王國維著《人間詞話》。」

這些都給我極大的鼓勵。及至民國五十二年，振強兄要我將版權賣給他，並開出價錢。當時我因宇兒誕生，需錢買奶粉，同時再度奉派赴越工作，無暇處理印務校對等工作，而且我想由三民出版，可能也較易推廣，因此就同意了。截至民國九十一年四月，三民對該書已經「初版十五刷」了，甚願它對讀者能有一些幫助。

民國八十三年十月，我自中華電視公司退休，有一天和振強兄約好，偕同內子去看他。這是三民書局局本部喬遷復興北路新廈後，我第一次去拜訪。平時因工作繁忙，疏於和他連繫，那天一進大門，就感到新廈氣勢不凡，好像當年第一次踏進介壽館一樣，難怪有人稱之為「三民王國」。振強兄熱誠接待，詳為介紹書局的經營與發展情形，並引導到各部門參觀。該大廈為地下三層，地上十一層，自地下一樓至地上四樓為門市部，五樓以上為各部門的辦公室。三民在重慶南路的原址，亦早已興建一棟同樣高大的大廈，營業狀況極為良好。他們現有工作同仁四百餘人，每天都在書局內用餐，每人桌上一臺電腦，每一張坐椅幾乎都是量身打造，且可以調整，坐著非常舒適。他對同仁的愛護照顧，同仁們對他的向心感謝，從他們的眼神中可以看得到。在談話中，振強兄要我將經歷的事情寫出來，好幫忙出版。我說像我這樣一個無名小卒，有什麼好寫的？他卻說他覺得我所經歷的許多事情，很值得寫。大概隔了一年多，看我沒有動靜，他又給我電話催促，為了不辜負他的盛意，乃將從小在戰亂中成長的經過，及爾後學書不成，學劍又不成的種種遭遇與感受，寫了二十多萬字，以《孤蓬寫真》為書名，送請他指教，他即交編輯部於九十一年一月出版，並列入「三民叢刊」。

《孤蓬寫真》出版後，得到許多尊長和朋友們的稱許和鼓勵。尤其分隔四十多年的海峽對岸，竟有許多讀者輾轉傳閱，熱烈討論。有一位山東的丁先生，他們賢伉儷都是上海復旦大學畢業，曾擔任過很重要的職務，他們說對我所經歷的各種困境感同身受，而對我對世局演變的看法亦頗能認同。由於他們是從教會中借閱，時間受限制，他們的公子也要看，所以他們兩人就常分段朗誦，並交換意見，最後以「真、準、才、情」四字作為總評，實令人愧不敢當。尤其令我欣慰的，是我小學時的校長汪憲五先生於民國三十四年在四川萬縣因公殉職，他的女公子家芬女士當時還很小，對父親沒有什麼印象，及至讀了拙著後，方知父親是一位高風亮節、才華橫溢、親切和善、熱愛國家、極受尊敬的好校長。她乃帶領兒孫和親友們由宜昌返回家鄉，前往父親的墓前祭拜，並鳩工修墓立碑，以作永久紀念。憲五先生是我的恩師，他的靈柩即是我在宜昌讀高中時，設法從四川運回來的。接到家芬師妹的來信，看她對父親心理與態度轉變的描述，內心萬分感動。

劉董事長振強兄，不僅是一位成功的企業家，且以發揚中華文化為己任。拜讀他的大作〈書的園丁〉一文，我才知道當年他和他的兩位朋友，即他所說的「三個小民」，各以五千元作為創辦資金。在頂下書店及店面的押金後，已所剩無幾。所幸有兩位長者幫忙，又湊了五千元，三民書局才得於民國四十二年七月十二日開張。由於和虹橋書店及幾個攤位，共用一個店面，他「每天大清早，就要負責開店門，所以經常乾脆睡行軍床，夜宿在店裡。剛開始的時候，由於資金很有限，進不了幾本書，書只能一本本攤在檯面上，還不夠插在架上。賣了一本書，才有資金可以再進一本書。周轉金額很緊，所以每月月底結帳，是最頭痛的時候，經常為了付不出貨款而傷腦筋。」（〈書的園丁〉）

這真正是創業維艱，歷盡辛酸，然而在振強兄苦心孤詣，卓越睿智的領導下，特別是他不斷的親自拜訪許多望重士林的碩學專家，請他們寫書，幫他們出版，經過半個世紀的克勤克儉、慘澹經營，現已出書六千餘種，展書二十餘萬冊，不僅為各大專院校提供了主要參考書，更為社會大眾提供了最佳的讀物與服務，且曾敦請一百多位專家學者，花了十四年功夫，編纂成《大辭典》，分為上、中、下三巨冊精印出版。接著又聘請八十位優秀的美術人員，徹底整理中國文字，分正楷、明體、長仿宋、方仿宋、黑體、小篆等六種，由美術人員一筆一畫細心認真的寫出來，現已寫了十多年，仍在繼續努力中。他這種不計工本，不顧盈虧，一心只以整理中國文字、發揚中華文化為職司的精神與氣魄，實在令人敬佩。所以熟悉兩岸情勢的學術文化界人士都一致讚譽：「三民書局，兩岸第一。」忝為三民的讀者與撰稿人，實深感榮幸。

欣逢三民書局創立五十周年慶，在這大喜的日子，我以誠摯的心，祝願三民書局日新月異，繼續蓬勃發展；更祝福振強兄健康喜樂，多福多壽，再領導三民書局奮鬥五十年，創造更輝煌的業績！

（民國九十二年七月，載於《三民書局五十年》，內容稍有補充。）

二十六、花甲之慶 刻骨銘心

民國三十八年，真是中華民國存亡絕續的緊要關頭，前線戰爭一再失利，而政府內部不但不能團結一心，打擊共同的敵人，且各懷鬼胎，爭權奪利。尤其時任副總統的李宗仁，更是乘機倡亂，要求政府「立即與中共進行和談」。接著湖南省主席程潛更明目張膽，要求蔣總統下野，美國駐華大使司徒雷登的華籍顧問傅涇波，亦拜訪行政院長孫科，希望蔣總統下野。而駐北平的剿匪總司令傅作義已在暗中與中共搞「局部和平」，駐武漢的華中剿匪總司令白崇禧亦按兵不動，更有一些所謂「民主人士」、「社會賢達」互相串連，推波助瀾，他們聲稱：「除非蔣總統下野，否則中共不會和談。」「除非蔣總統下野，否則美援不會來！」

由於失敗主義的氣氛迅速滋長漫延，蔣總統中正乃於一月二十一日宣布「身先引退，以冀弭戰銷兵，解人民於倒懸」，並將總統職務交由李宗仁副總統代行。惟蔣總統在引退前，已任命陳誠將軍為臺灣省主席，蔣經國先生為國民黨臺灣省黨部主任委員。蔣總統當時業已洞察臺灣的重要性，不論李宗仁與中共的談判結果如何，臺灣絕不容許落入中共手中，在任何情形下，都要堅守臺灣，作為中華民國反共復國的基地。

在面臨如此險惡的形勢下，我們就讀於武漢三鎮各大專院校的青年軍復員同學二百餘人，經廣泛討論的結果，咸感惟有忍痛犧牲學業，前來臺灣再度獻身國家，將革命事業從新做起。因此各院校的同學代表如湖北農學院的何澤浩、張振、李發強，武漢大學的潘正文、姚振、姚神英，中華大學的舒達，國立師範學院的沈宗英等學長，乃聯名寫信給陳誠主席，希望他能幫忙解決赴臺的交通問題，可是等了許久，沒有下文。乃轉向湖北省黨部主委方覺慧與華中剿匪總司令白崇禧求援，仍然沒有結果。而當時情勢日益惡化，十分迫切，正當大家心急如焚之時，適有由孫立人將軍所主持的陸軍訓練司令部，派員到武漢地區招收青年學生及與部隊失聯的官兵，辦事處就設在武昌斗基營，處長為藍鐵民少將。於是何澤浩、潘正文、張振等學長即前往洽商。藍處長極表歡迎，並願遵守政府規定，凡領有少尉預備軍官證書的復員青年軍同學，再服役時即以少尉任用。登記報名的結果，包括二十餘位同學的未婚妻與女朋友，共二百零四人。另有志願從軍的高中學生八百餘人，合計一千餘人，浩浩蕩蕩，一起奔向臺灣。

四月八日清晨，我們從武昌徐家棚火車站上車，乘粵漢線經廣州來臺，行前並發表宣言：「有我在不許中國亡，有我在誰敢亡中國。」呼籲全國愛國青年一致奮起，以生命血肉挽救國家的危亡。當時中共潛伏在各院校的「職業學生」都來為我們「送行」，並進入車廂與我們握手，實際上他們是來清點人數，看我們到底有多少人；因為我們離開學校後，再也沒有人反對他們罷課遊行、反對他們「三光運動」，他們就可毫無顧忌為所欲為了。

經過兩天一夜的行程，九日晚間抵達廣州車站，住進白雲路一幢尚在興建中的空屋內，等候赴臺的船艦，直到五月十日才有海桂輪來接我們。在黃埔上船前，監察院長于右任先生正好來到黃埔，大家熱烈鼓掌，歡迎他講話，右老感於國難當前、情勢危急，他慷慨激昂、語重心長，雖然只是很短的講演，大家都熱淚盈眶、感動難忘。

海桂輪在珠江航行時十分平穩，可是一過香港海面，幾個巨浪便把我們衝得暈頭轉向、嘔吐不已；由於大家都擠在艙底，連嘔吐的地方都沒有，且天氣炎熱、空氣汙濁，感到十分難受。當時只有李發強、尹以琭等極少數學長，似乎具有異稟，尚能跑上跑下，為同學們拿水拿飯；其餘的都躺在艙內，動都不能動。從黃埔到高雄，不過四百多海里，經過兩天兩夜的折騰，直到五月十二日凌晨，才抵達嚮往已久的復興基地臺灣。所以今年的五月十二日，正是我們抵臺的「花甲之慶」。

回想當年，真是點滴在心頭。所幸六十年來，學長們忠誠勤奮、刻苦耐勞，在各個不同的領域，實幹苦幹，堅強奮鬥，為國家的生存與發展，獲致許多輝煌的成就，令人豔羨。我因生性魯鈍，能力微薄，只能隨著時代的浪潮翻滾，到頭來一事無成，如今「半生落魄已成翁，獨立書房嘯晚風」，眼看從小一直心愛的國家，仍然陷於分裂，且不斷遭受打擊，真是情何以堪！

歲月無情，當年我們來臺時都是二十剛出頭的小伙子，如今則已多是年逾八旬的老人，且有不少學長已撇下親人和未酬的壯志，進入另一世界，好令人懷念！

李理事長發強學長等為紀念來臺六十周年，耗費許多心力和時間，籌辦一次盛大歡欣的宴會，讓大家能再歡聚一堂，重溫舊情，實在是機會難得，可惜我因遠隔重洋，又患眼疾，思之再三，實無法回來參與此一盛會，內心深感愧憾。唯有以最誠摯的心，祝福各位情逾手足的學長喜樂平安、健康長壽，並祝闔府安康，吉祥如意！

（民國九十八年五月十二日載於《武漢區各大專院校學友旅台六十週年紀念集》）

感謝神恩

一、感謝讚美敬拜三一神

我們家庭小組在查經聚會時，有弟兄提出，希望大家一起來思考三一神的問題。當時我覺得像我們這樣靈命淺薄的人，如何能有智慧來了解這麼高深的奧祕，但與會的弟兄姐妹似乎興致很高，特別是在有些異端邪說企圖影響我們的心懷意念時，更應進一步認清我們的神，因此便列入時程準備分享。

㈠《聖經》說只有一位神

為了尋求神的旨意，我覺得只有好好研讀《聖經》，從《聖經》中來找亮光，因為《聖經》中所記載的，都是神自己的話，或是神所默示的言語。從神自己的話中，尋找神自己的屬性和位格，當不致稍有迷失。而在研讀過程中，我發現有些章節是說「獨一的神」，有些章節是「父、子」，「神的靈」，及「父、子、靈」，卻未見到「三一神」這個名稱，茲為敘述方便，謹分別摘錄一些經節如下：

第一點：神是獨一的。〈申命記〉第六章四節說：「耶和華我們的神是獨一的主。」〈馬可福音〉十二章二十九節：「耶穌回答說：『主我們的神是獨一的主。』」〈以賽亞書〉四十五章五節：「我是耶和華，在我以外並沒有別神；除了我以外再沒有神。」〈哥林多前書〉第八章四節：「神只有一位，再沒有別的神。」〈提摩太前書〉二章五節：「只有一位神。」

第二點：父、子。〈馬太福音〉十章三十二節：「凡在人面前認我的，我在我天上的父面前，也必認他。」〈馬太〉十一章二十七節：「一切所有的，都是我父交付我的。除了父，沒有人知道子；除了子和子所願意指示的，沒有人知道父。」〈馬可〉一章一節：「神的兒子，耶穌基督福音的起頭。」〈約翰福音〉三章十六節：「神愛世人，甚至將他的獨生子賜給他們，叫一切信他的，不至滅亡，反得永生。」〈約翰福音〉十章三十八節：「父在我裡面，我也在父裡面。」〈約翰福音〉十七章一節：「耶穌說了這話，就舉目望天，說：父阿，時候到了，願你榮耀你的兒子，使兒子也榮耀你。」同章第五節：「父阿，現在求你使我同你享榮耀，就是未有世界以先，我同你所有的榮耀。」〈路加福音〉十章二十二節：「一切所有的都是我父交付我的；除了父，沒有人知道子是誰；除了子和子所願意指示的，沒有人知道父是誰。」〈路加福音〉二十三章三十四節：「當下耶穌說：父阿！赦免他們；因為他們所作的，他們不曉得。」同章四十六節：「耶穌大聲喊著說：父阿！我將我的靈魂交在你手裡。」〈馬可福音〉第十六章十九節：「主耶穌和他們說完了話，後來被接到天上，坐在神的右邊。」

第三點：神的靈。〈創世記〉第一章二節：「地是空虛混沌，淵面黑暗；神的靈運行在水面上。」〈約伯記〉第三十三章四節：「神的靈造我；全能者的氣使我得生。」〈約翰福音〉

二十章二十二節：「說了這話，就向他們吹一口氣，說：你們受聖靈！」〈使徒行傳〉第二章一至四節：「五旬節到了，……他們就都被聖靈充滿。」〈哥林多前書〉第十二章三節：「若不是被聖靈感動的，也沒有能說『耶穌是主』的。」

第四點：父、子、靈。〈馬太福音〉第三章十六、七節：「耶穌受了洗，隨即從水裡上來。天忽然為他開了，他就看見神的靈彷彿鴿子降下，落在他身上。從天上有聲音說：『這是我的愛子，我所喜悅的。』」〈路加福音〉十章二十一節：「正當那時，耶穌被聖靈感動就歡樂，說：『父阿，天地的主，我感謝你。』」〈馬太福音〉第二十八章十九節：「所以，你們要去，使萬民作我的門徒，奉父、子、聖靈的名給他們施洗。」〈哥林多後書〉第十三章十四節：「願主耶穌基督的恩惠、神的慈愛、聖靈的感動，常與你們眾人同在。」

㈡神聖三一是個奧祕

從以上所引的經節中，我們可以看出有獨一的神，有神的獨生子，有神的靈，並有父、子、靈，因此便引發一個疑問：我們的神到底是不是獨一的神？為了解答這個問題，我特別找一些靈命很高，受主重用的僕人們的著作，看看他們的解說。

第一位是吳恩溥牧師，在他編著的《世界五大宗教》中說：「基督教從來是堅持一神論的，可是現在又講是三位一體。既是三位，又怎麼是一體？這在神學上是一個極其艱深的問題。神是三位，一是父神上帝，一是聖子耶穌，一是聖靈。聖父上帝是創造天地萬物的主宰；

聖子耶穌是拯救人類的救贖主；聖靈是上帝的靈，祂是創造天地萬物的工程師，也是統治天地萬物的輔佐者。祂是生命的靈，賜人生命。生命的光，引導人行在光中。祂又是教會的管家，是上帝的能力和智慧，是基督徒的安慰師。位格有別，工作有別，但實質卻是一。」

第二位是湯瑪士格利菲(Griffith Thomas)，在他所著的《神學原理》一書中說：「對神聖三一之經歷的真理，並不在於神學的用辭。……要解釋這神聖的奧祕，我們人類的語言是不夠用的。我們缺少那種語言、發表和措辭。我們對這神聖的奧祕缺少正確的領悟，我們該用什麼措辭，我們不知道，沒有恰當的辭句可用。」

第三位是李常受弟兄，在他的著作《創世記生命讀經》中說：「神聖三一是個奧祕，我們沒有工具，沒有方法來發表。……我曾被人定罪，因為我說主耶穌就是那靈。雖然我不願意辯論或回答，但我很願意問那些定我罪的親愛弟兄們，他們怎樣解釋〈林後〉三章十七節？那裡說：『主就是那靈。』不要問：那麼主和那靈是不是一個？我們沒有本事，也沒有方法說明這一點。雖然如此，《聖經》裡確有一節說：『主就是那靈。』我也願意將〈以賽亞〉九章六節擺給那些弟兄看，那裡說：『有一子賜給我們，……祂名稱為……永在的父。』祂到底是子還是父？雖然我們不能很充分的說明這點，但在《聖經》裡確有這一節說，子要稱為父。〈林後〉三章十七節說：『主就是那靈。』我們的確有父、有子、也有靈。但子稱為父，並且子就是靈，祂們三者仍是一位神。」

(三)請看主耶穌怎麼說

聖父是神，聖子是神，聖靈是神，都是《聖經》裡面告訴我們的那位獨一的神。至於父、子、靈是如何合一的，是循著什麼規律合一的，不是我們人的智慧和能力所能理解的。雖然現在科學昌明，宇宙的神祕面紗已逐漸被揭露一些出來，但我們人的知識畢竟還是非常有限。請問對日常居住的地球，我們能知道多少？對日常飲用的食物，我們能知道多少？甚至連我們自己所擁有的身體又知道多少？說實話我們還是知道的非常有限。偉大的發明家愛迪生，當有人問他這一生發明了多少東西時，他卻說：「我只是發現一點點上帝的道理而已。」神是宇宙萬物的創造者，祂有完全的智慧和無限的能力，我們如何能完全了解？正如使徒保羅所說：「除了神的靈，沒有人知道神的事。」（〈林前〉二章十一節）

其實不僅我們今天不了解，即連當年跟隨主耶穌多年的門徒亦不了解。〈約翰福音〉十四章裡，就記載了一段非常生動的故事。當耶穌正在說：「我就是道路、真理、生命，若不藉著我，沒有人能到父那裡去。你們若認識我，也就認識我的父，從今以後，你們認識祂，並且已經看見祂。」這時想不到，一個名叫腓力的門徒卻對耶穌說：「求主將父顯給我們看，我們就知足了。」腓力和我們一樣是人，一直活在經驗世界中，對任何事物都要親眼見到才相信，但不幸有許許多多的事物，乃是我們的肉眼根本看不見的，比如細菌、空氣等，必須用儀器才能看得見。而另外有些東西，即使是使用儀器，亦無法看得見，比如愛、恨、情、仇等。腓力要親眼看到父神才心滿意足，耶穌對他的這一請求，顯然有些失望，我們看主耶穌當時對腓力的回答，就可以了解祂的心情。主耶穌說：「腓力，我與你們同在這樣長久，你還不認識我嗎？人看見了我，就是看見了父；你怎麼說，將父顯給我們看呢？我在我父裡面，父在我裡面。你不信嗎？我對你們所說的話，不是憑自己說的，乃是住在我裡面的父作祂自己的事。你們當信我，我在我父裡面，父在我裡面；即或不信，也當因我所做的事信我。」（六至十一節）

在這裡，我們倒是應該感謝腓力，因著他的這一請求，讓主耶穌能將祂與父的關係說得非常透徹明瞭。主耶穌很明白的告訴我們：「人看見了我，就是看見了父。」並一再強調：「我在我父裡面，父在我裡面。」這就很顯然的表明祂與父是合一的，而〈林後〉三章十七節說：「主就是那靈。」這就充分的說明父、子、靈乃是一位神了。

㈣相信神的話，感謝神的恩

我們身為神的兒女，惟有以心靈和誠實來相信神的話。當我們遇到異端邪說時，就要以神的話來破解消除，而當我們讀經時，更要以神的立場來讀神的話，不要以人的立場來讀神的話；要以屬靈的眼光來讀神的話，不要以屬世的眼光來讀神的話；要以感恩的心來讀神的話，不要以懷疑的心來讀神的話；因為耶和華早就說過：「我的意念非同你們的意念；我的道路非同你們的道路。天怎樣高過地，照樣，我的道路高過你們的道路；我的意念高過你們的意念。」(〈以賽亞書〉第五十五章八至九節)在神面前,我們只不過像一個初生的嬰兒,哪有能力和智慧去了解神的奧祕,這不是自卑自謙,而是實情實理。

何等榮幸、何等福分,我們的神是獨一的神,是自有永有全能全知的神,我們要盡心盡性盡意盡力,愛我們的神!讚美敬拜主我們的神!

二、夏娃為什麼失樂園？

我們都知道，在我們中國有盤古開天闢地的神話，說是在混沌初開的時候，陽清為天，陰濁為地，盤古呢？卻是生在其中。後來天一天一天的高，地一天一天的厚，盤古也一天一天的長大，活了一萬八千歲死了。當盤古死的時候，他的肢體血液化為山河，兩隻眼睛成為日月，他的氣成了風雲，聲音成了雷霆，毛髮成為草木，而他身上的蝨子卻成了我們現在的人類。

《舊約聖經》則說天地萬物都是上帝創造的，上帝先創造天與地，再造光，分清晝夜；再造空氣，再造一切植物、動物，然後再造日月星辰，再定節令和年歲。上帝把天地萬物都創造好了，看著非常喜樂。這時上帝說：

「我們要照著我們的樣式造人，使他們管理這海裡的魚、空中的鳥、地上的牲畜和全地，以及地上各種行動的活物。」

於是耶和華——上帝便用地上的塵土照他自己的樣式造人，又將氣吹入他的鼻孔，他便成了有靈的活人。這人的名字叫亞當，是人類的始祖！

上帝非常喜愛亞當，特地為他在伊甸建了一個園子，這園子很大，裡面的風景美極了，佳木蔥蘢，濃蔭處處，有飛瀑，有流水，湖光山色，引人入勝，花架迴廊，亭臺樓閣，無不美妙絕倫。琪花瑤草，散布著異香清芬，各種飛鳥，奏出婉轉曼麗的清音。那美麗的無花果，滴青的橄欖，以及椰子、蘋果、香蕉等，凡是世上所有的花果，無不盡有全有。亞當生活在這瑰麗的仙境，從來不知道什麼叫做憂傷痛苦。餓了，一伸手便可摘下他所愛吃的水果；倦了，躺在那如茵的草地上，仰望著飛翔的流雲，諦聽四周的鳳韶鸞音。涓涓的流水，從他身邊流過，陣陣的薰風，拂動著他的頭髮和那壯碩的肌膚，他常常在歡笑中沉入睡夢，又微笑從夢中甦醒。有時他一個人玩膩了，就把園中所有的走獸召集起來，舉行一次盛大的運動會，有時他也把各種飛鳥召來，要牠們舉行一次音樂會，給他欣賞。人生對他真是又新鮮又甜蜜！

然而這樣，上帝還不放心亞當。上帝說：「他一個人獨居不好，我要為他造一個配偶來幫助他。」於是耶和華神便使亞當沉睡，然後從他身上取出一根肋骨，造成一個女人。等亞當醒來之後，上帝便把女人領到他的面前，亞當一看，高興得跳起來。他說：

「這是我骨中的骨，肉中的肉，我要稱她為女人！」這女人便是有名的夏娃。

從此亞當和夏娃便雙棲雙飛，如膠似漆，恩恩愛愛，甜甜蜜蜜，連許多天使天君都在那裡羨慕他們。

可是好景不常，有一天，正當亞當不在家的時候，一個魔鬼化裝成一條蛇，搖搖擺擺地來到夏娃的面前。牠裝出一副非常討人喜歡的樣子，向夏娃大獻殷勤，處處迎合夏娃的心意，兩人談得非常投機。夏娃年輕，一點世故也不懂，心裡一高興，便什麼都不顧忌了，連對方說話的用意何在，也絲毫不加考慮。陰險的魔鬼見夏娃談得高興，有機可乘，便向夏娃道：

「亞太太，有件事要問妳！」

「什麼事呀？你說呀！」夏娃很高興地回答。

蛇說：「上帝豈是真說不許你們吃園中所有樹上的果子嗎？」

夏娃回答說：「沒有呀！園中所有樹上的果子我們都可以吃；只是園當中那棵樹上的果子我們不可吃，也不可摸，因為上帝曾說，我們吃的日子就必定要死。」

蛇說：「真想不到像妳和亞先生這樣聰明的人也會聽信這些話！妳要知道這完全是騙你們的呀！上帝所以不許你們吃那樹上的果子，並不是怕你們吃了真的會死；乃是怕你們吃了眼睛明亮起來，會和上帝一樣能夠分別善惡！」

「真的嗎？」夏娃將信將疑。

「誰騙妳不成！如果妳不信可以試試看！我可以保證！」蛇用兩隻獻媚的眼望著夏娃。

夏娃聽見這話，遙望那樹上的果子，卻是又肥大又鮮豔。蛇知道夏娃的心已為其所動，於是便跑去摘下兩個送給夏娃。夏娃放在口裡吃了，把另一個留給她的丈夫，她丈夫也吃了。他們兩人的眼睛便明亮了，這才知道自己是赤身露體，趕緊用無花果樹的葉子為自己編作裙子，穿起來。這時天起了一陣涼風，耶和華神在園中行走。亞當和他妻子聽見上帝的聲音，就藏進園裡的草木中，怕見上帝的面。上帝呼喚說：

「亞當！你在哪裡？」

亞當說：「上帝呀！我在園中。聽見你的聲音，我就害怕，因為我赤身露體，不敢見你！」

上帝說：「誰告訴你是赤身露體呢？莫非你吃了我吩咐你不可吃的那樹上的果子嗎？」

亞當回答說：「不是我自己要吃的；乃是你賜給我與我同居的女人，她把那樹上的果子給我，我才吃了的！」

耶和華神聽他說這話，心裡好生氣。便轉身對夏娃說：

「夏娃！妳作的是什麼事呢？」

夏娃回答說：「都是那蛇引誘我。我本來不吃，牠一定要我吃，我才吃的！」

耶和華神乃轉對那魔鬼的化身蛇說：

「你既然作了這事，就必受咒詛，比一切的牲畜野獸都更要厲害：你要用肚子爬行，終身吃土。我又要叫你和女人彼此為仇，你的後裔和女人的後裔也要彼此為仇，女人的後裔要傷你後裔的頭，你的後裔要傷他後裔的腳跟。」

然後再對夏娃說：

「妳這樣迷迷糊糊，沒有一點主見，隨便聽從魔鬼的引誘，魔鬼叫妳做什麼，妳便做什麼，真令人痛心！我要增加妳懷胎的苦楚，使妳在生產兒女的時候忍受更多的痛苦。」

上帝又對亞當說：

「你既聽從你妻子的話，吃了我吩咐你不可吃的那樹上的果子，整個地必因你的緣故而受咒詛。你必終身勞苦，才能從地裡得到食物。地也必定給你長出荊棘和蒺藜來，你也要吃田間的菜蔬。你必汗流滿面，才得糊口，直到你歸入了土。」

上帝說完了這些話以後，便忍痛離開了亞當和夏娃。他的心裡越想越難過，由他一手創造撫育而又疼愛的亞當和夏娃，竟然背叛了他的旨意，接受魔鬼的指示去做壞事！現在如果再讓他們去摘那生命樹上的果子來吃，那他們便要永遠活著，永遠做壞事。於是上帝便下令把亞當和夏娃趕出那美麗的伊甸園，讓他們自己去耕種紡織，以維持生活，並且限制他們的生命年限，使他們活到相當的時間便死去！

後來夏娃懷了孕，隨著肚子一天一天地膨脹，她的痛苦也一天一天地增加，恰巧第一胎又是一個難產，夏娃幾乎痛得死去活來。她在極度的悲痛中，埋怨亞當說：

「都是你不好，害得我這樣苦，快快救救我吧！痛死我了！」

亞當伏在夏娃的身邊，眼看自己的愛妻遭受如此的痛苦，心裡悲痛極了！而自己又是一天到晚忙碌奔波，筋疲力竭，尚得不到一點兒安息。回想當年在伊甸園中那樣幸福歡樂的日子，不禁悲從中來。又不得不盡力忍著內心的憂傷，溫存地安慰夏娃說：

「親愛的，我知道妳痛苦，但我又不能代替妳，有什麼辦法呢？忍耐點吧！上帝是不會永遠丟棄我們的！記住！今天我們所受的一切苦楚，都是由於我們未好好遵守神的話，中了魔鬼欺騙的詭計，落得這步田地！今後我們要時時刻刻以基督的心為心，不住的禱告，凡事謝恩，謹守神的教訓，就必能享受神賜給我們的平安幸福！」

（民國四十七年二月載於《戰鬥月刊》）

三、約書亞堅強壯膽　完成神的旨意

以色列人下到埃及，一住就是四百三十年，由於他們聰敏勤奮，生養眾多，形成一股強大的力量，使埃及的法老王深感不安，恐怕他們有一天會起來奪取他的政權。因此便處心積慮，想盡一切方法來控制他們，奴役他們，迫使他們不論男女老幼，每天從早到晚，都有做不完的工作，吃不完的苦頭，使他們完全過著一種極為艱苦的奴隸生活！

㈠摩西領導以色列人出埃及

耶和華神看在眼裡，痛在心裡，乃呼召摩西率領以色列人出埃及，前往祂所允許賜給以色列人的「那美好寬闊流奶與蜜之地，就是到迦南人、赫人、亞摩利人、比利洗人、希來人、耶希斯人之地」。（〈出埃及記〉第三章八節）

摩西可能作夢也未曾想到，在他八十高齡時，神會交付他這樣重大的任務。他對神說：

「我是什麼人，竟能去見法老王，將以色列人從埃及領出來呢？」神說：

「我必與你同在，你將百姓從埃及領出來之後，你們必往在這山上事奉我，這就是我打發你去的證據。」（〈出埃及記〉三章十一、十二節）

憑著神賜給他的權柄和能力，摩西一連行了十大神蹟，但狠心的法老王卻仍然無動於衷，於是：

「到了半夜，耶和華把埃及地所有的長子，就是從坐寶座的法老，直到被擄囚在監裡之人的長子，以及一切頭生的牲畜，盡都殺了。法老和一切臣僕，並埃及眾人，夜間都起來了。在埃及有大哀號，無一家不死一個人的。夜間法老召了摩西、亞倫來，說：起來，連你們帶以色列人，從我民中出去，依你們所說的，去事奉耶和華罷，也依你們所說的連羊群牛群帶著走罷，並要為我祝福。」（〈出埃及記〉十二章二十九至三十一節）

摩西就這樣帶領以色列人離開埃及。當時除了婦人、孩子，步行的男子約有六十萬，又有許多閒雜人員，並有羊群牛群（〈出埃及記〉十二章三十七、三十八節），他們浩浩蕩蕩，一直走到紅海邊上才停了下來。

法老王在以色列人離開埃及後，越想越生氣，一般埃及人民因驟然失去這麼多的勞工奴僕，心裡亦非常不滿。於是在法老王的指示下，埃及的軍兵即駕著六百多輛特選的車輛，前往追趕以色列人。

以色列人得知埃及的軍兵追來了，心中十分懼怕，而擋在前面的竟是遼闊的紅海，因此就有人對摩西發怨言說：

「難道在埃及沒有墳地，你把我們帶來死在曠野麼？」（〈出埃及記〉十四章十一節）

摩西一看情勢緊急，即遵照神的指示，舉手向海水伸杖，紅海的水很快即分開，連海底都露了出來，成了乾地，以色列人即爭先恐後的跑過紅海。在後面追趕而來的埃及軍兵，一看以色列人已渡過紅海，便亦緊跟著下到紅海。摩西一見以色列人已全部上岸，立即再向紅海伸杖，紅海的水瞬即合了攏來，將埃及的軍兵車輛，全部淹在水裡，連一個也沒有留下。（〈出埃及記〉十四章十五至二十八節）

㈡以色列人流落西乃四十年

以色列人渡過紅海，來到西乃，便在那裡安營住宿，那天正是他們離開埃及滿三個月的日子！

當時的西乃尚十分荒涼，除了有些樹上結有果子外，什麼食物都沒有，而以色列人從埃及帶出來的食物，又早已吃完了。他們在面臨飢餓時，便又忍不住向摩西發怨言：

「巴不得我們早死在埃及地耶和華的手下，那時我們坐在肉鍋旁邊，吃得飽足，你們將我們帶出來，到這曠野，是要叫我們全會眾都餓死啊！」（〈出埃及記〉十六章三節）

耶和華聽到會眾的怨言，就對摩西說：

「我要將糧食從天降給你們！」（〈出埃及記〉十六章四節）

於是到了晚上，就有鵪鶉飛來，遮滿了營地。每天早晨，則有嗎哪降下，顏色是白的，滋味如同攙蜜的薄餅。以色列人都各按自己的食量拾取，從此每天就以吃嗎哪度日。當時在西乃也沒有水喝，以色列人又向摩西發怨言，摩西即照耶和華的指示，以先前擊打紅海的杖擊打磐石，就有水從磐石中流出來，會眾便都有水喝了！

摩西將以色列人的生活安頓好後，即派由十二個支派所選出的代表與約書亞和迦勒等，前往迦南去窺探當地的情形。他們去了四十天，回來後即向摩西、亞倫並會眾們報告：

「那果然是流奶與蜜之地。……然而住在那裡的人民強壯，城邑也堅固寬大……我們不能去攻擊那民，因為他們比我們強壯。……我們在那裡所看見的人民，都身量高大，……據我們看自己，就如蚱蜢一樣，據他們看我們也是如此。」（〈民數記〉十三章二十七至三十三節）

以色列會眾一聽，當即大聲喧嚷，失聲痛哭。他們齊向摩西和亞倫大發怨言，說：

「巴不得我們早死在埃及地，或是死在這曠野，耶和華為什麼要把我們領到那地，使我們倒在刀下呢？我們的妻子和孩子，必被擄掠，我們回埃及去豈不好麼？」會眾並彼此商議，大聲說：

「我們不如立一個首領，回埃及去吧！」（〈民數記〉十四章二十四節）

這時，也曾奉派一同前往窺探迦南的約書亞和迦勒，覺得那些代表的說詞，完全與事實不符。於是他們兩人便撕裂衣服，嚴正大聲的對以色列會眾說：

「我們所窺探經過之地，是極美之地。耶和華若喜悅我們，就必將我們領進那地，把那地賜給我們。那地原是流奶與蜜之地，你們不可背叛耶和華，也不要怕那地的居民，因為他們是我們的食物，並且有耶和華與我們同在，不要怕他們。」（〈民數記〉十四章七至九節）

但會眾卻大聲喊叫，堅決反對，並要拿石頭打死他們兩人！

摩西一看會眾這樣反對，不願前往迦南美地，他就順從會眾的意見，停留在西乃，並在那裡傳十誡、造聖所、製法櫃、造燈臺、造幕幔、造祭壇、立幕院、獻素祭、獻贖罪祭等等，竟在西乃曠野流離了四十年。所有從埃及出來的人，除了嫩的兒子約書亞和耶孚尼的兒子迦勒兩人外，全都死在西乃，摩西死時為一百二十歲。

摩西在未死之前，自覺年歲已老，需要接班人，因此他對耶和華神說：

「願神立一個人治理會眾，可以在他們面前出入，也可以引導他們，免得耶和華的會眾，如同沒有牧人的羊一般。」

耶和華神對摩西說：

「嫩的兒子約書亞，是心中有聖靈的，你將他領來，按手在他頭上，使他站在祭司以利亞撒和會眾面前，囑咐他，又將你的尊榮給他幾分，使以色列會眾都聽從他。」（〈民數記〉第二十八章十五至二十節）

㈢約書亞繼承使命

摩西在臨終前，將以色列人的領導權交給約書亞，並一再囑咐約書亞要「堅強壯膽」，要

「大大的堅強壯膽」，當年約書亞是八十歲。

「摩西死了以後，耶和華曉諭摩西的幫手嫩的兒子約書亞，說，我的僕人摩西死了，現在你要起來，和眾百姓過這約旦河，往我所要賜給以色列人的地去。凡你們腳掌所踏之地，我都照著我所應許摩西的話賜給你們了。從曠野，和這利巴嫩，直到伯拉大河，赫人的全地，又到大海日落之處，都要作你們的境界。你平生的日子，必無一人能在你面前站立得住。我怎樣與摩西同在，也必照樣與你同在。」（〈約書亞記〉第一章一至五節）

約書亞素來忠厚誠懇，敬神愛人，現在承受耶和華交付摩西未完成的使命，自是深感責任重大，他在經過深思熟慮並虔誠禱告後，決定立即採取行動。

首先他即派出兩個探子，前往耶利哥去了解該國的實際情況。因為他深知要奪回迦南美地，必須先攻取耶利哥王國。那兩個探子先到妓女喇合的家裡，當喇合知道他們是以色列人時，便很坦誠的對他們說：耶利哥人在得知以色列人是如何渡過紅海的情形後，「大家的心都消化了！」正當他們談話時，忽然有耶利哥王派人來捉拿那兩個探子。妓女喇合即將他們藏在麻稭中，然後對國王派來的人說，那兩個以色列人已經走了，你們現在去追，應該還可以追得上。等國王派來的人一離開，她即用繩子將那兩個探子從窗口放下去，要他們往山中走，並在山中隱藏三天。那兩個探子對喇合說：我們來的時候，妳要把這條紅繩子掛在這窗口上，並要妳的親人都到妳家裡來，這樣我們來的時候，才能保護他們的安全。

㈣以色列人渡過約旦河

約書亞在聽取那兩個探子的報告以後，便吩咐祭司抬著約櫃走在前面，命令四萬精壯青年，全都拿起兵器，跟著約櫃，直向約旦河前進。所有的婦女、孩子及牲畜等，則暫時留在西乃。約書亞在到達約旦河邊時，即遵照耶和華的指示，要抬約櫃的祭司們在河水中站立，約旦河的水便在極遠之地停住，並立起成壘，而往下流的水則全然斷絕。於是四萬精壯青年便很迅速的過了河，抬約櫃的祭司們亦隨即過去了。約書亞並要那從十二個支派所選出來的十二個人，每人從祭司所站立之地，拾取一塊石頭，準備放在當夜他們要宿營的地方，作為以色列人永久的紀念。

以色列人上岸後，來到耶利哥平原，他們即在吉甲安營。那天是正月十四日，乃是他們的逾越節。第二天，他們就吃了當地的無酵餅和烘烤的穀米，從此嗎哪就不再從天上降下來了！

㈤進攻耶利哥王國

耶利哥王國在當時是一個很重要的國家，在得知以色列人已過了約旦河時，全城都戒備森嚴，所有的城門都關的很緊，並有重兵把守。約書亞一看情形，並不急著攻城，他率領軍兵每天繞城一周，且不准發出聲音。直到第七天，從清晨開始，連續繞城七次，仍由祭司抬著約櫃，一面走，一面吹著羊角，軍兵壯丁都高聲呼喊，喊聲震天，城牆竟為之倒塌，所有軍兵壯丁都衝進城內，將城占領。除喇合一家外，城中所有的人民，不論男女老幼，乃至牛羊牲畜，全都被殺害。

㈥進攻艾城

約書亞在攻占耶利哥後，即派人前往艾城去了解情況。去的人回報說，攻打艾城只須二、三千人就足夠了。卻不料在進攻時，艾城人竟從城內殺了出來，將那三千人駭跑了，並殺了三十六人，完全吃了敗仗。

約書亞遭此意外，極為痛心，他撕破衣服，把灰撒在頭上，並在耶和華的約櫃前，俯伏在地，向神禱告哀求，不要讓以色列人死在亞摩利人的手中。

「耶和華吩咐約書亞說，起來，你為何這樣俯伏在地呢。以色列人犯了罪，違背了我所吩咐他們的約，取了當滅的物，又偷竊，又行詭詐，又把那當滅的放在他們的家具裡。因此，以色列人在仇敵面前站立不住。他們在仇敵面前轉背逃跑，是因成了被咒詛的，你們若不把當滅的物，從你們中間除掉，我就不再與你們同在了。」（〈約書亞記〉第七章十至十二節）

於是約書亞就命以色列人，按著支派、宗族、家室、人丁，一個一個的前來加以審問，結果竟是猶大支派迦米的兒子亞干，在攻占耶利哥時，將所奪取的財物，包括一件美好的示拿衣服、二百舍客勒銀子、五十舍客勒金子，都據為己有，藏在他的帳棚內的地下。約書亞派人去搜查，結果都搜出來了，於是約書亞和以色列眾人，就把亞干和那些金子、銀子及衣服，以及亞干的兒女、牛、驢、羊、帳棚等，全都帶到亞割谷去，以色列眾人就用石頭將亞干打死，並用火焚燒了他所有的。

將亞干處決以後，約書亞再度進攻艾城，這次他特別挑選了三萬大能的勇士，並親自率領。在到達附近的山谷時，他先將五千勇士埋伏起來，然後帶領兩萬五千勇士，由艾城的西邊發起攻擊。艾城的國王早已準備迎戰，看到約書亞又率眾前來攻城，他即打開城門迎戰。戰不多久，約書亞假裝撤退，往曠野逃跑。艾城王乃率領軍兵和老百姓出來追趕，城門為之大開，約書亞即按預設的暗號，向艾城伸出手裡的短槍，指令那埋伏的五千勇士衝進艾城，放火焚燒。同時他自己亦揮軍回擊，前後夾攻，將艾城軍民殺敗，並生擒艾城王，將他掛在樹上，當日所殺的軍民男女共一萬二千人。（〈約書亞記〉八章三至九節）

(七)基遍的居民要求作僕人

住在附近的基遍人，看到耶利哥和艾城兩座大城，均被約書亞攻占，極為恐懼。他們即推選一些代表，拿著破舊的口袋和縫補過的皮酒袋，馱在驢上，穿著破舊的衣服鞋子，帶著業已發霉的餅，來到吉甲營，求見約書亞，他們自稱是從遠方來的，請求和約書亞立約。

以色列人對那些希伯來人說：「只怕你們是住在我們中間的，若是這樣，怎能和你們立約呢？」

他們對約書亞說：「我們是你的僕人！」

約書亞問他們說：「你們是什麼人？是從哪裡來的？」

他們回答說：「僕人從極遠之地而來！因為你們在過約旦河所行的一切事，我們的長老和所有居民，就要我們帶著路上吃的食物，來迎接你們，我們是你們的僕人，現在求你與我們立約，我們願意作你們的僕人！」

約書亞就和他們講和，與他們立約，容他們活著。會眾的首領並向約書亞起誓。過了三天，以色列人來到基遍、基非拉、比錄、基列耶琳，發現他們根本就是當地人。但因約書亞已和他們立了約，起了誓，也就不殺他們，容許他們活著。他們就為以色列人劈柴挑水，作以色列人的僕人。

㈧五王合攻基遍

約書亞率領以色列人進入基遍等地之後，正準備再向前進時，在西邊的耶路撒冷、希伯侖、耶末、拉吉、伊磯倫等五個亞摩利族的國王，率領他們的軍兵，一起前來攻打基遍，基遍國王急忙派人向約書亞求援。約書亞因和基遍國王立過約，便立即率領軍兵，連夜趕往基遍，將亞摩利人打敗。同時耶和華神還從天上降下冰雹，打死了許多亞摩利人，那前來進犯的五個國王，拼命逃到瑪基大的山洞裡，結果仍被揪出來殺死，並將他們的屍體，分別掛在五棵大樹上，等到日落以後，再把他們的屍體，送入他們曾經躲藏過的山洞中，並用大石頭堵住洞口。

㈨奪回迦南美地　完成神所交付的使命

約書亞率領以色列人，在約旦河西經過三十年的艱苦戰鬥，消滅了三十一個王國，奪回了耶和華神所賜給以色列人「那美好寬闊流奶與蜜之迦南美地」。然後他即召集以色列人的長老、族長、審判長及各級官長，對他們講話，說他自己年紀已經老邁，要他們好好事奉耶和華神，並將所得之美地，按著境界，以拈鬮的方法，很公正的分給十二個支派。而他自己則住在以法蓮山的拿西拉城。沒有多久，他即去世了，享年一百一十歲。（參閱〈約書亞記〉第十章至二十四章）

綜觀約書亞的一生，堅強忠誠，慎謀能斷，無私無我，不憂不懼，勇往直前，克敵制勝，一心以達成神所交付的使命為職責，實在是一位非常值得敬愛的先知。

四、永遠令人敬愛的使徒保羅

主耶穌在世時，為猶太人設立了十二位使徒。他在升天後（三十五年）又以非常特殊非常震撼的方式，為我們外邦人揀選了一位使徒，他就是保羅。我們今天能得到神的救恩，能成為神的兒女，得享永生的盼望與喜樂，這當然都是由於主耶穌的寶血，和父神的恩典。但若沒有保羅冒險犯難，不顧生死，將這救恩傳給我們這些所謂外邦人，恐怕我們今天仍然死在罪惡過犯中。所以對於使徒保羅，我內心裡一直存有一份深深的感激之情。

㈠保羅的身世

保羅原名掃羅，一直到〈使徒行傳〉十三章第九節才出現保羅這個名字。他於主後九年，也就是主耶穌九歲時，生於基利家的大數。大數位於地中海的東岸，現在屬於土耳其，在當時是一個文化和商業都很發達的城市。

保羅的父母是猶太人，且是嚴謹的法利賽人，尤其重要的，他們還擁有羅馬的國籍，這在當時不僅是一種榮譽，且享有一些特殊的權利。所以保羅從小就嚴格遵守律法，遵守摩西的誡令，並接受割禮，根本不相信「因信稱義」，更不相信死人會復活。所以他一直反對耶穌基督，認為是異端邪說，要盡一切力量打倒。

保羅在大數家鄉受過普通教育後，就從當地的習俗，從事編製帳蓬的工作。但由於他天資聰慧，志向遠大，又能說善道，覺得這一生如果就這樣下去，似乎沒有什麼出息，而且他家中又有錢，根本不需要他來賺錢活口。因此他在十三歲時，得到父母的同意，便長途跋涉前往耶路撒冷，投奔到當時極負盛名的經學名師迦瑪列的門下去受教。迦瑪列當時是法利賽人公會中的領袖，是猶太人極為敬重的法教師，在猶太人的公會中是一位舉足輕重的人物。

保羅在迦瑪列細心嚴格的調教下，奠定了淵博的學識和高尚的品格。不但對律法方面有高深的造詣，而且對文學和哲學也有很深入的研究，在當時真是一位出類拔萃鳳毛麟角的頂尖青年，而且他一畢業，即獲聘成為一位極受歡迎的教師。不久，又取得律法師的資格，真是一位青年才俊，對未來充滿抱負和雄心。但對當時的基督徒來說，則是一個極為討厭的危險分子。因為他恨基督徒，甚至率領一些年青人到處迫害基督徒。當他看到那位被聖靈充滿熱心傳揚主耶穌基督福音的司提反，被一群猶太人拿石頭活活打死時，他對那些無法無天的暴徒們竟表示好感，並為他們看管衣服（〈使徒行傳〉七章五十八節）。

(二)保羅得救的經過

從此以後，保羅更變本加厲，繼續在各地迫害基督徒。他並去見大祭司，要求給他文書，前往大馬色各會堂，只要找到信奉主耶穌的人，無論男女，都准他綑綁，帶到耶路撒冷去受刑罰。但就在保羅將到大馬色時，忽然從天上發光，四面照著他，使他仆倒在地，聽見有聲音對他說：

「掃羅，掃羅，你為什麼逼迫我？」

他說：

「主啊！你是誰？」

主說：

「我就是你所逼迫的耶穌，起來，進城去。你所當作的事，必有人告訴你！」（〈使徒行傳〉九章三至六節）

保羅從地上起來，睜開眼睛，什麼也看不見，有人扶他進了大馬色。就在這時，主指示一個在大馬色的門徒，名叫亞拿尼亞的去按手在保羅身上，叫他能看見，並為他施洗。

保羅得救後，和在大馬色的門徒們住了一段日子，就在各會堂講主耶穌，說耶穌是神的兒子，祂被釘十字架後又復活升天。開始時大家都不敢和他接近，心裡十分害怕，怎麼原先到處殘害耶穌信徒的這個人，現在會到這裡傳揚主耶穌的福音呢？但保羅虔誠信主，越講越有能力，並駁倒住大馬色的猶太人，證明耶穌是基督，是神的兒子。猶太人受不了，就商議要殺掉保羅，且不分晝夜，派人在城門守候。門徒們知道了，就在夜晚用筐子把他從城牆上縋下去，讓他脫離險境。

保羅到達耶路撒冷，想和門徒們交往，但大家都怕他，不敢和他接近，只有巴拿巴接待他，並引他去見使徒彼得。他和彼得相處十五天，詳細詢問彼得有關主耶穌當年傳道、教訓、行神蹟，以及後來被釘十字架、被埋葬、又復活升天的種種細節。他又從主耶穌肉身的弟弟雅各那裡，得知主耶穌許多童年時的事蹟，以及主復活後聖靈降臨的種種情形，這對保羅爾後的傳道當有很大的幫助。

保羅在耶路撒冷和門徒們一同進出來往，並奉主的名大膽傳道，與說希利尼話的猶太人大肆辯論。由於他主恩滿溢，雄辯滔滔，猶太人根本辯不過他，便想法子要殺他。門徒們一看情勢不好，趕緊護送他到該撒利亞，要他回大數去。

保羅回到故鄉大數，一住就是十一年。我們試想想一個二十出頭的青年，尤其像保羅這樣一位聰明睿智又受過高等教育的青年才俊，正是前程似錦，意氣風發的時候，現在竟灰頭土臉的回到家鄉，他的父母家人，以及鄰居親友，將是如何看待，而他自己內心深處又是何種感受！

不過我們相信在這漫長的十一年中，主耶穌要使他真正的從內心深處沉靜下來，謙卑下來，徹底的揚棄以往的驕傲張狂，好好的與主在一起，接受主的恩典與裝備，使他真正成為「主耶穌基督的僕人」，要他真能「在外邦人和君王並以色列人面前宣揚主的名。」（〈使徒行傳〉九章十五節）並利用這十一年的時間，向他的家人及大數地區的人民，傳揚主的福音，使他在實際的宣教工作中，得到更深切的體認與經驗，以便將來更能發揮其布道的才能。

當保羅在大數的這十一年期間，門徒巴拿巴則在安提阿（敘利亞的省會）被聖靈充滿，大有信心，大肆傳揚主的福音，使得許多從各地來的外邦人都歸於主的名下。由於信的人越來越多，他的負擔越來越重，使他想起了保羅。於是他前往大數去找保羅，找著了，就帶保羅去安提阿。他們在安提阿足足有一年的時間，和眾信徒一同聚會，同時使許多人得到主的救恩。門徒越來越多，大大的興旺起來，門徒稱為基督徒，是從安提阿開始，安提阿教會也是外邦人的第一個教會。

㈢三次旅行布道

他們在安提阿的傳道工作，十分順利成功。有一天他們在禱告時，主又一次對保羅說：「我已經立你作外邦人的光，叫你施行救恩直到地極。」（〈使徒行傳〉十三章四十七節）於是保羅決定出去旅行布道。他和巴拿巴以及巴拿巴的表弟約翰馬可一起，決定走水路，由安提阿啟程，坐船到地中海東部的居比路，就是現在的塞浦路斯島。他們在撒拉米登陸後，行經全島，傳道工作十分順利，甚至連島上的總督和夫人都信了主。

他們再坐船向北行，到今日土耳其南邊的別加登陸，然後到加拉太的安提阿、以哥念、路司德及特比等一共十一個城市傳道，包括現在敘利亞北部的若干城市在內。他們在各地建立教會，然後又循原路到先前到過的各地去鞏固信徒的信心，前後走了一千多公里的路，共花了三年多的時間（AD 45–48）。

他們在塞浦路斯島時，遇見一個行邪術的「以呂馬」，他阻止方伯信主，保羅當時被聖靈充滿，定睛看他，他的眼睛就瞎了，方伯看見這事，就立刻信了主。

他們在路司德城裡講道時，有一個生來瘸腿的，保羅見他很有信心的在聽道，就大聲對他說：

「你起來，兩腳站直。」

那人就跳起來，而且行走了。

但保羅和巴拿巴也一路遭到猶太人的辱罵和攻擊，在彼西底的安提阿，他們被趕出境外。在路司德時，並有許多猶太人拿石頭打保羅，以為他死了，便拖到城外。後來門徒們去圍著他，他就起來，走進城去。(〈使徒行傳〉十三章五十節、十四章十九節)

保羅回到安提阿，過了些日子，心裡又有感動，就揀選了西拉，開始第二次旅行布道。他們這次是走陸路，先向北行，來到特比、路司德，並在以哥念接受弟兄們一致推薦的提摩太，然後一起西行到愛琴海東岸的特羅西亞。坐船渡過愛琴海，來到腓立比，再經帖撒羅利加、亞該亞等地，然後循巴爾幹半島南下，直到雅典，並渡過海峽來到哥林多。在哥林多住了一年六個月，和一個以製帳蓬為業的家庭同住，並幫忙製造帳蓬，主日則到教會講道，信的人很多。然後他就循去時的路線，再回到各地鞏固弟兄們的信心。後來就由以弗所坐船，到該撒利亞上岸，再去耶路撒冷，最後回到安提阿。此行共到了十九個城市，走了兩千多公里，花了四年多的時間（AD 49–54）。

保羅第二次旅行布道時，在推雅推喇城，因為趕鬼，被拉去見官長，並把他和西拉剝了衣服，用棍子打，然後下到監裡，獄卒並為他們在兩腳上了木狗。半夜，保羅和西拉禱告唱讚美詩時，忽然地大震動，甚至監牢的地基也動搖了，監門立刻全開，眾囚犯的鎖鍊也鬆開了。獄卒一醒，以為囚犯都逃走了，就拔刀要自殺。保羅大聲說：「我們都在這裡。」獄卒叫人拿燈來，就戰戰兢兢的俯伏在保羅和西拉腳前，又領他們出來。保羅為他們傳道，他們都得救了。第二天官長得知他是羅馬人，就親自領他們出來。（〈使徒行傳〉十六章十四至二十八節）

保羅回到安提阿住了兩個多月，為外邦人傳福音的呼聲，又在他心裡響起，他就帶著提摩太等開始第三次旅行布道。他們這次走的路線，仍和第二次相同，也是從安提阿向北行，再經大數、以哥念、以弗所、特羅亞、腓立比、帖撒羅利加、雅典、哥林多等共十八個城市。其中幾次渡過愛琴海及地中海，最後回到耶路撒冷，共花了四年多的時間（AD 54–58），走了兩千多公里的路程。

保羅在以弗所三年放膽講道，神並藉保羅的手，行了許多奇事，甚至有人從他身上拿毛巾和圍裙放在病人身上，病就好了，惡鬼也出去了。（〈使徒行傳〉十九章十一至十二節）

保羅在特羅亞講道，直到深夜，有一個少年名叫猶推古，坐在窗檯上，困倦沉睡，從三層樓上掉了下去，已經死了，保羅下去，伏在他的身上，抱著他說：

「你們不要發慌，他的靈魂還在身上。」

保羅又上樓去擘餅，又談論了許多，直到天亮。有人把少年領來，眾人才得安慰。（〈使徒行傳〉二十章八至十節）

㈣上告凱撒

當保羅回到耶路撒冷時，因他先後在二十多個城市講述主的救恩，得救的有數萬人，許多猶太人對他恨之入骨。而耶路撒冷是猶太人的大本營，所以他一進入耶路撒冷，猶太人就要加害於他，並有四十多人一起發誓，不殺掉保羅，他們不再吃飯。這些話被他的外甥聽到，立刻去告訴他。他叫外甥去告訴百夫長，百夫長又叫他去告訴千夫長，千夫長乃採取緊急措施，當夜即派遣數百官兵，並叫保羅騎著馬，迅速前往該撒利亞。千夫長並寫了信給當地的巡撫腓力斯，腓力斯乃將保羅下在監獄裡。過了兩年，仍不放他，也沒有判刑。（〈使徒行傳〉二十三章十二節、二十四章二十七節）不過腓力斯有時和夫人一起，來聽保羅講論耶穌基督的道，又指望保羅送他銀錢。後來非斯都來接任巡撫，為了討猶太人的喜歡，欲將保羅送回耶路撒冷，就向保羅說：

「你願意上耶路撒冷去，在那裡聽我審判這事麼？」

保羅說：

「我若行了不義的事，犯了什麼該死的罪，就是死，我也不辭。他們所告我的事若都不實，就沒有人可以把我交給他們，我要上告於凱撒。」（〈使徒行傳〉二十三章十二節、二十

五章十一節）

他所說的凱撒，乃是當時羅馬皇帝的名號。其實凱撒本人並未當過皇帝，而為其部將布魯特斯所殺，其理由就是怕凱撒因功勞蓋世，怕他自稱皇帝。

主前兩百年，由於凱撒、龐培、安東尼、布魯特斯等大將東征西討，南攻北伐，使歐洲和地中海周圍的國家，包括非洲的摩洛哥、阿爾及利亞、利比亞、埃及、西奈半島，以及中亞細亞、土耳其、保加利亞、南斯拉夫、希臘等國家都被征服，使浩瀚的地中海，變成了羅馬的內湖。

巡撫非斯都既已核准保羅上告凱撒，便將保羅和其他的囚犯，交給御營裡的一個名叫猶流的百夫長押送，坐船到羅馬去。

從該撒利亞到羅馬，距離相當遠，因地中海從東海岸到西邊的直布羅陀海峽，相等於從溫哥華到夏威夷，亦等於從上海到澳大利亞的北邊。因為海上風浪很大，他們只得沿著海邊航行。走了很久，好不容易到達義大利南端的米利大島附近，不幸碰上狂風巨浪，所乘的木船碰上礁石而斷裂，很快即將沉沒，所有乘客都棄船逃生。押送的士兵欲將保羅殺掉，百夫長不准，趕快將其手銬腳鍊解掉，讓他能夠逃生。他很幸運的逃上米利大島，島上的土著很熱誠的接待他。因為天氣很冷，生火取暖，保羅拿起一捆柴放在火上，竟有一條毒蛇爬出來咬住他的手，土著看見就彼此說這人必是兇手。保羅用力將那毒蛇甩在火裡，卻並沒有受傷，土著們想他必腫起來或忽然倒斃，但見他卻毫無傷害，就說他是個神。米利大島的島長部百流一連三天，熱情的款待他們。當時部百流的父親患熱病和痢疾，躺在床上，保羅進去為他禱告，按手在他的身上，他的病就好了。於是，島上其他人亦來找保羅，也都得了醫治。（〈使徒行傳〉二十七章一節、二十八章十節）

保羅在米利大島住了三個月，再坐船前行，又航行了一段時間，終於上岸到了羅馬。那裡的弟兄一聽說保羅來了，便都出來迎接，並每天都去看他。保羅在羅馬並未被判刑，只是和一個士兵住在一起。他從早到晚都和來訪的人講述基督的救恩，〈使徒行傳〉第二十八章最後只說保羅在羅馬住了兩年便結束了。

不過在另外一些經文和書籍裡，則說羅馬當局根本沒有為難他，讓他享有充分的自由。有的甚至說保羅又曾回到哥林多、以弗所、腓立比、以哥念、安提阿等他原先去傳過福音的地方，去看望教會的弟兄們。他本來還想去法國和西班牙傳道，但在主後六十四年他回到羅馬後，卻爆發了一場反基督教的運動。當時的暴君尼祿鼓動暴徒殺害基督徒，並掠奪他們的財產，保羅就在這一場災難中殉道了。

也有書上說，主後六十四年，羅馬城內發生大火，殘暴的尼祿為了轉移注意力，乃嫁禍於基督徒，保羅被捕入獄，當時只有路加在他身邊。他自知離世與主同住的日子已近，顯得非常鎮定喜樂，且不斷傳福音，最後被帶到羅馬城外砍頭。他的遺體被弟兄們抬進城內的地下陵墓中安葬，享年五十五歲，這位偉大的使徒，就這樣安息在主懷了。

因為保羅早就說過：

那美好的仗我已經打過了，當跑的路我已經跑盡了，所信的道我已經守住了。從此以後，有公義的冠冕為我存留。就是按著公義審判的主，到了那日要賜給我的。不只賜給我，也賜給凡愛慕祂顯現的人。（〈提摩太後書〉四章七至八節）

同時他還說：

我已經與基督同釘十字架，現在活著的，不再是我，乃是基督在我裡面活著（〈加拉太書〉二章二十節）

保羅又說：

我活著就是基督，我死了就有益處。（〈腓立比書〉一章二十二節）

所以保羅真是求仁得仁，高興喜樂的前往領受公義的冠冕，安息主懷了。

㈤保羅的書信

保羅自得救之日起，除了不顧生死拼命傳揚基督之外，更重要的，是他還留下極為珍貴的書信，一千九百多年來，深深影響了世世代代的聖徒。我們看《新約聖經》共二十七篇，保羅的書信就有十三篇，幾乎要占二分之一。聖靈藉著他，將真理的道，通暢動人的書寫下來，成為我們基督徒極為珍貴的食糧。

根據美、英等國大學講授「保羅書信」的專家學者們研究，他們將保羅的書信分為四類（參考《保羅書信導論》，海貝德博士著，蕭維元博士譯，浸信會出版部出版）：

第一類：他們稱為「末世論」，包括〈帖撒羅尼迦前書〉、〈帖撒羅尼迦後書〉，主要是講基督的再來。

第二類：他們稱為「救世論」，包括〈羅馬書〉、〈哥林多前書〉、〈哥林多後書〉、〈加拉太書〉，主要是講基督的十字架。

第三類：他們稱為「基督論」，包括〈以弗所書〉、〈歌羅西書〉、〈腓立比書〉、〈腓利門書〉，主要是講基督的性格。

第四類：他們稱為「教會學」，或稱「基督的教會」，又稱「教牧書信」，包括〈提摩太前書〉、〈提摩太後書〉、〈提多書〉，主要是談論有關教會的事。

此外，也有依據保羅寫信時間的先後，分為四個時期的，不過對我們信徒來說，這些分類並不重要，最重要的是保羅藉著「不住的禱告」深深的進入基督裡，時時刻刻活在基督裡，以他對主耶穌的愛心，傳達了主耶穌的恩典。他的每一卷書信，甚至每一句話，都深深的打動讀者的心弦，而且保羅的書信，已成了教牧們在證道時極為重要的依據，如每次領聖餐之前，牧師們都會引用〈哥林多前書〉第十一章二十三至二十九節的經文；而每次聚會結束時，領會的牧師也都以〈哥林多後書〉十三章第十四節，來祝福所有與會的弟兄姐妹。

保羅原是一個極端反對基督，而且常以非常可怕的手段對付各地的基督徒的人，但是當他信主以後，他即冒險犯難不顧生死，到處傳揚主的救恩，不知受了多少辱罵和攻擊，他自己曾說：

被猶太人鞭打五次，每次四十下減去一下；被棍打三次，被用石頭打了一次。遇著船難三次，一晝一夜在深海裡。又屢次行遠路，遭江河的危險、盜賊的危險、同族的危險、外邦人的危險、城裡的危險、曠野的危險、海中的危險、假弟兄的危險；受勞碌、受困苦，多次不能睡；又飢又渴，多次不得食，受寒冷，赤身露體。除了這外面的事，還有為眾教會掛心的事，天天壓在身上。(〈哥林多後書〉十一章二十四至二十節)

每當我讀他的書信時，特別是聽他的書信(《新約全書》國語錄音)時，就好像是主在對我講話，好多次都感動得流淚。我覺得他為什麼會這樣堅強，這樣勇敢，最主要的是他有信、望、愛，正如他在〈哥林多前書〉十三章最後一節所說：

如今常存的有信、有望、有愛，這三樣，其中最大的是愛。

在保羅的心中，「愛」是至為重要、無與倫比的。他說：

我若能說萬人的方言，並天使的話語，卻沒有愛，我就成了鳴的鑼，響的鈸一般。

我若有先知講道之能，並明白各樣的奧祕，各樣的知識，並有全備的信，叫我能夠移山，卻沒有愛，我也算不得什麼。

我若將所有的都賙濟窮人，並捨己身叫人焚燒，卻沒有愛，仍然於我無益。

可見「愛」是何等重要！那什麼是「愛」呢？保羅說：

愛是恆久忍耐，又有恩慈，愛是不嫉妒，愛是不自誇，不張狂，不作害羞的事，不求自己的益處，不輕易發怒，不計算人的惡，不喜歡不義，只喜歡真理。

如何才能愛呢？保羅有四句話：

凡事包容，凡事相信，凡事盼望，凡事忍耐。

最後，他說「愛是永不止息。」（〈哥林多前書〉十三章一至八節）

弟兄姐妹們，祈願我們都以「永不止息」的愛來愛主，來愛人！

尤其保羅在一千九百多年前，那時沒有飛機，沒有輪船，沒有火車，沒有汽車，甚至連腳踏車都沒有，他翻山越嶺，忍飢耐寒，大風大浪，冒險犯難，到處遭受猶太人攻擊怒罵，但他毫不在乎，一心以傳主的福音為職事，且終生未娶。我們今天生活在這樣自由開放安全幸福的社會中，更要傳揚主的福音，來回報主耶穌的救恩，回報使徒保羅的辛勞和愛心。

五、《穿越精神的戈壁》序

本書尚未正式面世之前，承著者的盛意，讓我先讀為快。在閱讀的過程中，我為著者所遭受的種種磨難及其堅毅奮發的精神，深為感動。

著者楊愛程博士，從誕生的那一天開始，由於是「階級敵人」的兒子，便遭受無情的打擊、羞辱和折磨。因為在共產中國，人們所屬的「階級」，與其身家性命具有密不可分的關係，只要一旦被戴上「階級敵人」的帽子，子子孫孫便成了十惡不赦的賤民、奴工、罪犯，任何「革命群眾」都有權支使、監視、凌辱。著者楊愛程博士就是在那種暗無天日，飽受屈辱摧殘的日子裡成長。他表面上，雖不得不向惡勢力低頭，任其迫害奴役，但在內心深處卻堅持絕不屈服，不論在何等艱困淒苦的情況下，仍奮力向上，勤學苦讀，終於能突破各種禁忌和關卡，通過各種考核和考試，進入大學，並獲得博士學位，這是何等令人驚異讚佩！

身為知識分子，對國家前途和人民福祉，當然會寄予高度關懷。所以當鄧小平復出，倡導改革開放政策時，楊博士即熱烈擁護，認為中國的「社會主義建設事業」有了光明的遠景。這種心態不但成了他努力學習的動力，而且還極力爭取加入中國共產黨，準備全心全力為中國的建設而貢獻。然而事實的發展卻與他的願望背道而馳，尤其是「六四天安門事件」，更徹底粉碎了他的夢想，使他多年來好不容易建立起來的理想，在一夜之間化為烏有。他徬徨痛苦，無心教學，無心研究學術，內心深處產生了劇烈的精神危機。於是他開始從哲學和倫理學的根基上，對自己所信奉的馬列主義的意識形態，進行批判的反思，並努力尋找可以填補精神空洞的事物。為此他涉獵東方的儒家學說、道家學說、佛家學說和伊斯蘭教義；西方的人文主義、存在主義、科學主義和基督教義等，希望在自我矛盾、互相衝突的各種理論模式中，為自己選擇一個全新的人生目標。

一九九〇年，楊博士應邀前往美國訪學，認識了一些基督徒，參加了一些查經聚會，並對《聖經》和耶穌基督的教導有了一些認識。回國後繼續研讀《聖經》，對他自己的唯物主義世界觀進行全面的省思清理，從而逐漸由無神論轉向了有神論。同時他認為對孔孟學說的思考，大大的拉近了他與上帝之間的距離，他深深的體認到人與上帝的關係，是人世間一切事物的根本。如果人與上帝之間沒有一個和好的關係，無論人有多麼美好的理想或夢想，最後只能導致無窮的禍患。共產主義也好，民主主義也好，問題不在於人所設想的制度是否完美，而在於是否能蒙上帝的悅納，這也就是儒家「天人合一」學說的真義，與《聖經》的教導幾乎完全一致。楊博士並將耶穌的言行和孔子的言行作一比較，發覺他們二人的教導，竟有許多相似之處，如耶穌講「愛人如己」，孔子講「仁愛」；耶穌說：「你們願意人怎樣待你，你們也要怎樣待人。」（〈太〉七章十二節），孔子則說：「己所不欲，勿施於人。」等等。既然他們二人在道德教訓上不分軒輊，那麼作為一個中國人，又何必要信奉耶穌呢？楊博士在深思熟慮之後說：「我接受耶穌基督作我的生命之主，並不是因為他的道德教訓比孔子的更高明，而是因為他是全知全能自有永有的上帝的兒子。他是人，因為他經歷過人世間的一切苦難，深知人性的軟弱；他又是神，因為他是上帝的兒子，就像人的兒子必定是人，老虎的兒子必定是老虎一樣，上帝的兒子必定是上帝。而只有上帝有能力改變人的心靈，赦免人的罪，並賜給新的屬靈生命和永生的盼望。」

我們常聽到人們感嘆：「人心不古」、「人心叵測」、「人心險惡」等等，今天人世間一切問題的根本，就都出在這「人心」上。在中外歷史的長河中，雖亦不乏忠肝義膽、捨生取義的仁人志士，忠臣烈士，但卻始終無法改變世道人心日趨敗壞的趨勢。歷史很清楚的告訴我們，不論是哪一人主政，哪一黨治國，也不論法律規定多麼完備，道德教訓多麼嚴謹，竟都無法改變人的心靈。真正是「除祂之外，別無拯救」。（〈徒〉四章十二節）唯有耶穌基督的寶血，才可以洗淨人的罪，改變人的心，給人一個屬靈的生命，從而成為一個不同於「舊我」「老我」的「新人」，才能使人類獲得公平、和諧、喜樂、與安康，這就是本書的精義之所在，也是最感動人的地方。

「好東西要和好朋友分享」，對於這樣一本有血有淚有智慧有創意的好書，我樂於向讀者推薦，希望你來分享！

（一九九五年十月載於《真理報》）

六、血的警告 愛的保守

今生今世能夠移居溫哥華，實在是連作夢也未曾想到。正如《聖經・哥林多前書》第二章第九節所說：「神為愛祂的人所預備的，是眼睛未曾看見，耳朵未曾聽見，人心也未曾想到的。」

溫哥華四季分明，各有特色，處處都是公園，四季都有花開，而秋天的楓葉更是紅得和「二月花」一樣的美麗。就是每天坐在飯桌前吃飯時，也一樣可以欣賞藍天白雲，鳥飛蝶舞，綠草如茵，繁花似錦，真讓人心曠神怡，悠然自得。特別是退休之後，遠離一切紛擾，每天可以讀經、禱告、上教會，可以弄孫、看書報、看電視，有時和朋友們打球、散步、聊天、通電話，日子真過得十分充實愉快。而且溫哥華社會安定，交通便捷，人情味又很濃厚，不分種族膚色，大家見面都主動打招呼，顯得一團和氣，所以每天只覺得日子過得太快，恨不得將它緊緊抓住，不讓它溜走。難怪孔老夫子曾很感嘆的說：「逝者如斯夫，不捨晝夜。」這樣快樂美好的時光，就如此分分秒秒的像流水一樣，讓它從生命中溜走，實在是令人覺得可惜！

可是就在我滿心珍惜享受生命的時候，一件令人驚異的事發生了！

一九九六年十一月五日晚上六點多鐘，我看完電視新聞前往小解，正要按鈕沖水時，駭然發現小便池內一片紅色，我還以為自來水質有問題，可是等我按鈕之後，新沖出來的水卻是乾乾淨淨的。我又想可能是有什麼雜物進入，把水染紅了。然而等我八點多鐘再去小解時，發現竟然是我自己的小便帶血，才使得小便池內的水和先前一樣深紅。我立即為此突如其來的奇事迫切禱告，當時正好是我們查經小組在我家聚會，我怕驚動他們，乃關起門來輕聲的打電話請教家庭醫生，林醫師告訴我可能是膀胱出血，要我多喝開水，並約好第二天上午去看他。夜間我又起來兩次，小便仍是紅色，直到早晨七點，顏色才變為淡紅色。十一點宇兒陪我去看林醫師，他仍說可能是膀胱出血，要我先驗血液和小便，並立刻幫忙聯繫醫院。八日下午去照超音波時，負責的是一位年輕的技術員，他起先操作得十分順當，可是中途他卻突然停了下來，說要去找一個人來，我躺在那裡等了很久，才來了一位年長的女士，他們仔細觀察的結果，發現在膀胱右側的內膜上，長了一個小小的腫瘤，須看泌尿科的專科醫生。

十九日下午一點三十分依約去看 Dr. Gleave，他為我照過膀胱鏡後，決定要我明天到溫哥華總醫院去動手術，將那個小腫瘤摘除。我問他是否是癌症，他說是。宇兒聽後表情凝重，我回家後，即將實情告知吾妻支洪，兩個女兒和女婿很快也就知道了，他們起先很緊張，並一起為我禱告，後來他們看我很鎮定，也就比較寬心了。小女兒德寧還對我說：「爸！想不到你對主這麼有信心！」

二十日下午一時，宇兒送我到溫哥華總醫院辦理住院手續，住進七四七號病房，雖然這是該院的一棟舊建築，房間很小，僅可勉強容納四張床，探病的人連站的地方都不夠，但設備倒相當完善。是日晚間即不讓我進餐，夜間十點開始打點滴，作好一切手術前的準備工作。二十一日中午十二點三十分，要我取下眼鏡、手錶、戒指及假牙，雖然氣溫很低，亦要我脫下所有的衣服，只穿一件薄薄的醫院制服，將我連床一起推到預備室，在那裡等了一會兒，然後進入手術室，宇、南兩兒扶著病床送我到門口，我要他們放心去吃午飯，用不著擔心。似乎沒隔多久，只見Dr. Gleave在我床前一面翻閱資料，一面對我說：「很好，很好，醫生們都感到很高興。」我說：「謝謝！請問什麼時候開始動手術？」他大概看我迷迷糊糊，即示意送我回病房，當病床被推動時，我突然想吐，卻又吐不出來，因為我已二十多小時未吃任何食物，連開水都未喝一口，同時我又發現有一條相當粗的皮管插在尿道中，血水和尿液正大量的排出，這時我才知道原來已經動過手術了。而且手腕上有兩支注射筒正快速的將藥物和營養注入我的體內，護理人員則每隔二三十分鐘，即來為我量血壓、體溫和脈搏，並傾倒排洩出來的血水和尿液。他們的態度是那樣的親切友善，動作是那樣的嫻熟自然，就好像我是他們的親人和老朋友一般。

當我從手術室回到病房後，感覺一切都很正常，南兒和克光，寧兒和嘉明都到醫院來看我，七點多鐘，我便催宇兒回家。可是到了八點多鐘，我的血壓竟由九十—六十度逐漸降到七十—四十，護理人員的臉上失去了笑容，口中並喃喃自語：「為什麼？為什麼？」且立即為我戴上氧氣罩，我躺在床上，雖然並沒有什麼不舒服的感覺，但想到若萬一出現什麼緊急狀況，沒有親人在側似乎也不好，只是此時如打電話回家，支洪和宇兒等必定會很緊張，我想來想去不知如何是好，便躺在床上禱告。一方面感謝主讓我及時順利的割除那個小討厭，一方面詢問到底要不要家人到醫院來，禱告結果，覺得還是應該將事實告訴他們，果然不出我所料，宇兒接到電話後十分緊張，媳婦美琴立即將情況告訴媽媽，於是母子兩人便開車趕來，支洪在車上還一面禱告，一面流淚，可是當他們進入病房時，我卻早已睡著了。他們等了二十多分鐘，我才醒來，因為昨夜同房有兩個病友鼾聲很大，我一夜都未闔眼，所以我打完電話便不知不覺睡著了。醒來時再量血壓，已回升到八十—五十度，我向他們表示歉意，害得他們為我著急，要他們趕快回去，支洪卻堅持要留下來陪我。這一夜我睡得特別好，護理人員來為我量血壓和溫度時，我都睡得迷迷糊糊的。

手術後的第二天，我即下床行走，一切都很正常，只是尿道因插有輸尿管，感到不舒服。特別是下午五點多鐘時，可能因睡的姿勢有問題，導致輸尿管阻塞，一度極為脹痛難受，好在支洪很快即將護理人員找來，他用手將皮管使力一拉，尿液立即排除，脹痛亦隨即消失，使我迅速獲得了解救。晚上十點多，主治醫師 Dr. Gleave 來看我，他說情況很好，明天即可出院。可是十二點以後，我感到很熱，護理人員為我量體溫，已升到攝氏三十八度多，而且心情十分煩躁，一夜都未能入睡。

二十三日凌晨五時許，住院醫師一行三人來查病房，他們對我說今天不能出院，還要繼續觀察一天。六點三十分，輸尿管被拿掉了，使我感到前所未有的舒服。我立刻下床，在走廊上走了許久，感覺一切都已相當正常，只是排尿時仍有一些疼痛，尿液亦仍是紅色，說明內部仍在出血。次日上午十點多，宇兒來接我出院，我們到護理室辦出院手續，孰知根本沒有什麼手續可辦，我和護理人員說聲謝謝便回家了！

十二月六日，家庭醫師告訴我，溫哥華總醫院開刀後的化驗結果，證實那個被切除的小腫瘤，確實具有癌細胞，不過剛剛成型，即已全部切除了，且曾以高熱對其周邊部位加以燒烤，應該不會再有什麼問題，他要我放心，以後只須定期作追蹤檢查就好了。

遵照醫生的囑咐，其後每四個月即由專科醫生作膀胱鏡檢查，每次都很正常，我也很安心。可是去（一九九九）年五月，我因攝護腺肥大去驗小便，竟然又發現有血；經照超音波卻找不出原因，專科醫生Dr. Gleave懷疑是腸、胃或腎臟出血，他親自為我照X光片，要我站著、躺著，從正面、背面、左側、右側，翻來轉去，不知照了多少張，仍未發現那裡有毛病。後來家庭醫生又為我檢查甲狀腺與食道，亦未發現問題，我也就不以為意了！

由於攝護腺肥大，數年來一直困擾著我；特別是我每年都要回大陸探望年高的母親，深恐在大陸發生狀況，前司法院長林洋港先生，即在訪問大陸時無法小便而趕返臺灣，一下飛機即逕赴榮民總醫院。我的老家是在內陸，要兩個多小時的車程才能到宜昌機場，然後還要轉機，如果發生情況，不要說趕返溫哥華，即是到臺灣也很費周章。雖然許多長輩和好友都勸我「能不開就不開」，以免手術不好，帶來更多痛苦；但我經過多次禱告，還是和專科醫生約定八月十二日到溫哥華總醫院動手術。想不到我從手術室出來，並由恢復室回到七六一號病房後，宇兒告訴我，主治醫師 Dr. Gleave 已來看過我，他說攝護腺沒有動，因為在膀胱內膜邊緣又發現了一個小腫瘤，先將它切除要緊，攝護腺的問題以後再說。

一直到今天，我都好像還在作夢一般，要不是那天它流血，我根本就不知道膀胱裡面在長東西，因為它不痛不癢，毫無感覺；而且流血也只流了那麼四次，就沒有再流了，真是好奇妙。如果它不流血，或是血的顏色很淡，讓我根本看不出來，而那個小討厭卻在那裡偷偷的成長，等它有一天長大了，甚至擴散到其他的部位了，那時再去看醫生動手術，恐怕就已經為時太晚了。尤其是第二次出血，肉眼根本看不見，因為檢查攝護腺才驗出小便中有血，而且查來查去始終查不出原因；要不是禱告後決心動手術，那個小討厭也必定是在那裡暗暗的滋長，時日一久，可就麻煩了。因此，我相信這血必是主耶穌給我及時提出的警告，要我早作治療。因為《聖經．詩篇》第一二一篇說：「耶和華要保護你，免受一切的災害，他要保護你的性命。」〈以弗所書〉三章二十節也說：「神能照著運行在我們心裡的大力，充充足足的成就一切超過我們所求所想的。」我深信，能使瞎子看見、癱子走路、死人復活的全能的主耶穌，必用祂的眼看顧我，用祂的手托住我，用祂的大愛保守我！

七、痛不欲生「抗癌」記

我從小生長在一個極為偏僻的農村，當時土匪猖獗，經常日夜逃難；接著共產黨又搞所謂「農民運動」，到處清算鬥爭，打倒「土豪劣紳」。不久，抗日戰爭發生，萬惡的日本軍閥打到了我的家鄉，姦淫燒殺，無惡不作，慈祥的外婆已七十多歲，因來不及逃走，被其殺害。我家的房子也全部被燒燬，每天都在驚慌恐怖中逃亡。好不容易望到抗戰勝利，共產黨又稱兵作亂，使整個國家陷入更大的災難。到臺灣後不久，即檢查出患有令人聞之色變的肺結核，當時窮的連魚肝油都買不起，加之國破家亡，心情十分沉痛，其後奉派「駐越軍事顧問團」工作前後六年多。而那時的越戰打得非常慘烈，回想在我八十多年的歲月中，好多時候是在槍林彈雨中，好多時候是在驚濤駭浪中，好多時候是在死蔭的幽谷中。

然而想不到當我老年的時候，竟還罹患可怕的癌症。一九九六年（民國八十五年）十一月，發現小便有血，經醫生詳細檢查，發現膀胱表皮長了一個小腫瘤，在溫哥華總醫院開刀化驗的結果，證實是癌症。一九九九年八月和二〇〇一年十月，又發現小腫瘤，醫生又為我動手術。直到兩年前，也就是二〇〇三年十月，討厭的小腫瘤又出現了，醫生決定為我開刀。

但由十月延到十一月，又連續幾次，一直延到去年二月。經過一再的延期，使我心裡很不安穩，我是一個基督徒，只有每天向神禱告。正在此時，臺灣的朋友們來電話，希望我回去參加三月二十日的選舉投票。於是我和內子便一同返臺，並到榮總去檢查，結果和在溫哥華總醫院所檢查的結果一樣，並立刻安排開刀。我於三月十四日住院，翌日一早即動手術，一切都很順利，主治醫師張延驊先生並好心要為我作化療。我因根本不知化療的可怕，立即表示接受。第一次化療是將藥水(BCG)隨著「點滴」注入，沒有什麼痛苦，第二天即出院，並立即前往投票。因為要在臺灣繼續作化療，不能長期住在親友家中，因此我們即去看房子，買傢俱，很快就在淡水布置了一個新的家。

從第二次化療開始，改在門診實施，先驗小便，只要沒有血即可進行化療。由於是先將導管插入尿道，再將惡毒的藥水，經由導管輸入膀胱，感到極為難受，尤其小便時，更是痛的全身發抖。第一個療程六次，一周一次，雖然很痛苦，但總算還順利。

在住院期間，聽說化療可能會刺激宿疾復發，我因五十多年前曾患肺結核，相當擔心，乃到榮總胸腔內科去求診，江主任啟輝先生要我照X光、驗血及作肺功能測試。一切都很正常，他又要我驗痰。七月二十三日再去複診，江主任說驗痰的結果發現TB菌，並已通報各有關機關，在未呈現陰性反應前，不得上飛機，並開給我兩種「特效藥」，每天各吃六粒，最少五個月。當時我已在吃各種抗生素與消炎止痛、止血的藥丸，現在又要吃兩種特效藥，腸胃腎臟如何受得了？真使我的心情跌入谷底，除了呼求主耶穌拯救憐憫外，別無任何辦法！

支洪得知我的病況後，心情亦十分緊張，趕緊到榮總去照X光，所幸並無感染，使我稍覺寬心。惟當時兩人住在一起，飲食起居很難隔離，深怕感染到她，實在很痛苦。而我那時幾乎已沒有什麼食慾，每餐勉強吃一點，腸胃即感到不舒服，要趕快吃胃乳片。直到九月六日，胸腔內科的醫師施振甫先生親到病房來對我說：「經斷層掃描的結果，你並沒有TB，不要再吃藥了！」聽到這一佳音，滿心感謝上帝，這可怕的「無妄之災」，總算到此為止，我也就如釋重負了！

六月十八日開始第二療程，因為小便一直有血，直到第四週，也就是七月九日，那是一個永生難忘的日子。那天驗尿結果沒有血，主治醫師張先生很高興的說：「今天可以作化療了！」可是那天非常不幸，負責化療的竟是一位毫無經驗的年輕小伙子，而且動作非常粗暴。他剛說為我擦消毒藥水，就立即將那很粗的導管使力的插入尿道，使我痛的不得了。我說：「你怎麼未打麻藥？」他卻理直氣壯的說：「還要打麻藥嗎？」這時一位女士（可能是管理員或技術指導員）上前來，拍拍我的肩膀說：「伯伯，下次我親自為你作！」可是從此以後，再也沒有「下次」了。因為從那天以後就一直大量尿血，而且還有許多血塊，真是痛的令人無法忍受。尤其十幾分鐘即要尿一次，不分晝夜都是如此，使我連續三個多月，都無法睡眠。不但體力消耗殆盡，而且精神更顯得非常恍惚，使我深深體驗到什麼叫做「痛不欲生」，什麼叫做「生不如死」的苦況。我因痛的實在無法忍受，有一天在和內人一起禱告時，我說：「主啊！賞賜的是你，收回的也是你，我現在祈求你將我收回，我現在就希望能到你那裡去，因我實在不能再這樣忍受下去了！」內人沒等我禱告完，立刻大聲說：「你怎麼可以這樣禱告！我們要祈求主好好醫治你，求主早日救你脫離這苦痛！」

當時我們住在七樓，往下一看，佳木蔥蘢，綠草如茵，真是一片美景。我想只要從陽臺上往下一栽（我已沒有力氣跳了），所有的痛苦就立刻可以解脫了。可是就在這時，我裡面有一種微弱的聲音對我說：「你是基督徒，你是主耶穌用血和生命，把你從死亡罪惡過犯中拯救出來的，你不能羞辱主的名，你不能就這樣想要自我了斷！」我猛然醒悟，想到主在十字架上為我所受的苦，所受的痛，所受的羞辱，再大的苦痛，我也必須堅強的忍受下去！

正如《聖經》上所說：「壓傷的蘆葦祂不折斷，將殘的燈火祂不吹滅。」（〈以賽亞〉四十二）沒過幾天，主治醫師張延驊先生對我說：「經過斷層掃描和各種檢驗，未再發現癌細胞。」說也奇妙，我就這樣逐漸好起來了，並於十二月十二日回到了溫哥華。

今年三月二十二日上午，當我入廁時，未走幾步，竟突然暈倒。待我感到嘴巴痛時，睜眼一看，整個人倒在走廊的地磚上，地上流了許多血。家人將我扶起，並叫救護車送去醫院。經檢查腦部和胸腔幸未受傷，只是嘴唇和牙齒傷得甚重，門牙掉了一顆，斷了七顆。再經驗血，方知是由於長期尿血，導致嚴重貧血。經過數月來打針吃藥，並吃一些補血的食物，現已逐漸康復了。每天散步，也感覺越來越輕鬆了，衷心感謝主耶穌的恩典和尊長與朋友們的關懷愛護，特別是溫哥華與臺北兩地的牧師與弟兄姐妹們的愛心禱告！

（二〇〇五年十月載於《真理報》）

悼念尊長師友

一、永懷恩師汪憲五先生

我是一個農家子弟，從小生長在一個十分偏僻但卻相當幽美的山區，由於交通不便，幾乎與外界隔絕，很多人一輩子都未進過城，都未見過汽車、火車、輪船，整天所見到的就是那些熟悉的人，熟悉的山，所以我小時候除了從私塾的老師讀書外，就是幫忙做家事，如放牛、挑水、砍柴、以及一些農田的工作，而且有時還要逃土匪，從這山逃到那山，日子就這樣一天天的過去，直到民國二十七年夏天，情勢才有了改變。

這年七月的一天，剛從宜昌鄉村師範學校畢業的鄉親汪憲五先生，受聘為當陽縣立淯溪小學的教務主任，他和他的堂兄汪源清先生（他是我們老鸛窩最具影響力的士紳），一同來到我家，力勸三伯父（明森公號槐三）准我到淯溪河去讀書。由於十年前，共產黨在江西、湖南、湖北一帶大搞農民運動，我們老鸛窩及各地區出外讀書的青年，很多都被其吸收，當了共產黨員，回到家鄉後，即不分青紅皂白，展開「打倒土豪劣紳」，實施血腥屠殺，及至國民政府實施「清黨」之後，又大肆反撲，將所有參加共產黨的青年，亦都趕盡殺絕。雙方屠殺的結果，地方上的精英幾全部遭殃，所以鄉下人都不敢再把子女送到城裡去讀書。現在情勢已趨穩定，憲五先生和源清先生特來勸說三伯父，准我出外讀書，他們所持的理由是我家的經濟狀況不錯，我讀書的成績又很好，同時將來還可以為地方服務。三伯父看在他們兩位的分上，這才同意我到淯溪去報考「高等小學」，即小學五年級。

考試的結果，我很僥倖得以第一名的成績，進入淯溪小學五年級上學期就讀，惟那時由於日本鬼子的瘋狂進犯，不僅北平、天津、上海、南京等重要城市相繼淪陷，即湖北省的黃梅、廣濟、蘄春、大冶、黃陂等縣，亦相繼失守，日軍的飛機更是肆無忌憚的飛臨各大小城鎮大肆轟炸，學校為了保護學生的安全，每天提前吃過早飯後，即由老師們分別率領到鄉間，好像母雞帶小雞一樣，尋求可以掩護的地方上課，淯溪河沒有高山，只有一些丘陵，而丘陵又都是光禿禿的，沒有樹林可資掩護，所以老師們只好將學生帶到農家的田莊或河邊的樹蔭下，這樣長久在外，不但炊事們到各處送飯很辛苦，而男女學生在露天大小便，亦多所不便，更重要的是武漢三鎮在這（民國二十七）年十月二十六日亦被日軍攻陷，情勢甚為緊張，學校經過審慎研究，報請上級核准，決定提前放寒假，讓學生各自回家，以免遭受日軍飛機的轟炸。

等到第二年新春開學時，學校已搬到距淯溪河約二十餘公里的普濟寺了。我入學以後一直未見過的校長周景頤先生亦已辭職，而由教務主任汪憲五先生正式接任校長。他率領全校師生，慘澹經營，使我們有一個比較安定的讀書環境。並利用假期，帶領我們師生到各地去作抗日宣傳。記得有一齣街頭劇，劇名叫「放下你的鞭子」，劇情大意是說一位老爺爺，帶著小孫女在街頭賣唱，向觀眾討賞錢，以維持生活，小孫女由於生病，唱的不好，老爺爺生氣，拿起鞭子打她，觀眾認為這個老爺爺太狠心，群起喊打，要他「放下你的鞭子」。這時小孫女即跪下向觀眾求饒，說明由於日軍殘暴侵略，全家都遭受屠殺，只有他們爺孫兩人得以逃過毒手，彼此相依為命，沒有吃，沒有住，爺爺非常辛苦，說的爺孫兩人哭成一團。並說這一切都是日本鬼子所造的孽，大家唯有團結一致，打敗日本軍閥，爭取抗戰勝利。那個老爺爺即是汪校長親自扮演，不知贏得多少人的眼淚和捐獻。

又有幾次，在各地演出「三江好」，那「三江好」是一個漢奸，亦是由汪校長親自擔任，由於他演得太逼真，觀眾情緒激昂，高聲喊打，我們師生即連忙將校長圍住，並大聲喊說：

「他是我們的校長，千萬不能打！」觀眾則吼叫：

「校長怎麼會當漢奸？打！」

汪校長立即抹去臉上的化妝，莊嚴大聲的對觀眾說：

「這是演戲！我真的是校長！各位看漢奸是多麼可惡，多麼可怕，我們要團結起來，打殺漢奸，打倒日本帝國主義！」

普濟寺雖位於山區，交通不便，但學校每天均派人到淯溪河去採購各種食物與用具，又將部分廟產田地分給各班學生，在課餘時鋤地種菜，既可鍛鍊身體，又可增加菜餚。有時雖然也跑警報，但躲在山溝裡上課，夏天也很涼爽舒適，所以這一年多的學校生活，可以說過的相當平靜愉快。

但好景不常，民國二十九（一九四〇）年五月，日本軍閥集中七個師團的兵力，分向鄂中、鄂南及豫南進犯，隨縣和棗陽立即展開會戰，有名的國軍第三十三集團軍總司令張自忠中將，並在棗陽會戰中陣亡，戰況極為慘烈。

六月一日，鄂北的重鎮襄陽市亦告失守，這時校長汪憲五鑒於情勢十分危急，決定提前舉行畢業考與期末考，可是就在六月三日的晚上，忽然有幾個穿著制服的逃兵，慌慌張張的跑到我們學校，一面跑，一面喊：

「日本鬼子已到了觀音寺！」

天呀！觀音寺這個市鎮，距離我們學校不過才二十多公里，兩個多月前，我們還利用春假，前往演戲唱歌，從事抗日宣傳活動，返校時，途經白石港，由於溪水暴漲，將我們所乘的破舊渡船沖入漳河，漳河的水勢更為洶湧，船上所使用的撐竿根本失去作用，差一點使我們慘遭滅頂。現在日本鬼子如使用騎兵，一個衝鋒便可立刻到達學校，於是趕緊向校長和老師們報告，校長立即派人到前面山崗上去觀察，這時天色已晚，但見觀音寺那邊一片火紅，原本擁有幾百戶商店的觀音寺，已被日本鬼子付之一炬！汪校長眼見情勢危急，乃當機立斷，命令全校師生集合，由低年級的師生領頭，前往丁家河！

當時學校師生雖僅兩百多人，但低年級的同學年紀很小，走得很慢，尤其天色漆黑，鄉間的山路又是羊腸小徑，上坡下坡，必須摸索著前進，我們是畢業班，被安排在最後，我因被選為學生自治區的區長，更是走在最後的一人，當時心中十分著急，因為前往丁家河，必須經過廣善坡，而廣善坡距觀音寺比學校距觀音寺還要近，但我們又必須通過廣善坡，才能到達丁家河，然後才能進入連綿不斷的高山叢林，獲得大自然的保護。

當前面的師生到達廣善坡時，當地正有國軍嚴陣以待，以防日軍利用此地的小路進攻當陽與遠安，今見我們大批師生到來，深恐影響作戰，要我們立即退後。經汪校長和他們交涉，才允許我們迅速跑步通過，當時同學們都已走得筋疲力盡，但為了逃命，亦只有拼力前行，等我們剛剛過了廣善坡，準備到傅正桂同學家裡去吃早飯時，天色已露出曙光，日軍的飛機即已飛臨頭上，開始掃射，同時廣善坡亦已槍砲聲大作，我們原以為日軍會順著漳河南下，直趨淯溪鎮與當陽城，誰知日軍竟兵分兩路，一路進攻淯溪、當陽，一路則取捷徑，由山區小路，經廣善坡、水田灣、石馬糟等地攻取遠安，再分進合擊，進攻宜昌。當兩軍相接時，砲火十分熾烈，我們心驚膽戰，只得俯伏地面，各自利用地形地物掩護，任憑子彈從頭頂飛過，不敢動彈，有時子彈就落在身邊，真是十分危險，經過幾個小時的戰鬥，槍聲漸遠，我們才慢慢從叢林中爬過山頂，前往丁家河，到達訓導主任丁健中及其鄰居家中飲水吃飯，並迅速進入山林。由於走了一天一夜，加之天氣酷熱，沒有吃，沒有喝，大家都十分疲憊難過，但能保住性命，已算不幸中的大幸！

日軍的進攻十分快速，只一個星期，即於六月十二日攻占由長江進入四川的門戶宜昌。其後這兩百多男女同學，便一直在校長汪憲五先生的率領下，由丁家河、黃白寺、老鸛窩及鄰近的地區流亡，一方面要供給住宿食物，同時又要照顧其健康與安全，真是費盡心力。直到局勢逐漸穩定之後，方由家長們經過連繫一一接回，而那已是半年以後的事了。

我雖然住在十分偏僻的鄉間，兇殘的日軍卻仍時常前來騷擾，姦淫燒殺，無惡不作，且行動飄忽，防不勝防，不但生活沒有保障，生命更感受威脅。那時由於當陽縣已被日軍占領，縣政府經過一段時期的流徙，最後選定我家附近盤龍埡的一幢汪家大宅，作為辦公室的處所，特請憲五先生擔任教育科長，他每天經過我家門前去上班，看到我又在放牛及作一些農田的工作，認為長此下去，乃是對青春的一種浪費，便極力鼓勵我到後方去讀書，並說政府為了搶救淪陷區的青年學生，訂了許多優待辦法。在他的鼓勵和安排下，獲得堂兄祖鑑（號藻卿）的同意，乃和丁冰人、高澤權、汪裕九等四人，於民國三十年臘月初一，在我家會合後，一起向湖北與四川兩省交界的咸豐縣甲馬池進發，經過二十多天在風雪中的艱苦跋涉，終於陰曆年前到達位於群山峻嶺中的甲馬池墨池寺，經過測試，得以進入搬遷來此的湖北省立秭歸初中就讀。

時光荏苒，三十三年夏參加咸豐縣各初中聯合畢業考試後，位於恩施的三民主義青年團湖北支團部的書記劉先公（先雲先生），和第二組組長胡兆和先生、副組長鄭耀漢先生，他們一向愛護青年，看我和任藝華學長平時對團務工作極為熱心，家鄉又已淪陷，沒有經濟來源，便叫我們利用暑假，到支團部去「打工」，幫忙整理一些資料，開學時發給一點零用金，以便購買文具紙張，那時憲五先生亦已來到恩施，在湖北省訓團擔任股長，我見到他時，特別感到親切，因為我離家兩年多，他是我見到的唯一親人。有天晚上，他約我到清江橋頭見面，是夜月白風清，人車稀少，師生兩人沿著清江橋至土橋壩（第六戰區司令長官部所在地）的路上來回行走，邊走邊談，似有說不完的心曲，汪老師很關心的問我：

「你的志願填的是哪個學校？」

我說：「省立第九師範。」

汪老師說：「為什麼填師範？你的成績一直很好，應該讀高中！」

我說：「我喜歡教書，老師不也是師範畢業嗎？」

汪老師說：「我和你情況不一樣，你以後還可以升大學，一定要讀高中！」

我說：「我一個流亡學生，食宿全靠政府供給，自己身無分文，哪有條件讀大學，想都不敢想！」

汪老師說：「現在大學也有公費，只要你考得上，而且我相信你一定可以考得上，我去找教育廳，請他們按照你的成績分發！」

一個多月後，我接到通知，分發省立第七高中，這是當時全省最好的一所高中，就在恩施附近的金子壩，同時我的好友任藝華學長也分發七高，今後我們又可以在一起了，真是太好了！

就在這年秋季，日本軍閥由於在太平洋作戰失利，調集五十萬大軍，拚命向我國內陸大舉進犯，長沙、衡陽相繼失陷，桂林、柳州亦告失守，接著並攻占貴州的獨山，使陪都重慶為之震驚，當時最高領袖蔣委員長盱衡國內外情勢，認為盟軍反攻形勢已成，民心士氣高昂，為加強對日作戰的實力，並建立現代化的國防軍隊，乃發動「知識青年從軍運動」，經他振臂一呼，全國各地的知識青年都熱烈響應，掀起了中國有史以來最偉大的一次從軍熱潮，我們省立七高的師生更是踴躍簽名，參加了「一寸山河一寸血，十萬青年十萬軍」的偉大行列，經過體檢後，我們於民國三十四年元月二十日，集體前往四川萬縣青年遠征軍二〇四師辦理報到，並被編入六一〇團第一營第二連。

憲五先生向來熱愛國家，在此關鍵時刻，他亦簽名從軍，並被甄選到重慶青年遠征軍編練總監部幹部訓練團受訓，然後分發二〇四師六一二團督導員室，擔任第一股少校股長。駐在萬縣三正埠，距離我們六一〇團一營二連，不過三十多華里，經過連繫後，我曾數次利用假日前往拜謁，師生見面，均穿著軍服，別有一番滋味在心頭。

民國三十四年八月，日軍天皇宣布無條件投降，消息傳來，全國上下都歡欣鼓舞、狂喜不已。傷天害理殘暴兇毒的日本鬼子終於投降了，我們從軍抗日爭取最後勝利的目的業已達到，因此蔣委員長本著他一向愛護青年的心意，於民國三十五年二月，指令軍事委員會設立青年遠征軍復員管理處，並於五月二日下達青年軍復員令，規定青年軍各師的志願從軍的青年，自六月一日起開始離營復員，並規定六月三日為青年軍復員節。

然而正當大家興高采烈，積極準備復員時，竟突然傳來噩耗，恩師汪憲五先生車禍喪生，令人悲痛萬分；當即與汪萬象、汪潤茂諸鄉友，連夜趕往三正埠六一二團團部去祭悼。原來這天上午，憲五先生與十餘位官兵搭乘一輛軍用大卡車，前往萬縣師部去洽公，當卡車由三正埠出發不久，行至一個名叫黑龍潭的地方，正欲轉彎時，碰巧迎面有一臺人力板車，正逆向沿著山邊拼命向前爬行；卡車司機發現後深恐撞倒板車，乃急速向左閃躲，由於是下坡，又是急轉彎，且路面又十分狹窄，因此卡車一下子便衝到數十公尺深的河谷去了，車上十餘人頓時全部遇難，造成極大的不幸。

汪老師的靈柩，當時安葬在三正埠附近的山上，次年春天，我在宜昌高中讀書，設法先由三正埠運到萬縣城內，再僱一艘木船，運到宜昌西壩，暫厝於泰和庵內，然後寫信給憲五先生的堂兄汪源清（開癸）先生，他是我們老鸛窩最受尊敬的賢達人士，請他派人到宜昌來運回，當運抵當陽縣城時，縣政府和許多教育界的人士以及學生曾舉行祭典，最後安葬於老鸛窩的鳴張坡，與祠堂崗遙遙相望，我每次返鄉探親，都要到墓前去憑弔祭拜，去（二〇〇三）年清明節前，他的長女家芬女士又鳩工修墓，並豎立一座巨大的墓碑，就更可永垂不朽了。現在想來，幸喜當時能不顧一切，將汪老師的靈柩運回來，否則後來隨著局勢的演變，恐怕連墳墓都找不到了。說到這裡，真要感謝四川籍的倪明仁學長，因有他的鼎力相助，我才得償心願，但倪學長五十多年來，一直音訊渺無，我返鄉探親時，曾多方打聽，沒有任何回應，他的音容笑貌，常在我腦際浮現，但願故人別來無恙，將來有一天能再相見。

汪師母陳大秀夫人，我第一、二次返鄉探親時曾去拜候，可是當我第三次回去時，她已於西元一九九〇年春逝世。他們唯一的兒子很小即已夭折，長女家芬師妹與遠安縣前共黨「黨委書記」張鴻潤結婚，育有一子三女，現住宜昌，兒孫滿堂，且均勤勉奮發，事業有成，惟其夫君已逝世多年。次女家芳之夫君程邦楚，為當陽市「財政局」的處長，育有兩男三女，因家芳逝世時子女尚幼，汪師母特到程家幫忙照顧撫育，現均已成家立業，亦足堪告慰恩師在天之靈。

汪老師生於民國三年，三十四年殉難時，年方三十一歲，英年早逝，實在是國家的重大損失。他當時因環境限制，未受過高等教育，但他好學深思，博覽群書，且天資聰明，口才便捷，態度尤其親切自然，所有與他接觸過的人，無不對他十分欽佩，尤其青年軍的同志，不論是大、中學生、公務員及社會青年，對他都十分愛戴，樂於與他接近，聽他分析時事、講述人生，並送他一個雅號「紅頭火柴」，意即到處可以發光發熱。至於他對我的關懷愛護、教誨培育，更是恩重如山，六十年來時時銘刻在心，永遠感激不盡。

二、哭恩師王化公

忠厚誠篤、熱情勇敢、公爾忘私、國而忘家的王上將化行老師，竟於今日（十月五日）凌晨一點，因肺功能衰竭，撇下他所熱愛的國家、民族與家人、親友，安息於主懷了，這真令人萬分不捨，萬分悲痛，我忍不住傷心痛哭。

九月三日，我返國後第一次去看他，他還很健康，並握著我的手久久不放。十日上午再去看他時，他仍親切和藹，並準備去教會參加聚會。次日因發燒住進三軍總醫院，我去看他時，他仍很清醒，只是插著管子，不能講話。看到他痛苦的神情，我按手在他額上禱告時，不禁痛哭失聲，他的眼眶也含著淚珠，直到他安詳的入睡後，我才離開。其後又去看他兩次，每次都按手為他禱告，因看他痛苦而流淚，而他每次在禱告後都顯得比較安詳。最後一次去看他，是十月三日的上午，想不到他第二天夜間竟即與世長辭，此一傷痛的事實，真是令人無法接受！

民國四十年初，我在政工幹部學校研究班第一期讀書時，王化公是訓導處長，其後升任教育長。畢業後我被分發至空軍第十大隊第一〇三中隊任政治指導員；兩年後，調回學校革命理論系擔任教官，化公那時已榮任校長。在那一段時間，只有集會時聽他動人的講演，或在「理則學教室」迎接由他親自引領前來參觀的中外貴賓。直到民國四十九年四月一日，他召見我和時任軍官外語學校教官的陳褆上尉，囑我們隨他前往越南訪問，才有機會隨侍在他身邊一起工作、一起生活。

王化公應越南共和國的邀請，第一次前往訪問（前後共訪問九次），雖然已是四十多年前的事，但迄今仍記憶猶新。他不但在深入越南軍中各階層及各級政府參觀後，能針對實際需要，提出各種革新方案，並要我針對越南的歷史背景、政治情勢、社會需要，以及參照我國人本哲學與人本政治，為吳廷琰總統撰寫他所倡導的「人位主義」，化公並花很多心血詳加審核修正。當時因時值夏天，氣候炎熱，每天穿著西裝在各地參觀訪問，都是汗流浹背，晚上有時還要赴宴，回到旅社後，才能開始寫作。由於時間倉促，又缺乏參考資料，而自己又沒有學識，每夜都絞盡腦汁，弄到兩、三點才上床，可是躺在床上，根本無法入睡。而天亮以後，又要準備當天的工作，化公看我神色不對，怕無法長期堅持下去，於是拿安眠藥給我吃，這是我生平第一次吃安眠藥。因此我才知道長期以來，化公老師由於工作忙、責任重、壓力大，早已在吃安眠藥了。而當時化公正是四十五歲的盛年，頭髮卻幾乎掉光了，可見他是何等的辛勞。由於化公所撰寫的各種革新方案，深獲吳廷琰總統的心意和需要，他特別請化公對越南全國高級將領與中上級軍官講演，雖經過翻譯，仍獲得如雷的掌聲與衷心的敬佩。所以吳廷琰曾對他身邊的人說：「如果我有這樣一位將軍就好了！」

化公第一次訪越三個月，接著又應吳廷琰的邀請，率領「奎山軍官團」在越南工作一年，民國五十一年元月返國。為了與越南政府保持聯繫，合作反共，同時也感謝我國駐越大使館及一些駐越單位的協助，特以兼團長王化公的名義，擬了一些信稿，於元月十二日中午，趁化公回家午餐時，送請核可後繕發。化公在看完信稿後，囑我一起吃飯，席間他問我：「當教官多久了？」我說：「六年多了！」化公說：「這麼久了，來為我當祕書好了！」

本來我對教書一直很有興趣，覺得讀書、教書、寫書，乃是人生一大樂事。且當時我對傳統邏輯已稍有心得，正準備花幾年工夫，好好研究數理邏輯，如果我對數理邏輯也能有一些心得，那麼我在邏輯方面，便會稍有一點點成就。現在化公要我當祕書，當然是對我的信任和愛護。他是長官，更是老師，實在不能推辭，當接到調職令後，即於四月十四日前往介壽館報到，我的內心即是去「試一試」。

當時的總政治部（民國五十三年起改為總政治作戰部）設在介壽館五樓，即是在頂樓，主任、執行官和三位副主任的辦公室都在西邊。那時沒有電梯，沒有空調，而且屋頂又是鐵皮，一到夏天，烈日當空，真像烤箱一般，大家都熱得喘不過氣來。尤其下午四點以後，太陽偏西，陽光更是登堂入室，辦公桌椅都被曬得燙燙的。而每天的公文又很多，有些還是急件，必須立即處理。尤其快到下班時，更是大量湧來，要花許多時間和精力，還有許許多多的信件，亦是一大負擔。

說到王化公的忙，真是令人難以想像，一天到晚都是在開會、講演，批閱公文、接聽電話、接待來賓，找相關人員研究問題，並且常常深入基層看部隊，到各外島了解官兵生活與防務實況，並想盡辦法為官兵提供許多精神與物質上的設施，讓官兵能全心全意為保國衛民而犧牲奉獻。化公會暈船，但他為了關心官兵和防務，常常乘船到馬祖、東莒、西莒、東引、高登、亮島，並曾多次前往東沙群島，且曾不畏長途顛簸勞頓，搭船前往南沙群島。在他的腦海裡，只有國軍和國家，完全沒有想到自身的辛勞與安危，真正做到了「以國家興亡為己任、置個人死生於度外」。在工作極為繁重的情況下，每天中午在汽車大隊搭伙，由士官長傅恩玉用飯盒拿到辦公室來吃，他還說伙食很好，要我們一起搭伙。飯後如沒有特殊事情，他就坐在那張藤椅上稍稍閉目養神。週末和禮拜天，他一樣到辦公室，有時在同一時間，有幾家請他證婚，只得先在辦公室吃一碗麵，再去趕場。

王化公的講演特別受到歡迎，我想不僅是因為他有高深的理論、豐富的學識，尤其重要的，是他所講的每一句話，都是發自內心的真誠。記得他有一次奉命出國訪問還未歸來，而陽明山革命實踐研究院的學員很快就要畢業，主辦人員急了，幾次來電話催詢，主辦人並說：「如果化公不能來講演，我們這一期就白辦了！」我聽後嚇一跳，趕緊對他說：「老兄，請你千萬別這樣說，這話如果讓別人聽到了，不但對化公不利，對你們今後邀請講員也會受影響！」

我曾在化公身邊工作了六年多的時間，從未聽到他說過一句重話、一句私話或一句假話。他總是那樣嚴以律己、寬以待人，處處以身作則、以德服人。而不論到哪裡，皮包裡總是放著一本書，稍有空暇即拿出來閱讀。三十多年來一直為他開車的張席珍士官長，雖已退役多年，兒孫滿堂，現在卻仍每天都到化公家裡幫忙照顧家務、料理膳食，看到他對化公那份真誠，內心非常感動，若不是化公待他親切和善，現在他已年老體衰，為何還能這樣盡心盡力毫無條件的付出！

化公老師最令人敬佩的，是他一生的真實熱忱、重視情感。當他早年在江西追隨蔣經國先生「建設新贛南」時，有一次奉派到重慶去受訓，走到貴州境內，和他一同前往受訓的同志忽因病不起，他傷心地將他埋葬，並對他的遺體說：「等我受訓回來，一定將你帶回去！」後來在回程時，他真的將墳墓掘開，拾起已腐的屍骨，裝入袋中揹回贛南。一九六三年十一月，西貢發生政變，越南總統吳廷琰被其部將殺害，化公在辦公室閱報時掉下眼淚。我想他不僅為吳廷琰被殺而難過，也為越南軍民的不幸而難過。民國五十八年，陳禔上尉因患肝癌而住臺大醫院，化公曾多次前往探視，而當陳禔去世時，他顯得非常悲傷。民國六十四年先總統蔣公崩逝後不久，國防部在復興崗舉行軍事會議，化公在作專題報告時忍不住痛哭失聲，許多將領亦感動得掉淚。而在經國先生逝世時，化公在巴拉圭當大使，在舉行追悼會時，他忍不住放聲大哭，使得前來參加追悼會的巴拉圭總統史托斯納爾及文武官員都深為感動。而最令化公傷心欲絕、痛不欲生的，乃是他的夫人胡香棣教授因小產血崩而告不治，他曾哭倒在地，久久無法釋懷。

民國七十七年七月三日凌晨五點，化公偕同夫人熊慧英教授自巴拉圭返國，這是他在經國先生逝世後第一次回國，因為接到通知要他回來參加黨的第十三次全國代表大會。那天是星期日，又是淩晨，很少人去接機，他一上車就說：「去慈湖。」在慈湖謁陵之後，即轉往頭寮，他肅立在經國先生靈前很久很久。我站在他的旁邊，看到他黯然神傷、熱淚直流。上車後，他很輕聲地說：「到七海。」雖然未事先稟報，但蔣方良夫人仍然和他們談了一個多小時。後來蔣方良逝世，化公前往祭悼，傷痛不已。

化公因受經國先生的知遇、教誨與提攜，不論經國先生給他什麼職務，他都是全力以赴。即使外放巴拉圭當大使，亦是不辭勞苦、盡心協助巴拉圭政府在窮鄉僻壤建立農牧示範村，並幫忙建立肥料廠與合作社，積極發展經濟，改善農民的生活；又為華僑創立學校，解決僑生的教育問題，贏得巴國政府與人民，以及僑胞們的衷心敬佩與愛戴。

縱觀化公老師的一生，他武官做到陸軍上將，文官做到特命全權大使的特任官，黨職做到中國國民黨的中央常務委員，在學術界他是拿到「紅皮書」的部聘教授，而且曾以《國父思想》一書獲教育部頒發學術獎章，韓國檀國大學頒贈榮譽法學博士學位。而且兒孫滿堂，其樂融融，尤其公天、步天、曉天、立天四位師兄與王華、波兒、小隸等三位師姐，均聰穎勤誠、學有專精，各自擁有自己的事業，且均遵守父親的囑咐，不碰政治。人生能有如此成就與福分，在中外歷史上實不多見。民國八十一年，化公從巴拉圭卸任特命全權大使返國，那時他已七十八歲，大家以為他會含飴弄孫、安享天年，誰知他又和學術界的好友們研商，成立「促進中國現代化學術研究基金會」，一心要結合兩岸優秀的學術人才，以卓越的智慧與力量，積極促進中國現代化的完成。因為中國現代化的完成，即是三民主義的具體的實現。一向對王化公持批判態度的《新新聞周刊》，其發行人司馬文武（江春男）先生曾對化公有以下的評述，他寫道：

其實，王昇本人自始至終都是一位好學謙虛，沒有官架，生活儉樸、關心別人，以廉潔著稱的長者。他曾說：「我若是革命大道上的一粒細沙，也要是潔白無瑕的。」他只知道責任重大，拼命工作，而不了解自己有何權利，也不了解為何那麼多人誤解他、痛恨他。（《新新聞周刊》第二七六期三十五頁）

化公老師十多年前即已信奉耶穌基督，他常常為他忠愛的國家富強與人民幸福禱告，今天他已奉召進入天國，安息主懷，且必已獲得「公義的冠冕」，此時我們心裡雖然極為痛苦難捨，但深信總會有一天，能在天國裡相見！

化公，您永遠是我最敬愛的恩師！

（民國九十五年十一月十一日載於《永遠的化公》特刊）

三、藝華兄 您永遠活在我心中

元月二十六日清晨五點，任大嫂周蕙芳來電話，她說：「藝華二十三日因心臟病在成大醫院開刀，今天四天了，還一直昏迷不醒，我不能不告訴你！」

這突如其來的惡耗，使我心驚膽跳、坐立不安，只有跪地禱告。其後每隔幾小時，我即以電話詢問狀況，所得的答覆都是說：「不好！很不好！」二十八日晚間六點三十分（臺北時間二十九日上午十點三十分），任大嫂又來電話，她悲戚無力說：「藝華已於今天上午九點走了！」我不禁痛哭失聲，支洪亦傷痛流淚，因為從今以後，我再也沒有像藝華兄這樣一位肝膽相照患難與共的知心好友了！

我和藝華兄是民國三十年讀湖北省立秭歸初中時認識的，那時的省立秭歸初中，為了躲避日軍飛機的轟炸，遷到湖北與四川兩省相接，極為偏僻的咸豐縣甲馬池的墨池寺，那真是人煙稀少叢山荒野的不毛之地。他雖高我一班，但我們一見如故，他也是當陽縣人，由於我們功課都很好，又都被選為班長，校長何欽朋和老師們都對我們特別關愛照顧。

當時由於家鄉淪陷，音信斷絕，心裡感到十分孤單寂寞。尤其物質缺乏，生活維艱，而又身無分文，完全靠公費供應。每天兩餐乾飯，一餐稀飯，規定是三成包穀（玉米），七成大米，但因質量有限，根本吃不飽，所以常有「搶飯」的情形。尤其有時由於食米供應不及，只得以包穀煮稀飯，由於包穀缺乏黏性，煮熟之後，水是水，包穀是包穀，只有先喝水，再吃包穀。即使是稻米，也常有稗子和沙石，常會碰傷牙齒。早餐的菜餚，只是一小盤黃豆，放在地上，八人一桌，圍蹲在地上享用，且有時間限制，值日老師哨音一響，便要立刻放下碗筷，集合站隊，根本吃不到幾顆。午、晚餐亦只是一小盤萵苣，或是油菜、黃瓜、南瓜、蘿蔔、洋芋等，差不多都是我們學生自己栽種的。一個月才打一次「牙祭」，即是可以吃到豬肉，如果能吃到肥肉，便更感到欣喜，因為實在太缺乏脂肪了。由於沿海均被日軍侵占，根本買不到鹽，而且即或有鹽，價錢亦很貴，我們流亡學生根本買不起。好在四川出產一種「鹽巴」，灰灰烏烏的，須經高溫炒過，才能放進菜裡。食油則是用茶籽榨出來的，也要經過高溫，味道澀澀的，可能也沒有什麼營養，所以我們每天都在飢餓中煎熬。雖然偶然也有附近居民前來賣油果、烤紅薯和洋芋片，但因身無分文，只能望物興嘆！

冬天寒風刺骨，雪飛霜降，因為廟裡走廊沒有牆壁，雪花會飄進寢室，甚至飄到床上，靠近走廊的同學們只有用衣服或毛巾裹著頭，以防受寒。每天早上則要拿著臉盆到附近山溝去取水洗臉，並用臉盆端水回來供廚房使用，好在那些山溝的水多是泉水，從石縫中湧出，並未結冰，否則天寒地凍，可連飲水都成問題了！

時間久了，原從家裡帶出來的鞋子穿壞了，只得自己學著打草鞋，穿著草鞋在雪地上走，那是永遠難以忘懷的感受。在物質生活極為艱苦的時候，惟有友情最為珍貴，我和藝華兄總是互相關懷鼓勵，所以我們的成績，一直是班上最好的，除了音樂（也是班上最高分），每一門課幾乎都是滿分！

民國三十三年六月，參加由省教育廳所主辦的咸豐縣內四所省立初中聯合畢業考試以後，即蒙三民主義青年團湖北支團部來函，調我到支團部去打工，藝華兄則在半年前畢業後即已前往工作，於是我們兩人又可以在一起了，而且是在同一個辦公室和同一個寢室。那時的支團部位於恩施東門，幹事長為省主席陳誠上將兼任，書記則為劉先雲先生。劉先生來臺後，歷任臺灣省教育廳長、臺北市教育局長、教育部社教司長、常務次長、中華電視公司總經理、考選部政務次長及考試院祕書長等要職，在見到我們時，仍十分親切關愛。我們在支團部打工兩個月後，接到省教育廳的分發通知，欣喜我和藝華兄都獲分發當時頗負盛名的省立第七高中，就在恩施附近的金子壩，我們即遵時前往報到，支團部並發給我們一點零用錢，讓我們用來購買文具紙張。而且很幸運的，我們兩人又是同一個教室，同一個寢室。

我國對日抗戰，到民國三十三年，已進入第八個年頭，也是最艱苦的時刻。日本軍閥曾揚言「三月亡華」，現在眼看已打了八年，卻越陷越深，尤其它瘋狂的偷襲珍珠港，更引來美軍對日軍的猛烈攻擊，形成兩面作戰。日本軍閥為了挽救其失敗的命運，乃調集五十萬大軍，企圖孤注一擲，先在河南發動猛烈攻勢，占據鄭州、洛陽等城市，接著又攻陷湖北的襄陽、公安，復渡長江南下，攻占湖南的長沙、衡陽，並沿湘桂鐵路，攻占桂林、柳州，再進而攻陷貴州的獨山，距離貴陽僅六十公里，使陪都重慶為之震驚。在這種強敵壓境危急存亡的緊要關頭，全國最高領袖蔣中正委員長乃發出號召，呼籲全國知識青年從軍，共同為爭取抗戰的最後勝利而犧牲奮鬥，並以「十萬人」為目標，三個月內完成徵召。經各種新聞媒體報導與各級政府與學校宣達後，我與藝華兄立即響應，簽名從軍，毅然獻身神聖的救國軍營。

民國三十四年元月五日，恩施地區體檢合格的從軍青年，奉命到湖北省訓團報到編隊，並接受各界的慰勞和歡送。元月二十日我們即集體前往四川萬縣青年遠征軍二〇四師辦理報到入營，我和藝華同被編入六一〇團第一營第二連，隨即展開訓練。而藝華兄入伍不久，即被選送重慶中央訓練團政工訓練班受訓，結業後分發六一〇團戰砲連擔任少尉幹事。我則被選送團的軍士訓練隊受訓，預定結業後返回第二連當班長，可是就在快要結業前，卻接到師部的命令，調我到團部督導員室第二股當少尉股員。督導員室就在萬家壩的萬家祠堂，與戰砲連相距不到一百公尺，我和藝華兄每天晚餐後又可在一起散步聊天，並研討問題，仍像在學校一樣。而在假日時，七高的同學們常來督導員室聚會，因萬家祠堂十分寬敞，打球聊天，各隨所願。

民國三十五年五月，青年軍奉命復員時，我和藝華兄又同被分發湖北省立宜昌高中。畢業後一同到武漢投考大學，竟又一同考取湖北省立農學院。藝華兄為農藝系，我為農業經濟系，兩人且又同住一個寢室。

三十八年元月，國軍在徐蚌會戰失敗，傅作義竟在北平搞「局部和平」，其他各省亦曲意附和，甚至對堅決反共的領袖大肆誣衊，妄指他為「和平」障礙，總統蔣公中正乃於元月二十一日引退離京，情勢顯得極為險惡。我們就讀於武漢三鎮各大專院校的青年軍同學二百餘人，經廣泛討論的結果，咸認惟有忍痛犧牲學業，前來臺灣再度獻身國家。因此即於四月八日清晨，從武昌徐家棚火車站，乘粵漢線到達廣州，然後再至黃埔港乘海桂輪，於五月十二日抵達高雄。我們先到鳳山陸軍軍官學校第四軍官訓練班，接受孫立人將軍所主持的「新軍訓練」，結業後，我和藝華兄都被留在學校服務。民國四十年七月，政工幹部學校成立，舉辦第一期招生，我和藝華兄又同時考取研究班，而且又是被編在同一個中隊。直到四十二年四月畢業，他分發省立臺南一中擔任軍訓教官，我則分發嘉義空軍第十大隊第一〇三中隊擔任政治指導員。由於兩地相隔不遠，我們仍可以經常見面，此後藝華兄便一直在教育界服務，歷任成功大學軍訓教官、省立臺南高農訓導主任，五十三年被空軍總部徵召，前往屏東東港擔任至公中學校長，其後奉調省立新化農工、省立佳冬高農、及省立臺南高農等校校長，到他七十八年二月退休，從事教育工作整整三十六年。由於他熱心誠懇，公而忘私，以身教言教，為國家社會作育了許多英才，獲得所有師生的一致尊敬，及政府與長官的諸多獎勉。

相交五十五年來，我和藝華兄真是推心置腹，肝膽相照，從他身上我發現許多優點，而最令我感受深刻的，則是以下數點：

第一是宅心仁厚：他待人接物，完全出於真誠的善意與愛心。他不僅對長輩尊敬，對同事友善，對學生尤其喜愛。他常說：「辦教育就是要把不好的教好，把好的教得更好」，所以他反對動不動就開除學生。他曾數次對我說：「我不怕學生調皮，很多有成就的人，當學生時都很調皮。如果學生一調皮就開除，那是放棄責任，讓他去為害社會，根本違背教育的本意。」他家的阿巴桑，一做就是三十多年，這位阿巴桑誠然是勤懇和順，值得欽佩信賴，但他們伉儷完全把她當親人一般對待，所以她現在雖已兒孫滿堂，家道小康，猶不忍離開。

其次是大公無私：藝華兄常對我說，他當校長絕無私心，對老師和員工都一視同仁。六十九年他到某校（姑隱其名）接任校長不久，有一位主任自恃和他是老朋友，又是小同鄉，在學校時間又久，便在人事與課務方面有所偏袒，引起許多老師不滿，他得知後立刻加以糾正。數年前，發生中學校長涉嫌收取回扣的案件，一經披露，輿論譁然，我細看名單沒有他，正如他在電話中對我所說：「你放心，我乾乾淨淨。」藝華兄當了二十五年校長，不論在營繕工程或採購方面，他都做到了涓滴歸公，勿欺於心。

第三是節儉樸實：藝華兄雖然當了四個學校的校長，卻從未住過「校長宿舍」，一直是住在他夫人周蕙芳女士所配得的臺南女中的宿舍裡。這宿舍可真是袖珍型的，客廳只能擺四張小小的椅子，浴盆只能坐著洗澡，兩間臥室也是小小的，但他們住了三十多年，從未嫌它簡陋狹小。熱水瓶已經老舊得壓不出水來了，需要喝水時，他就將蓋子打開，用杯子到瓶裡去舀水。每天去學校，他都是騎他那輛舊得不能再舊的機車，並且自己在院子裡鋤土種菜，他可以說完全是過的一種農人的生活。

十二月三日我來溫哥華之前，曾於十一月二十一日與內子支洪和戴校長立強兄，一同前往臺南去看他們伉儷。當時任大嫂住在奇美醫院，她因腎臟衰竭，已洗腎數年，這次又因腳趾瘀血而動手術，我們都勸她要堅強、要忍耐，她卻說：「我自己算不了什麼，只是太拖累他了！」藝華兄則說：「我們相依為命，我是無怨無悔！」面對這一對恩愛夫妻的款款深情，著實令人感動。而他們的三個兒女培根、婧英和婧薇，亦均聰穎勤奮，卓然有成，且均純正孝順。正期他們伉儷能悠然自在，享受人生，孰知他竟溘然長逝，何等令人傷痛！謹綴一輓聯，藉表內心的悲戚與哀思：

相交五十五年　肝膽相照　患難與共
握別六十六天　人天永隔　草木同悲

（民國八十四年二月十二日載於《臺灣日報》）

四、享譽中外的孫立人將軍

民國四十四年八月二十日，臺灣所有報紙都以頭條新聞刊登：

總統命令：參軍長孫立人上將，因匪諜郭廷亮案引咎辭職，應予照准，並派陳誠、王寵惠、許世英、張群、何應欽、吳忠信、王雲五、黃少谷、俞大維等九人組織調查委員會，秉公徹查。

這一則消息，真是令人十分震驚，一位戰功彪炳，享譽中外，貴為總統府參軍長，且曾為陸軍總司令的孫立人上將，竟因「匪諜」關係而辭職，實不可思議。其後並有許多傳言，但真相究竟為何，不得而知。只聽說孫立人已經被「軟禁」，變成了張學良第二。直到民國七十七年三月，國防部長鄭為元上將到臺中拜訪孫將軍，告訴他：

「今後可以到任何想去的地方，見任何想見的人。」

被軟禁了三十三年的孫立人，這才恢復了自由。

在孫立人將軍恢復自由前後，海內外掀起了一陣「翻案風」，認為孫立人是被有心人設計陷害，必須為他洗刷冤屈，還其清白。惟俗話說：「無風不起浪。」何況孫立人將軍戰功彪炳，舉世聞名，且極得總統蔣公中正的賞識與倚重，為何會遭到如此重大的風波與重擊？直到一九八八年（民國七十七年）以後，美國國家安全會議、國務院及中央情報局等機構陸續將一些有關的檔案解密，從那些文件中，才使我們恍然大悟，原來這股風暴是來自太平洋的彼岸。這裡特根據楊毅周先生著《轟動臺灣的孫立人案今破解》第五章❶及沈克勤先生著《孫立人傳》第二十二章❷，摘要引述如下：

一九四九年（民國三十八年）二月，美國駐華大使館參事莫成德（Livington T. Merchant）在祕密外交電報中，建議由孫立人主持臺灣省政。一九四九年五月莫成德又提一項建議：「美國如願保衛臺灣，則應大量提供軍經援助，並要求將臺灣海空軍基地交由美軍使用，全部軍隊交由孫立人指揮。」

一九四九年六月二十三日，美國國務院政策計畫處主任肯南（George F. Kennan），向美國國務院和國家安全會議提出《處理臺澎問題報告書》，其要點為「聯絡菲、澳、印尼、巴基斯坦、紐西蘭等國，各派一支象徵性的兵力，會同美軍占領臺灣」，「邀請孫立人將軍加入占領軍的新政權，如孫立人願意接受，則美國分化中國駐臺軍隊的工作，即告成功」。

一九四九年秋，美國助理國務卿魯斯克（Dean Rusk）請他服役時的長官麥里爾准將（Frank

❶《炎黃春秋》一九九四年七月號，頁一九至二九。
❷沈克勤著《孫立人傳》（下），頁七〇二。

Merrill) 前來臺灣，探詢孫立人有無「救」臺灣的「一些計畫」。

一九四九年十二月，美國駐臺北總領事克倫茲 (K. Krentz) 告訴孫立人，「如果他同意控制」國民政府，美國「將會徹底支持他」。

一九四九年十二月二十八日，美國海軍部遠東事務特別顧問白吉爾上將 (Admiral Oscar Badger)，責問我國駐美武官皮宗闞和總統特使董顯光：「為什麼身為臺灣防衛司令的孫立人，沒有充分的權力，為什麼還有人干預他的工作！」

一九五〇年二月十一日，麥克阿瑟元帥派專機到臺灣接孫立人去日本，面商機密。

一九五〇年二月二十日，美國國務院中國科擬訂一份「臺灣政變草案」(Draft Coup in Formosa)，建議由孫立人為政變指揮官，以「反共、保臺、聯美」為政變主旨，推翻總統蔣中正所領導的政府。

一九五〇年四月二十七日，美國駐華武官白里特 (David Barrett) 與孫立人接觸後，謂孫立人建議採取「劇烈的行動，以挽回狂瀾」。

一九五〇年五月三日，美國國務院計畫處官員尼茲 (Paul H. Nitze)，在一次祕密會議中，建議由孫立人發動政變，以推翻總統蔣中正的「假設性」方案。

一九五〇年六月十九日，美國國務院召開對臺政策會議，擬訂一項「極機密」的計畫，以最嚴密的方式通知孫立人，如果他願意發動政變，以軍事控制全島，美國政府將提供必要的軍事援助。

一九五〇年六月下旬，孫立人經由美國密使前美國第七艦隊司令柯克，向魯斯克遞送一份密函，表示願意領導兵變，推翻總統蔣中正的政府，並要求美國予以支持，至少予以默許。這份密函魯斯克深恐外洩，會對孫立人不利，當場即行毀掉，但卻已告知國務卿艾奇遜，艾奇遜並已呈報總統杜魯門。

據美國國務院中國科的文件顯示，美國國務院所擬議的「政變日期」(Target Date) 為六月的最後一個週末，即六月二十四日或六月二十五日。然而就在六月二十五日，韓戰爆發了，美國的對臺政策完全改變了。當天晚上，杜魯門即下令第七艦隊進入臺灣海峽，防止中共對臺灣的進攻，同時亦監視中華民國政府停止對大陸的一切海空攻擊。

從以上所引述美國檔案資料，可見孫立人上將在美國多方策動下，只有一次有「回應」，但那一次遞送給魯斯克的「密函」，又被魯斯克「當場即行毀掉」了，並未留下直接證據。所以孫立人是否曾接受美國的誘導，決心發動政變，推翻總統蔣公中正，仍不十分明確。

美國在日本帝國主義於一九三七（民國二十六）年七月七日，發動對我瘋狂侵略以來，一直隔岸觀火。直到一九四一年十二月八日，日軍偷襲珍珠港，使美國遭到重大損失，美國這才開始對我提供軍、經援助，對抗共同的敵人。其後當戰爭轉趨對美國有利時，美國即對我國有所挑剔。及至戡亂作戰時，美國對我更是百般刁難，強迫我政府與中共和談，處處遷就中共，打擊我軍士氣，並慫恿李宗仁競選副總統，造成我內部分裂。

孫立人將軍安徽舒城人，民國前十一（西元一八九〇）年十月十七日生，封翁熙澤公是前清舉人，伯父浤澤公進士及第，一門書香，忠厚傳家。他於民國十二年清華學校畢業後，即前往美國普渡大學，獲得土木工程學士學位，再進維吉尼亞軍校，於民國十七年學成歸國。初任南京中央黨務學校學生大隊副大隊長，旋任陸軍教導師學生連連長，兩年後調任陸海空軍總司令部侍衛總隊上校副總隊長，民國二十一年調任財政部稅警總團上校團長，時年三十二歲。

民國二十六年七月，對日抗戰爆發，孫立人率部參加淞滬戰役，升任第二支隊少將支隊長。在防守蘇州河作戰時，身上中彈十三處，立即被送進上海醫院急救，當傷勢穩定後，再送至香港醫院療養；康復後，調升緝私總隊中將總隊長，在貴州都勻負責訓練部隊。

民國三十一年春調任新三十八師師長，奉命率部遠征緬甸，進住曼德勒。四月十四日，英軍第一師和戰車第一營在仁安羌，被日軍兩個聯隊和一個戰車營包圍。日軍又以一個大隊飛快占據拼牆河北岸的港口，阻絕英軍救援。英軍在情勢極為危急時，請求我軍救援；孫立人奉命後，因所屬部隊均已有重要任務，能調用的只有兩個營。他即親自率領兩個營的七百餘人，星夜急行軍，趕到日軍駐地，並分成幾支小部隊，展開拂曉攻擊。日軍在睡夢中驚醒，以為是天兵下降，措手不及，嚇得抱頭鼠竄，結果日軍丟下一千多具屍體，逃出了陣地，使英軍第一師的七千餘官兵得以獲救。另有傳教士和新聞記者等亦被救出，創造了舉世聞名的仁安羌大捷，使中國軍隊贏得世人的尊敬與讚譽，英皇並頒贈孫立人將軍「英帝國司令」勳章（Commander of British Empire，簡稱 C. B. E.）。

民國三十三年，孫立人調升新一軍軍長，奉命反攻緬甸。在野人山區，經過極為艱苦的戰鬥，終於擊潰日軍的五個師團及一個獨立旅，得以打通中緬公路。旋應歐洲盟軍統帥艾森豪威爾上將的邀請，並經呈奉核准，前往歐洲戰場訪問。民國三十四年八月，日本天皇宣布無條件投降，艱苦的對日抗戰終於獲得最後勝利，孫立人即班師回國。三十五年，奉命前往美國華盛頓參加聯合國參謀長聯席會議，時因中共在蘇俄的強力支持下搶奪東北，戰況十分激烈。孫立人奉召回國，立即前往東北，率領新一軍官兵，奮力光復四平街與長春等重要城鎮。同年十月，調任第四綏靖區司令兼長春警備司令，連續四次擊退共軍的攻擊，贏得東北同胞的一致讚譽。但因與當時的東北保安司令長官杜聿明意見不合，孫立人只得忍痛辭職，長春議會和市民挽留不成，紛紛以淚眼相送。其後錦州、長春、瀋陽等重鎮相繼失守、整個東北不幸全部淪喪，司令長官杜聿明倖免於難。但後來在徐蚌會戰時，杜聿明竟被中共俘虜，關進「集中營」。

民國三十六年七月十五日，政府任命孫立人中將為陸軍副總司令兼陸軍訓練司令，他即物色幹部成立陸軍訓練司令部，簽請調任賈幼慧中將為副司令，唐守治少將為參謀長，下設第一、二、三、四處及體育、新聞、軍法、副官、營務、編譯等處，並親到各地實地考察，最後選定臺灣鳳山為訓練基地，設立校官隊、尉官隊、士官隊，及陸軍軍官學校第四軍官訓練班，召訓部隊的各級幹部，再由幹部積極訓練部隊。

民國三十八年八月，青年軍二〇一師訓練完成，由師長鄭果少將率領，由高雄乘輪抵達金門，配屬第二十五軍，與由胡璉將軍所領導的第十九軍，負責防守金門。十月二十四日深夜，共軍的第二十八軍與第二十九軍，乘著黑夜與漲潮，對金門發動攻擊。結果被二〇一師及友軍擊斃五千餘人，俘虜七千三百四十一人，使共軍全軍覆沒，無一生還，造成著名的古寧頭大捷。

民國三十九年三月一日，總統蔣公中正在全民喁望和擁戴下復行視事，即任命孫立人為陸軍總司令兼臺灣防衛總司令，並晉升陸軍上將。孫總司令即對從大陸撤退來臺的所有部隊，積極加強整編訓練，並成立步兵、砲兵、裝甲兵、及特種兵等學校，實施專科訓練；復按期徵收新兵，實施嚴格訓練，使國軍很快即成為一支堅強壯大能征慣戰的勁旅。至民國四十三年連任任期屆滿，奉調總統府參軍長。

民國三十八、九年間，我在鳳山所見到的孫立人將軍，年屆五十，鬢髮斑白，但膝下猶虛。軍中傳言孫立人因在上海抗日作戰時，傷及生殖系統，無法生育，致其原配張晶英夫人虔誠禮佛。其後卻與張梅英夫人連生兩子安平、天平，兩女中平、太平，都長得英俊秀美，才華橫溢，分別獲得博士學位，且均事業有成，家庭美滿。

民國七十七年十一月二十五日，農曆十月十七日，為孫立人將軍九十華誕；他的故舊門生特於十一月二十七日，在臺中市中正國小大禮堂舉行祝壽大會，前往拜壽的有四千餘人。當孫將軍蒞臨會場時，會眾掌聲雷動，熱浪澎湃，很多人感動得流淚。兩年後的十一月十九日，孫將軍因肺炎敗血症而溘然逝世，享年九十一歲，一代名將，走入歷史！

（本文於民國八十九年四月十日、七月十日，載於《湖北文獻》第一三五期、一三六期。）

五、敬悼于豪章將軍

我第一次見到于豪章將軍，是民國四十一年的元月十日，那時我在北投復興崗受完兩月的入伍訓練，遵照創辦人總政治部主任蔣經國將軍的指示，到部隊去「當兵實習」，與士兵一起操作，一起學習，深入了解士兵的實際生活與心理狀態。

我們研究班同學所到的第一個部隊，即是負責臺灣北部海岸防衛作戰的陸軍第六軍第三三九師一〇一五團，團部設在淡水忠烈祠，團長即是于豪章上校。他身材魁梧，氣宇軒昂，態度誠懇，語言中肯，大家一見便都有一種親切感。同隊的陳典熹學長在入伍之前，是該團的副團長。他說于團長本為少將，陸軍官校十二期畢業，很早即進入陸軍大學深造，又曾前往美國裝校高級班及美國陸軍參大特別班受訓，由於成績優異，深獲總統蔣公中正的賞識，選為侍從參謀。三十八年元月蔣總統引退時，他隨扈到溪口，又在重慶保衛戰中，擔任軍事幕僚，可謂出生入死，歷盡艱險。

來臺後，繼續扈侍蔣中正總統，負責軍事作戰業務，眼見局勢已趨穩定，他乃向總統蔣公中正請求到部隊去歷練隊職，並願降低一級，蔣總統甚感欣慰嘉許，即准予調為上校團長。

四十二年調任海軍陸戰隊參謀長，翌年升任副司令，四十六年九月，奉調陸軍第四十九師師長。由於領導有方，績效卓著，民國四十七年年終校閱時，榮獲師級第一名。民國五十一年元月，調升陸軍第八軍軍長，晉升中將。兩年後，奉調陸軍總部參謀長。同年九月，調任海軍陸戰隊司令。由於他的精心擘劃，卓越領導，使海軍陸戰隊成為享譽國際的勁旅。五十七年一月，奉調國防部副參謀總長，贊襄戎機，促進國軍戰力成長。五十八年七月，榮膺陸軍總司令，同時晉任陸軍二級上將，時年五十一歲。

于總司令一直是公正廉明，沉著堅定，踏實務本，果斷誠信，氣度恢宏，學貫中西，喜怒不形於色，獲得全軍官兵一致的愛戴敬重。他除了重視領導統御，加強行政管理，拔擢優秀幹部，鼓勵求新求變外，特別重視訓練，他曾一再強調：「萬事莫如訓練急，訓練就是作戰。」並極力爭取經費更新裝備，以建立機械化、立體化的陸軍為目標，尤其重要的是他建立了陸軍輕航空隊，更提升了陸軍立體作戰的能力。

民國六十三（西元一九七四）年十二月下旬，陸軍第八軍的第十七師與陸軍第十軍的第六十八師，依年度訓練計畫，在林口至楊梅地區，舉行師對抗實兵演習，由第十軍擔任統裁。

十二月二十七日演習進入高潮，一向極為重視部隊訓練的總司令于豪章上將，率同總部政戰部主任張雯澤中將，各相關署長、副署長，及第一軍團司令苟雲森中將等前往視導。上午看第十七師，中午在第十軍軍部午餐後，繼續前往第六十八師師指揮所。為了節省車行時程，統裁部臨時調來兩架直升機。孰知起飛不久，天候突變，一時狂風大作，兩架直升機竟被強風捲起，相繼摔落地面。其中一架且在地面翻了兩次跟斗，機身全毀。機上乘員張雯澤中將、苟雲森中將、馮應本少將，陸總情報署長、後勤署長、通信署副署長，總司令部參謀主任，以及隨行的參謀與機員共十三位極為優秀的將領和校、尉級軍官，竟當場全部罹難，那真是國軍建軍以來最大的一次空難。參謀總長賴名湯上將獲悉後，立即下命停止演習，所有參加演習的部隊盡速返回駐地，並嚴加戒備。

總司令于豪章上將當時亦被摔得昏迷不省人事，所幸他的侍從參謀高華柱少校（其後晉升上將，歷任師長、軍團司令、陸軍副總司令、聯勤總司令，馬英九就任總統後，再度要他擔任退除役官兵輔導委員會的主任委員，現已調任國防部長，精明幹練，忠誠勇敢），雖身負重傷，仍強忍劇痛，拼命爬到路邊，攔了一輛計程車，將于總司令送到中壢新國民醫院急救。行政院長蔣經國先生接獲報告後，立即趕到醫院探視。因鑒該醫院設備簡陋，立即指示以最快速度，送到臺北三軍總醫院。經急救後逐漸甦醒，但當時的三軍總醫院亦無法進一步為于總司令施行手術。蔣院長又指示盡速搭乘美軍後送專機，由于夫人高瑜女士、陸總情報署副署長林克承上校（其後晉升中將，歷任史政編譯局長、國防部後勤參謀次長及駐美國防採購勤務團長等要職，忠勤幹練，有情有義，對國軍貢獻卓著）、三軍總醫院神經外科主任施純仁（以後曾任行政院衛生署長）、胸腔外科主任姜席錚及兩位護士，組成隨護醫療小組，陪同前往美國華盛頓華特瑞陸軍總醫院（Water Reed Army Medical Center）治療，醫療小組抵美後不久即回國。由於于總司令的每根肋骨都已斷成兩三節，尤其背脊骨在墜機瞬間衝力過劇，亦被壓扁，使得大腦的指令無法傳達，腹部以下所有的神經都已失去功能，致使下半身完全失去知覺。因此不久又轉入紐約的魯斯克復健中心 (Rusk Rehabilitation Institute) 進行復健，他們給于總司令雙腿套上銅架，要他扶著鐵槓，靠著兩臂的支持力，一寸一寸的練習走路。雖然疼痛萬分，但他仍咬緊牙關，全力以赴。經過將近一年的治療，始終無法站立起來，于總司令自忖如繼續留在美國，恐亦不會有更好的治療。乃於六十五年元月九日離美回國，仍到三軍總醫院鍥而不捨的繼續接受復健治療。每週五天，每天兩小時，他都風雨無阻，做完醫生所指定的復健項目。正由於他這種堅強的毅力，使他雖然半身不遂，卻仍能保持相當不錯的體能，同時也贏得醫護人員和陸軍官兵一致的敬佩。

猶記民國六十三年四月十二日上午，我到大屯山八煙去看部隊，正好遇見于總司令也在那兒巡視。我向他敬禮，他和我握手，一如往日一樣的親切自然。因為我先去中湖，所以到的較晚，沒有多久，他即說要去基隆的光復營區，我又陪他前往。他在巡視和離開時，神情一直十分愉快。孰知第二天卻接到總部的人事命令，調第六十九師某營某連未按課表操作，師長甯××少將著記過一次。當時使我真感到很不好意思。

于豪章總司令就是這樣一位雍雍大度，氣宇軒昂，望之儼然，即之也溫的長者。他一直非常注重訓練，一再要求各級部隊長要建立「軍隊本務除了作戰，就是訓練」的觀念。為求達到部隊訓練精實，他規定要「全員訓練、正常訓練、有效訓練」，而其最基本的要求，則是要照「訓練週課表」實施，非經權責單位核准，不得變更。不料那天他到八煙巡察時，竟發現有一個連犯了大忌，未按照課表操作。但他並不像其他的高官，當場即橫眉豎目，大發雷霆，以顯示其威風。他只是對事不對人，為了貫徹命令，落實訓練，不得不給予適當的處分，並通令全軍，警告各級部隊，務必要照著課表操作，否則亦將受到處分。這就是他做事認真，講求實效，不得不採取的一種措施。

于總司令墜機時，年方五十六歲，正是春秋鼎盛，聲譽崇隆，功勳顯赫，如日中天之際，且他擔任總司令已連任一次，並早已屆滿。當時軍中內外，大家都認為他是接任參謀總長最理想的人選，如無此一不幸事故發生，我們的國軍，我們的國家，必定會另有一番新氣象。然而結果卻讓他在輪椅上渡過二十餘年的痛苦歲月，民國八十八年四月十九日與世長辭，享年八十二歲。這實在是我們國軍和國家不可彌補的重大損失，亦是他和其家人最大的不幸，留給我們的乃是無限的追思與懷念。

六、懷念阮成章將軍

阮成章將軍於民國八十九年九月二十二日辭世安息，到現在已兩年多了，可是他的音容笑貌，卻仍常在我的眼前出現。好多時候，也會在夢中相見，他的神態風範，仍和以往一樣，總覺得他仍在我們中間。

㈠赴越工作　為國爭光

我第一次拜識阮將軍，是在民國四十九年十二月，奉派赴越工作的時候。因為那年元月，前越南共和國總統吳廷琰前來我國訪問，在參觀軍事演習時，眼見我三軍健兒士氣高昂，戰技精良，十分欣賞。當他得知我國軍官兵待遇還不及越軍的一半時，更感到驚異。因此在與蔣經國先生會晤時，特提出要求，希望我政府派遣一位將軍前往越南，協助其整軍建軍工作。我國防部乃簽派時任政工幹部學校校長的王昇將軍，率領陳禔上尉和筆者前往。經過三個月深入各階層考察訪問，提出一些具體的改革意見。吳總統非常滿意，並要王將軍對全國高級將校講演，更獲得熱烈迴響與讚譽。

王將軍返國後，吳廷琰進一步要求我政府派遣一個七人軍官團長駐西貢，協助其防止越共滲透，加強敵後工作，訓練政戰幹部，建立政戰制度。我政府為了協助友邦共同反共，乃同意派遣七人軍官團，以王昇將軍為團長，阮成章少將為副團長，劉戈崙上校為參謀長，楊浩然、陳玉麟、陳禔及筆者為團員。經過短時間的籌備，我們於民國五十年元月二日飛抵西貢，本來我們都帶有嶄新的軍服，還特別製作了禮服，但越南政府因當時處境特殊，委婉要求我們穿著便服。因此王昇將軍特電請國防部核准，以「奎山軍官團」為化名，於是在西貢，奎山軍官團便成了一個很響亮的名字。

初見阮將軍時，看他濃眉大眼，一臉嚴肅，心想今後在工作上可能會遭到責難。可是當在一起開展工作後，才知他是一位公正熱誠和藹可親的長者。當時團長王昇將軍規定我們每天都要舉行早餐會報，各人報告前一天工作的情形與當日工作的計畫。

元月十五日下午二時三十分，我們全團軍官在王將軍率領下，前往總統府向吳總統作簡報。越方參加的人員有總統府的軍事特別顧問、防衛旅司令、國防部各廳、署長以上重要主官。簡報前，王將軍向吳總統介紹奎山軍官團軍官，吳總統一一握手。接著王將軍說明簡報項目與程序，其中一項為「政治作戰研究班教育計畫」，由阮將軍報告。簡報完畢後，王將軍再作補充說明，並提出一些建議。吳總統聽後非常高興，他說：「越南和中國好像兄弟，又好像親戚，關係特別密切。因為我們是一家人，所以你們來越以後，我們並未特別招待，希望能夠原諒。今天的簡報很好，教育計畫很完善，可以就按計畫實施。……」

按照那個教育計畫，我們奎山軍官團要擔任十五門課，共四百四十小時，還要負責教育與訓導的行政工作。團長王將軍並要我們按照他所擬訂的每一門課程講授內容，每一小時撰寫三千字的教材，所以每個人都不分晝夜趕寫。

政治作戰研究班於五月二十四日上午九點舉行開訓典禮，由總統府部部長兼國防部副部長阮廷淳主持（部長由吳廷琰親自兼任），參謀總長黎文己上將、越南各高級將領、各國駐越武官及本團全體軍官，均應邀觀禮。本期招訓對象為陸軍團級以上與海、空軍、傘兵、陸戰隊、機關、學校、醫院、工廠同等政治作戰機構之正副主官，名額為一百二十人，訓練期限為十六週。由於課程內容新穎，學員學習熱烈，進展極為順利。該班於十月十四日訓練期滿，舉行畢業典禮，吳廷琰總統親臨主持，副總統阮玉書及各文武官員、各國駐越使節，均應邀參加。吳總統親頒畢業證書，在致詞時對本班教育的成功，極為嘉許，對本團的精心策劃與全力協助，尤深致感謝。後來當他在總統府接見本團軍官時，他很感性的說：「你們對越南共和國作了極大的貢獻，這種貢獻絕不是任何金錢財物所能買得到的，所以我特別贈送你們每人一座勳章，以作為紀念。」

由於政治作戰研究班的反應極為良好，越方又要求我們辦理初級班，人數仍為一百二十人。因我們在越工作的時間只剩兩個月，所以教育期限縮短為八週，教育對象則為全軍各級重要幕僚與教官。於是我們便一面為研究班上課，一面為初級班編教材。該班十一月一日開訓，次年元月二日畢業，而在畢業典禮之前，正式為我們頒勳。據說這是越南共和國成立以來，第二次為外國軍官授勳，在此之前，只曾頒給美軍駐越軍事顧問團團長威廉將軍。

㈡深入敵後　死裡逃生

阮成章將軍師範學校畢業時，正值日本軍閥瘋狂侵略我國，他激於愛國熱忱，乃投筆從戎，考入軍事委員會戰時幹部訓練團。因其智慧超群，成績優異，畢業時被分發擔任軍事情報工作。初任第九戰區的諜報組長，在工作中殫精竭慮，不畏險阻，一心以救國救民為己任。當武漢會戰、長沙會戰時，曾冒險犯難，深入敵後，屢獲重要敵情，致使參戰的國軍能轉危為安，獲致重大的勝利。

民國二十九年秋，阮將軍對戰區當面的六萬多偽軍，展開有計畫的策反、聯絡、掌握運用，並個別賦予番號，使其成為戰區的地下部隊。這些地下部隊，除負責情報蒐集、傳遞外，並在戰區重大作戰時，從敵後展開各種策應工作，有著很大的貢獻。

其後第六戰區司令部在恩施成立，專設研究室，負責情報工作的設計、訓練、部署、派遣、指導、研判等工作。阮將軍先任參謀，因表現傑出，很快即升任副主任，接著又升任主任。他更發揮所長，全力開展，在他卓越領導下，使研究室成為一個極為嚴密精準的情報網。故當有名的鄂西會戰與常德會戰等重大戰役發生時，由於能掌握敵情，洞燭機先，因而能使國軍獲得輝煌的勝利。特別是鄂西會戰大捷時，最高統帥蔣中正元帥親蒞恩施，頒發勳獎章以嘉勉全體將士的英勇與辛勞。

一九六一年在西貢時，有天晚餐後的空檔時間，陪阮將軍散步，談到抗戰時恩施和武漢的情形，因我也曾在那裡讀過書，阮將軍一時興起，憶起當時的工作情況。他說有一次，他帶著日本的假鈔，到淪陷區去實地了解敵情，並慰勉工作同志，卻不幸在行程中被日軍拘捕，關入監獄，坐水牢、遭毒打，並用鹽水倒灌鼻子。日本鬼子使出種種酷刑，一心要逼使他招認，他受盡折磨，誓死也不吐露自己的真實身分。由於被拘時間較久，第六戰區司令部以為他已殉難了，特報請中央追贈少將。當時我聽得很緊張，便問他在那種情形下，如何能脫離虎口，活著回來？他說在進入淪陷區之前，就想到如果被俘，將如何脫險。因此他一進入淪陷區，即找幾個重要的漢奸頭目，分別和他們吃飯、照相，並將底片交給得力的同志保管。所以當他被日軍拘押毒打時，即想盡方法透過特殊內線，通知那幾個漢奸頭目，要他們趕緊設法營救。如果一旦他被日軍處決，那些照片即會被公布，他們也就難逃日本鬼子的毒手了。那些漢奸得知訊息後，果然想盡辦法，將阮將軍救了出來！聽他講述這一段驚險故事，真替他捏一把冷汗，其情節正如他在手著的《為中國人建檔》鉅著中所寫「易水寒的故事」（頁二五一——二六五）一樣，令人深為感動。難怪中央電影公司以之為主題，攝成「揚子江風雲」間諜鬥智影片，贏得千萬人的感佩與讚美！

民國三十四年八月，日本天皇宣布無條件投降，阮將軍奉命隨戰區前進指揮所，最先進入武漢，擔任接收武漢地區日軍投降的任務。他將所屬「研究室」的二十四名諜報軍官化裝成憲兵，一方面執行憲兵任務，同時負責武漢地區的地下工作，執行特種協調任務。受降工作完成後，又臨時組成武漢軍憲警聯合督察處，阮將軍奉派兼任副處長並執行處長的職務，負責維護武漢地區的治安工作。後來武漢警備總部成立，阮將軍奉派為稽查處長，負責肅奸防諜，打擊宵小。他特別採用政治性的作法，並手訂工作人員守則，要求全處同志務要清白、純淨，以人民的權益為重，使方從日軍鐵蹄下獲救的同胞能過安定祥和的日子。

民國三十五年冬，阮將軍奉調海軍總部情報處長，很快即建立起海軍情報網，對海軍建軍作戰貢獻良多。嗣因武漢被服總廠時常發生工潮，影響整個華中地區所有軍中被服裝具的供應補給。當時的聯勤總司令郭懺將軍，特商請海軍總司令桂永清將軍，將阮將軍調往武漢被服總廠當總廠長，以遏止亂源。阮將軍到任後，即以廠作家，視工人為手足，與員工打成一片，廠中工潮很快即告平息，生產亦隨之大為增加。後來因為戰局逆轉，他並順利的將工廠遷至海南，完成一次艱鉅的任務。

㈢歷膺重寄　貢獻卓著

阮將軍來臺後，因受先總統蔣公中正的拔擢，初任陸軍第八十軍政治部主任，旋調陸軍第十軍政治部主任。那時國軍因在大陸遭受慘重失敗，且正面臨中共「血洗臺灣」的惡毒挑釁，最緊要的任務，就是要使官兵知道「為誰而戰、為何而戰」，切實防止軍隊的腐化與惡化，誓死「保衛臺灣」。為了徹底革除大陸失敗的各種積弊，阮將軍遵照上級的指示，除了積極加強政治教育，提振官兵士氣，實施保密防諜、鞏固部隊團結外，更大力推行「四大公開」，促使「人事公開、賞罰公開、財務公開、意見公開」，並在各級部隊成立「榮譽團結委員會」（簡稱榮團會），負責推行此一制度。而最令人難忘的，則是當時全面推行的「克難運動」。因為那時的國軍，真正是彈少糧缺，窮的連飯都吃不飽，薪餉更是極為菲薄。一個上等兵，一個月的薪餉才新臺幣十二元，換不到半塊美金；一個尉級軍官也不過數十元新臺幣，真是少得可憐。其經濟拮据生活困窘的情形，絕非現在的青少年所能想像。

「克難運動」包括「心理克難、生活克難、工作克難、戰鬥克難」等四方面。心理克難在堅定反共必勝的信念，養成凡事忍耐不發牢騷的習性；生活克難是要鍛鍊強健的身體，利用營區空地種植蔬菜水果，飼養雞鴨豬羊，並利用木料稻草搭建營房、修築道路，自己編製草鞋，縫補衣服，藉以改善生活；工作克難是要百分之百的達成上級所交賦的一切任務；戰鬥克難則是平時要將武器、彈藥、裝備維護得沒有任何缺點，戰時要克服一切困難，獲得作戰勝利成功。阮將軍以其狂熱的革命精神，總是開闊大方，以身作則，針對當地的環境與官兵的實際需要，將每一項工作都踏踏實實做到最完善的地步。

民國四十七年，阮將軍因資深績優，調任憲兵司令部政治部主任。憲兵駐地分散，任重事繁，他常不分晝夜，奔波在全臺與金、馬、澎湖、東引等外島，除宣達上級的指示與要求外，最重要的是在發掘官兵的問題，並設法為之解決。每年舉辦的三民主義講習班，他更全神貫注，講求實效。為激勵憲兵同志的骨氣和勇氣，他和司令尹俊上將曾推行「硬漢運動」，並帶領官兵背負磚、石、水泥，攀登臺北縣八里鄉的觀音山，在山頂豎立「好漢碑」，並將登山小徑命名為「硬漢嶺」，以彰顯憲兵的硬漢精神。民國六十二年四月，我和時任第八軍軍長的許歷農中將，曾爬過這座硬漢嶺，站在山頂俯覽四周，頓覺海闊天空超塵拔俗。

四年後，阮將軍榮調海軍總部政治部主任（民國五十二年八月十六日政治部改稱政治作戰部，簡稱政戰部），他曾在海軍總部任情報處長，現在回到海軍，自然倍感親切。他一向注重基層工作，因此特實施「基層工作日」，每星期用一整天的時間跑基層，和基層的官兵同志生活在一起，工作在一起，就地了解問題，解決問題。他說：「那種和基層官兵談話的情景，以及次日離別時依依不捨，至今如在眼前。」特別是每年農曆年的除夕，他都在左營「四海一家」舉行「戰士夜」，因當時那些戰士，都是隻身隨政府來臺，逢此佳節，難免有思家的情緒，因此他要用各種歡樂來解除他們的鄉愁。阮將軍曾對我說，有一年的「戰士夜」，他穿著便服，戴著斗笠，踩著三輪車，車上載著一位著名的歌星，直接進入會場。由於事先保密，戰士們都很奇怪，怎麼這時會有三輪車入場，等他取下斗笠，向戰士們打招呼時，戰士們一看是他們敬愛的主任，立即起立鼓掌，歡聲雷動，久久不能平息。

民國五十五年，阮將軍榮調國防部總政戰部副主任，負責督導第三處（監察）、第四處（保防）、第五處（服務）及眷管處，致力整建革命軍紀，培養廉能風氣，防止官兵腐化惡化，鞏固部隊安全團結，改善官兵生活、增進眷屬福利。他始終以一顆純正熱忱無私無我的愛心，竭力犧牲奉獻，為國家和國軍效命。

八年後也就是民國六十三年，阮將軍奉調警備總部副總司令，主管全國的治安工作。他到職之初，即以「國家的安全」、「政治的安定」、「社會的安祥」為要求，並親赴各縣市師、團管區宣示其工作理念與要求。其間曾爆發遠東航空公司空中劫機事件及中央日報與聯合報的爆炸事件，他費盡心力，均告偵破。民國六十五年雙十節，臺灣省政府主席謝東閔官邸發生郵包爆炸，將謝主席右手炸成重傷。前省主席黃杰的官邸，亦發現可疑郵包。此一爆炸案震驚了中外，警總立即成立一〇一專案小組，在阮將軍主持下，地毯式的核對筆跡與指紋，根據阮將軍手著《為中國人建檔》一書中所寫：「計核對筆跡七百餘萬份，指紋三百餘萬份。」「主犯在我計畫誘捕下，一再失敗，最後在菲律賓策動，同意飛臺一行，當其飛機在香港起飛時，我曾跪地禱告：『人事已盡，剩下的是天命，願上帝給我們成全！』結果，上帝真給了我們成全，主犯終於到案認罪了！」（《為中國人建檔》頁二八一）

民國六十七年元月，阮將軍調任法務部調查局局長，他在脫軍服時曾流下熱淚，他說：「這套兩尺半，穿在身上並不覺得怎麼樣，現在要脫下，還真有些不捨！」

調查局的工作，自是十分繁重，我在他任局長之前，曾有機會數度前往參觀，但他們內部作業情形並不了解。阮將軍在工作上向以珊瑚蟲自居，因為珊瑚蟲一直是默默工作，直到最後一口氣息，並將屍體留在珊瑚礁上繼續發光發亮。所以他到調查局接任之初，即明白宣示，希望調查局的所有員警同志，大家都要「學習珊瑚蟲的精神」，全心全力為國家安全而犧牲奉獻。對案件的偵辦，要做到有案必破，但必須嚴守五個沒有：「沒有冤枉、沒有放縱、沒有刑求、沒有意外事件、沒有任何弊端。」他在長達六年的局長任內，全局上下均能和衷共濟，群策群力，圓滿達成一切任務。特別是他對基層員警與因公殉職的眷屬無微不至的關懷照顧，更獲得一致的尊敬與感激。

(四)忠孝兩全　遺愛人間

阮成章將軍民國五年農曆十月二十六日，生於湖北省黃安縣的曹家嶺。幼年時家鄉土匪猖獗，濫殺無辜，封翁保恬公竟不幸遇害，全賴慈母徐太夫人撫育成長。母子二人相依為命，度過淒苦艱困的歲月。

一九六一年秋，我們在西貢正忙著為政治作戰研究班上課，及籌備開辦政治作戰初級班，同時並與越方定期舉行各項整軍建軍的研究會議，大家都十分忙碌。恰在此時，阮將軍接到電報，謂太夫人生病住院，頓時使他心情緊張，連夜失眠，經請僑社名醫王爵榮博士（後曾被選任監察院監察委員）診治，亦無法解除其心頭重擔。王醫師和我們都勸他回國，但他覺得團長王昇將軍因國內工作繁重，對政治作戰研究班上完課即已返國，團長職務由他代理，要他離開，實放心不下。最後還是王將軍來電報，他才趕回來看顧病中的高齡母親。過了一段時期，太夫人因醫藥罔效而安息，追思禮拜在南京東路的極樂殯儀館舉行，那時我們都已任滿回國，大殮時，阮將軍悲痛逾恆，號啕大哭，使得所有在場的親友都為之感動不已。

古人說：「忠臣出於孝子之門。」阮將軍侍母至孝，對黨國、對長上，更是赤膽忠心，忍辱負重，從不計較個人的名位與權利，一切以鞏固部隊團結，維護國家安全，圓滿達成任務為第一，從他在每一個工作崗位上所展現的事實，即可以得到明證。

阮將軍所以能盡忠盡孝，公平正直，最主要的是他有一顆純真無私的愛心。因為他曾走過死蔭的幽谷，而能大難不死，歷劫歸來，認為這都是上帝的恩典，所以他和夫人廖淑先女士，早於民國四十九年四月就已受浸歸依耶穌基督，一心要為多難的國家和同胞作出更多的奉獻。他倆最喜愛的《聖經》經文，即是《新約．哥林多前書》十三章：「愛是恆久忍耐，又有恩慈。愛是不嫉妒。愛是不自誇，不張狂，不作害羞的事，不求自己的益處，不輕易發怒。不計算人的惡。不喜歡不義，只喜歡真理。凡事包容，凡事相信，凡事盼望，凡事忍耐。愛是永不止息。」他就是本著基督的大愛，來愛他的國家、同志和親人。

阮將軍來臺初期，因軍中沒有眷舍，只得借住廟宇、倉庫和農舍。他們曾住過南投的名間、彰化的員林、臺南的二層行、臺北的南勢角與新莊，直到搬進臺北興安街的眷村，才算有了固定的住處。由於當時政府經濟拮据，薪餉極為菲薄，生活自是十分艱苦。他的長公子約翰博士（數學博士，國立清華大學教授、系主任，曾至大陸各大學講學）在所撰的〈父親給我們上了最後一課——愛的真諦〉一文中說：「我每天赤腳上學，在學校也曾挑糞澆花澆菜……因村裡無自來水，回家後常用扁擔挑水。」

在生活艱苦的情形下，身為父親的阮將軍因軍務繁忙，不能經常回家。約翰博士寫道：「當時對父親唯一的印象是爸爸很少在家，常常早上起來看到軍帽，才知道爸爸已經回來，等到下課回家後，發現爸爸又已走了。……稍大時，最高興的事情莫過於陪母親在火車站等父親放假回家，如此才得見父親的全貌。」約翰博士又寫道：「平時我總覺得父親疏忽照顧兒女，實際上父親的心時常觀照我們，每次我運動受傷住院，都是爸爸陪著進去，無一例外。」因此他認為父親是在「扮演救火隊」的角色。至於日常生活的照顧與教育，則全落在母親的身上。阮夫人廖淑先女士是一位極為虔誠的基督徒，充滿了基督的愛心，不但疼愛兒女，即對親友鄰居亦十分關愛，這是大家所公認的。他們伉儷共有九位男女公子：約翰、勝利、國防、浩然、黎明等先生，及雅歌、雅倫、雅冰、雅恩等小姐。這樣一個大家庭，在物質條件極為貧乏艱困的情形下，能平平安安的度過，實在不容易。而且九位男女公子，都接受高等教育，分別獲得博士、碩士、與學士學位，並已嫁娶立業，事業有成。現有內外孫十八人，真是瓜瓞綿綿，孫曾繞膝，何等令人豔羨。阮將軍臥病期間，夫人悉心照顧，數年如一日，他倆在基督的愛裡，相濡以沫，互相扶持，情義深重，恩愛逾恆。最難得的是他們的每一位兒女，都非常孝順，特別是三公子國防，在阮將軍臥病時，親手為他洗澡、換衣服、清理大小便，而且他的賢內助育慧女士亦常加協助，實在是非常難能可貴！

阮將軍不但對同仁部屬愛護備至，即對他曾使用過的坐騎亦極為憐惜。當那匹名為「亞歷山大」的戰馬病逝之後，他曾經痛哭。他寫道：「將軍哭馬是一種武德，軍人不哭，誰哭呢？」這些話真是柔情萬種，賺人眼淚。而當第六戰區副長官郭懺將軍另送一匹名駒「凱撒」給他時，他卻說：「我良心上有著痛楚，亞歷山大屍骨未寒，而我竟另收新馬。」（《為中國人建檔》頁三一七）他這種高貴的情操與真摯的感情，何等令人感動。

七、王和璞將軍的教誨

六月三日凌晨三時，接臺北友人電話，驚悉王和公老師逝去，頓時思潮起伏，再也無法入睡，乃披衣而起，推門而出，站在陽臺上仰天懷想，但見一堆烏雲鋪天而來，接著便是一陣淅瀝，好似落在我的心上。

我認識和公老師是在復興崗。本來他在民國四十一年，即以革命實踐研究院軍官訓練團的少將教官，調任政工幹部學校軍事系的主任，不久便升任總教官，不過那時我是學生，且已實施分科教育，並沒有他的課。直到四十四年底，我由空軍第十大隊調回學校當教官，而和公早已榮升教育長，因此得在許多集會與活動中，與他見面，聽他講話。而他每次講話，不論主題是什麼，總是條理分明，一氣呵成，而且還穿插一些故事或實例，叫人印象深刻，尤其是他那誠懇的態度，豐沛的感情，更令人感動。因此，不論學生或部屬，都喜歡聽他講話，甚至連被大家公認最會講話的王校長化公，也很喜歡聽他講話。特別是當化公自巴拉圭任滿辭職歸國以後，許多門生故舊設宴歡聚，飯後請化公講話，化公總是要和公先講，我想這是因為他們兩位理念相同，觀點一致，全心全意為國為民，沒有私念，沒有自利，所講的話，沒有假話、大話、私話，實實在在，誠誠懇懇，因此叫人聽來受用，聽來有啟發，有希望！

和公常以「舉重若輕，理直氣平」來勉勵學生和後輩。也許因為他看到有些幹部一接到新的任務，不是緊張慌張，就是誇張或自我膨脹，他覺得這些都不好，越是面臨重大的任務，越要沉著冷靜，講求策略方法，緊張慌張，只會把事情弄砸，而誇張或自我膨脹，更顯得幼稚淺薄，為人所不恥。所謂「每作一事，便欲人知，無恥之尤也」，處理問題時，如果有人持反對的意見，縱然我們有理，也不要「理直氣壯」，咄咄逼人，讓人下不了臺，甚至老羞成怒，影響團結，總要「理直氣平」，和顏悅色，以理服人，把敵人變成朋友。和公不僅口頭說說而已，還真以身作則，說到做到。當年復興崗有兩位處長，才華出眾，個性剛烈，一言不合，便互不相讓，甚至兩人同乘一輛吉普車到臺北開會，半路上會因意見衝突，而欲下車比武，但和公每次都能以高度的涵養與智慧，三言兩語，及時予以化解。

民國五十三年，和公老師由金防部中將副司令官兼政戰部主任，奉調國防部總政戰部副主任，和另一位副主任姜獻祥中將，共用一間辦公室。那時的總政戰部，經費拮据，設施簡陋，屋頂是鐵皮，沒有電梯，沒有冷氣，一到夏天，面臨西曬，整個辦公室就像一座火爐，但他們兩位卻能在火爐中，經常傳出笑聲，有時在他們隔壁辦公的王化公，以及另一位副主任阮成章中將，也會因研究問題，從各自的火爐，進入他們的火爐，一起浴火，一起談笑，真是浴火謀劃，談笑用兵了！

民國五十七年，王化公為解決國軍駐地分散，師資難求的問題，同時為加強康樂活動，提高官兵士氣，建議創立電視臺，幾度向上級簡報，並與教育部協調溝通，始獲得允准，由國防及教育兩部派員組成建臺籌備指導委員會，王化公擔任召集人，並指派和公為國防部代表，負責督導作業人員研擬有關計畫，於是對房舍的興建、頻道的爭取、機器的採購、節目的設計、以及各種規章制度的建立，和公都費盡心力，特別是對各發射臺及微波站地址的選定，從最北部的竹子山到最南端的中寮，乃至東部的西川山，全省九個臺站，都在山頂，而每一個山頂，都有他艱辛攀登的足跡。華視能有今天輝煌的成就，和公的貢獻是不能抹煞的！

先賢范仲淹在為東漢高賢嚴光所寫的祠堂記中說：「雲山蒼蒼，江水泱泱，先生之德，山高水長。」和公老師所以令人敬佩愛戴，就在他有崇高的人格，深厚的學養，以及忠黨愛國的情懷。尤其重要的，他是一位虔誠的信徒，他靈裡有神，心中有愛，所以他的一言一行，都有神的祝福，都是愛的表露，現在他被上帝寵召歸天，留給我們的則是無限的懷念！

（民國八十五年八月十七日載於《青年日報》）

八、滿懷愛心的王爵榮博士

民國七十四年六月十五日中午，當我看到華視新聞報導監察委員王爵榮博士在美國洛杉磯他的愛子王葦醫師的家中，因心臟病突發而不幸猝然逝世的消息時，全身有如遭到電殛一般，感到一陣震撼和痙攣。像他那樣一位全身充滿愛心、充滿活力、充滿幹勁的人，怎麼竟然會一下子就倒了下去呢？真教人難以置信！這幾天來，不論工作如何繁忙，他的音容笑貌卻一直縈繞在我腦際，無法忘懷，因為我從內心裡一直敬佩他，喜歡他！

民國四十九年五月，我隨王昇將軍應越南政府的邀請前往訪問和工作，當時越南正在雷厲風行的推行華僑越化政策，要所有旅越的僑胞都加入越南籍，成為越南人，並將僑社原有的福州、潮州、廣肇、海南、客家等五幫合而為一，指定由王爵榮博士擔任總幫長。王博士拒不接受，並上書吳廷琰總統說明緣由，僑報大肆報導。因之我想王博士必是一位才華出眾，德高望重的領袖人物。翌年四月，我們由西貢白藤街五號國家賓館，遷入自由街的Continental Hotel，那時阮成章將軍由於長期的過度勞累，身體驟然感到不適，越方派來負責連絡與接待的吳成兼上尉，特替他請來一位旅越的中國醫師。時至今日，猶記得那位醫師穿著白色的西服，提著一只大診療箱，國語純正，氣宇軒昂，對病情的診斷甚為親切仔細，且打針取藥，拒收分文，使我對這位醫師特別具有好感，原來他就是鼎鼎有名的王爵榮博士。

其後，中華民國駐越軍事顧問團成立，團內有人生病，都到他在西貢霜月英街的診所去求診，他無不親切接待，細心治療，且都拒收任何費用。大家因身在異國，烽火連天，能遇見這樣一位醫術高明的醫師，無不心存感激。惟見他病患眾多，異常繁忙，且又不收費用，心裡都覺得過意不去，後來才知道所有我國駐越大使館以及政府各單位派駐越南的工作人員和眷屬，去找他看病，他都一概不收醫藥費。甚至連美國、法國、加拿大、以色列、菲律賓等國的使領人員與眷屬，亦都到他的診所去看病，他也一樣不收費。而且每週還排定時間，自己開車前往越南遺族子弟學校、難民中心，以及勞工單位等去義診。因此，極得越南政府與一般民眾的敬重與歡迎。

一九六五年前後，越共對僑社展開血腥恐怖的暗殺活動，僑社許多知名之士如簡綉三、郭育栽、方中格等等均被殺害，王博士當然亦在越共的黑名單之內。他雖數度接到越共的恐嚇信，要他停止一切反共救民的社會慈善活動，否則下一個被殺的便是他。但他毫不畏懼，照樣做他認為應該做的一切，一天到晚忙個不停。大家都勸他要提高警覺，最好找一個祕密的地方避一避風頭。但他每天仍回到位於阮豸街的家中住宿，只是減少了一些在家裡的聯誼活動而已。

說起來十分慚愧，有一天中午，我剛從越南國防部政戰總局下班回來，因為那時我是駐越軍事顧問團的參謀長，兼駐越南政戰總局的首席顧問，上午到政戰總局上班，下午在團部處理業務。我一走進團部辦公室，便接到他的電話，說有重要事情要找我，並說馬上就來，似乎滿緊急的樣子。果然沒隔多久，他和他的夫人朱艾美大姐即開著他那輛乳白色的小轎車來了，問他有什麼事，他說上車再說。我乖乖的上車後，他即把車子逕自開到阮惠大道一家法國餐廳，要了三客牛排，然後他們賢伉儷一起舉杯，帶著一種喜悅的神態說：「祝你生日快樂！」他這一舉措真是完全出乎我的意外，原來我曾是他的病人，在他的診所填過病歷表，他的工作那樣繁忙，竟還將我的生日記下來了，從此一小事即可證明他是一位多麼熱忱細心的人。第二天上午，他還派人送來一封信，他在信中說：

我兄四十晉九之壽辰，弟知之已久，但推測我兄之為人，如早日奉邀，必不能獲兄之接受。故不得不利用我兄勇於為友服務之精神，臨時以有事相煩為由，使我兄不能拒我於千里之外。此種只求達到目的，而不惜君子欺之以方之手段，實乃不足為訓。事後思之，猶感歉疚，尚希察我愛兄之真誠，恕我「不擇手段」之罪，則幸甚矣！海外三次相逢，交遊逾十載，知兄文武全才，祝兄前程遠大。

他的關愛鼓勵，真令我萬分感動，一直無法釋懷。

十餘年的越戰，把越南打得民生凋敝，遍地哀鴻，多少人家破人亡，骨肉離散；多少人肢體殘廢，求生不能，尤其成千上萬的兒童，流離失所，嗷嗷待哺。王博士置身此一血淚圖中，以大慈大悲的心腸，發起組織扶輪社、青商會及王氏宗親會等，結合越南及自由世界各地區的力量，從事多層面濟世活人的運動，使得千千萬萬的孤兒和難民，得到救濟與撫慰。因此，越南政府曾先後頒贈他八座勳章，我國政府，以及美國、加拿大、以色列、菲律賓等國，亦都頒給他文化、教育、社會服務等勳獎章。他以一介平民，能獲得如此殊榮，實由於他那火熱的愛心與偉大的貢獻。

一九七五年四月，西貢淪陷後，我一直為他的行止和安全擔心，多方打聽，都不知他到哪裡去了？大概過了半年左右，終於接到他的來信，原來他在西貢失守前三天，方匆卒離開越南，取道法國而到加拿大的多倫多定居了。信中並說要來臺灣研究針灸，要我幫忙找住的地方。沒過多久，他真的來了，大難之後相見，分外感到親切。我問他當時為什麼不來臺灣，而去加拿大？他說當一九七四年八月，越南情勢還十分穩定時，加拿大駐越南的大使奉調回國，臨走前請他們伉儷吃飯，送給他們兩張移民簽證，要他們在西貢危急時，即前往加拿大定居。他說當時他心裡頗不以為然，甚至還有一些反感，因為他在西貢行醫辦學已經二十多年，多少心血，多少憂勞，和西貢建立起深厚的情感，今天竟有人說西貢會有危險，在心理上無法接受。可是那位加拿大的大使還是要他收下，以備不時之需，想不到只是幾個月的時間，西貢真的末日到了，他就憑那兩張移民簽證，很順利的到了加拿大。

民國六十九年，他以崇高的德望，當選我國僑社增額監察委員，他乃毅然放棄開業不久的診所，回到他熱愛的祖國，希望為國家作一番事業。在監察院裡，他是一位全神貫注、全力投入的委員，曾多次深入農村、鹽田、漁村、山地及外島，探求民瘼，查證案情；並遠走泰北、尼泊爾、歐洲、北美洲及中南美洲，訪問各地的難民，成為千千萬萬越棉寮難民的發言人，並被選為全球越棉寮聯合會的祕書長。他為民眾講話，亦為政策辯護，例如若干時日以前，有人主張立法實施「安樂死」，他則不表贊成。他在華視所舉辦的辯論座談中說：

我們作醫生的職責只是救人，要竭盡一切方法把病人治好，沒有權力可以決定一個人的生死。如果醫生可以決定人的生死，由於醫生良莠不一，可能會產生許多意想不到的流弊。

就因他的正義諍言，從此再無人要求實施「安樂死」了。

王博士一生經歷了三次大劫難：一次是抗日戰爭，他親眼看到日本軍閥殘殺我同胞，蹂躪我國土的種種血淚悲慘情形；一次是大陸淪陷，使他於一九五〇年在法國巴黎大學獲得醫學博士學位後竟無家可歸，只得先到越南暫時找個棲身之所，直到兩年後，他的夫人朱艾美女士才帶著幼小的兒女，歷盡千辛萬苦，輾轉逃到西貢與他團聚。再一次便是十年前越南的淪亡，使他在越南慘澹經營了二十餘年的診所與苦心經辦的博愛中學，全部燬於一旦，化為烏有。由於他親身經歷了這許多的災難與痛苦，使他深深的感到沒有國哪有家，惟有國家強盛，個人的生命財產才有保障。所以他強烈的愛國，堅決的反共，雖然他不是中國國民黨的黨員，但他忠誠的擁護政府，而且以實際行動支持政府。他認為外力是不足恃的，偏激是會

九、敬悼雷震遠神父

二月八日報載，為千萬人所崇敬的雷震遠神父，二月六日因胃癌不治，在紐約聖羅斯醫院與世長辭，享年七十五歲。噩耗傳來，令人悲痛不已。十二日晚間七點三十分，天主教人士在臺北市民生西路總主教座堂為雷神父舉行追思彌撒及祭典，寒風冷雨，如訴如泣，在莊嚴肅穆的典禮中，但聞陣陣飲泣聲，人人熱淚盈眶，悲不自禁，大家都深深的為這位熱愛上帝熱愛中國的反共鬥士的逝世，浸潤在無限的哀思與悲戚中。

㈠以歸化中國為榮

雷震遠神父原籍比利時，他的本名叫萊孟德傑格爾（Raymond J. De Jaegher），一九〇五年九月十三日生於庫特勒，二十多歲時，在著名的比利時天主教魯汶大學獲得哲學與神學碩士學位後，即到我國來傳教。他一到中國，即參加雷鳴遠神父在河北安國縣所創立的外方傳教會，這個教會的宗旨在恭敬天主，服務社會，入會司鐸，永作神父，不升主教，這也就是他始終是一位神父而未晉升主教的原因。因為他心儀雷鳴遠神父的人格與精神，特別取了一個

「雷震遠」這樣的中國名字。由於他愛中國，他讀了很多中國的古書，會講一口流利的中國國語，也寫得一手漂亮的中國字。他深受中國文化的薰陶，深刻了解中國文化的精神，他崇敬我們的領袖，也擁護我們的政府，他不但以中華民國為他的第二祖國，而且早已歸化中國，成為中華民國的國民，他更常以身為中國人，身為中華民國的國民而感到光榮。

民國二十六年秋，日本軍閥侵入到雷神父所住留的安國縣，當時情勢非常危急，雷神父因在安國傳教七年，深受當地民眾的愛戴，因此在兵荒馬亂中被推為縣長，領導民眾與日軍展開游擊戰，由於勢單力弱，竟被日軍抓住關進監獄，飽受種種折磨，直到抗戰勝利後，才被釋放出來。可是虎豹剛去，豺狼又來，中共在蘇俄卵翼下稱兵作亂，戰火又起，他因崇敬上帝真理，不與中共妥協，因此又受到中共的迫害，在一連串苦難的歲月裡，他始終與中國民眾在一起，所以他深深的了解中國人民善良的本質，也深深的了解中國社會災難的由來，因此在傳教之餘，乃將他親身所受中共的迫害與對中共的認識，以英文寫成《內在的敵人》(*Inside the Enemy*)一書，揭露中共禍國殃民的惡毒陰謀與猙獰面貌。在大陸淪亡之前，他逃離河北輾轉經過港澳，返回歐洲。後來又前往美國，到處發表演講，撰寫文章，大聲疾呼，籲請世界各國人民必須認識共黨的災禍，提高反共的警覺。

(二)助吳廷琰策劃反共

當他留住美國期間，曾任美國西東大學遠東學院院長，又和于斌總主教共同創立自由太平洋協會。一九五四年，吳廷琰回越主政，由於吳氏與雷神父交情彌篤，而雷神父對遠東的政治、經濟、文化、社會，乃至語言等都有深刻的研究，因此吳氏特請雷神父作他的私人顧問。雷神父到越南後，一方面協助吳廷琰策劃反共建國的大業，一方面創立自由太平洋協會的越南分會，以民間團體的身分，建立一個堅強的反共堡壘。由於雷神父精通法語、英語，國語又很標準流利，而且待人親切自然，樂於助人，所以他在各階層、各場合，都非常吃得開，成為越南朝野和華僑社會最受歡迎與敬佩的友人。華僑社會有什麼問題，都找他幫忙奔走，而獲得圓滿解決，所以有人稱他是中華民國派往越南的一位民間大使。

㈢協助華僑發展事業

民國四十九年夏，筆者隨王昇將軍訪問越南時，曾到他在阮豸街所創辦的太平洋書院拜訪，受到他和全院師生的熱烈歡迎。（其後筆者在越曾多次向他請教，並承贈書數本。）該院除中、小學外，並設有專科部，學生共有一千餘人。由於設備完善，師資優良，教學認真，聲譽卓著，成為華僑青年競相投考的第一學府，造就不少人才。有名的太平洋通訊社也設在一起，這是越南唯一的中文通訊社，和我國中央通訊社訂有合作的合同，他們自設電臺，收受中央社的電訊，並代越南新聞社發中文稿，供應西貢和堤岸的十餘家中文日報和晚報，成為越南一百多萬華僑同胞與祖國心靈與精神溝通連繫的橋梁。此外，雷神父還辦有一種《自由太平洋月刊》，以中文發行，極力發揚中華文化，報導中華民國的繁榮進步，並協助華僑發展經濟事業，及團結太平洋各國人民一致反共。

雷神父在越南九年多，慘澹經營，歷經艱辛，建立了許多事業，也獲致了偉大的成就。直到吳廷琰總統被推翻以後，各政黨領袖仍留他在越南繼續服務，但後來由於政變迭起，而且教會也另有需要，他才離開了越南，回到了臺灣，接著又去了美國，在美設立亞洲演講團，為反抗共產邪說，為挽救人類危亡，而殫精竭慮，奔走呼號。終因積勞成疾，一病不起。

(四)卓越貢獻肅然起敬

綜觀雷震遠神父一生，他堅信天主，他熱愛真理。由於他堅信天主，所以他堅決反共，因為殘暴狠毒的共產黨，根本不承認有天主之存在；由於他熱愛真理，所以他堅決擁護中華民國政府，因為只有中華民國政府才是實施仁政，為民造福的唯一合法政府。雷神父雖然只是一位歸化中國的中國人，但他對中華文化認識的深刻，對中華民國政府擁護的真誠，以及他對中國人民熱誠服務所作的偉大貢獻，實是令人肅然起敬。反觀今天極少數不肖的黃帝子孫，明明自己身上流著列祖列宗的血液，而竟昧著良心自稱不是中國人；另有極少數打著宗教的旗號穿著莊嚴的聖袍，而暗地裡（甚至明目張膽的）卻幹著不可告人的背叛上帝，出賣國家民族乃至自己親友的卑劣勾當，實在是多麼可恥而又可悲。這就是我們為什麼對於雷震遠神父特別感到可愛可敬，而對他的溘然逝世，特別感到哀傷與悲痛的原因之所在。

願上帝庇佑這一位偉大的靈魂！

（民國六十九年三月十三日載於《青年戰士報》）

十、悼念王慰誠先生

名戲劇教育家王慰誠教授與世長辭，已是三年了。在這三年中，許多事情都有了很大的改變，唯獨他的音容笑貌，卻仍歷歷在目，一如往昔，真是「看不見！你依然存在」！

(一)獻身戲劇嘔心瀝血

王先生一生酷愛戲劇，他認為戲劇是宣揚文化道德，激勵民心士氣最有力的武器，所以當抗戰軍興，日本軍閥瘋狂向我侵略蹂躪時，他便以北平藝術學院畢業的高材生，加入教育部第三戲劇教育隊，將他滿腔的愛國熱忱貢獻於戲劇，期以戲劇的力量來喚起民眾，救亡圖存，當時他正是二十歲剛出頭的青年。自此獻身舞臺，數十年如一日，其間他曾當過教育部西北社會工作隊隊長，中華實驗劇團團長，中影公司的主任祕書兼製片廠廠長，其後他又擔任國立藝專影劇科主任與政治作戰學校影劇系主任等職，由於他的殫精竭力，嘔心瀝血，為國家培植了許多優秀的演藝人才，也使我國的劇運工作有著輝煌的成就。尤其在他因勞碌過度罹患哮喘病之後，仍不斷努力籌辦教師劇團，推動兒童劇運，其對戲劇的狂熱，真已到了奮不顧身，死而後已的境地。

六十四年四月，我回政治作戰學校服務時，他正以影劇系主任兼電視教學製作中心的主任，積極為推展電視教學而奮鬥，由於工作關係，我們經常在一起，接觸的時間一多，使我對他的思想才學，人格風範，更有深一層的認識。他待人是那樣純真熱誠，親切自然；對事是那樣主動積極，負責認真；生活是那樣節儉樸實，淡泊晶瑩。在學生心目中，他是一位最可敬愛的恩師，在全校同事中，他是一位最得人緣的朋友，而他又能在嚴肅中顯現輕鬆，在痛苦中流露幽默，真使人衷心敬佩。記得那年教師節，我陪全體老師到慈湖去謁陵，出來時由於風雨大作，走得較快，害得他氣喘吁吁，全身顫抖，我為了照顧他，回程時與他同坐一車，他經過一陣調息後，也就慢慢平靜下來，並興奮的為我們講述他出院的故事。

他說有一天，同房的病友問他：「什麼時候抽煙？」他說：「我不抽煙！」該病友說：「你一定要抽煙！」他說：「我絕不抽煙！」對方又說：「你總有一天一定要抽煙！」他斬釘截鐵的說：「我這一輩子都不會抽煙！」對方急了，連忙拿筆寫出「出院」兩個字，他一看，不覺心頭一震，連聲說：「出院！出院！是的！我一定要出院！」他說越想越不對，第二天便真的出院了。

㈡抱病從公不辭勞苦

本來出院以後，應當好好休養，但他責任心重，既要照顧系務，又要策劃電視，尤其電視中心正在創辦階段，房舍的規劃整建，人員的甄選編成，機器的購置安裝，節目的研究製作，事無巨細，無一不需要絞腦汁，費心血，凡是搞過電視的人都能了解個中辛酸！雖然校長許歷農將軍和我，都一再請他不必操心，系務可交由姜教官負責，中心則由羅副主任主持，他只要掌握大政方針就行了，不必上班，也不必開會，但他放心不下，大事小事，他都要親加督導，有時到校部三樓開會，弄得氣喘不停，真叫人於心不安。

過了一段時間，他又病了，而且病得十分沉重，呼吸都要靠機器幫助，甚至有幾天陷入昏迷狀態。我每天晚上都到榮總去看他，見他那樣沉重，那樣痛苦，真不知如何是好。所幸吉人天相，他竟奇蹟般的又活過來了，而且一天天康復的很快，後來他對我說，他已死過三天，活過來時見我站在前面，還以為是在作夢，由於我握他的手，摸他的頭，他才感覺自己還真是仍然活在這個人間！

經過這次病後，他的身體更弱了，但他對工作卻仍十分關心，對朋友對學生則更為親切熱忱，他曾一再表示要辭職，也幫忙物色繼任人選，學校也真希望能幫他解除行政職務，好讓他安心休養，孰知不久他又住院了，而這一次病得更嚴重，不論醫師怎樣救治，我們怎樣祈禱，都無法挽回他的生命，六十六年六月二十八日凌晨三點三十分，他的心臟停止跳動了，從此再也醒不過來了！

㈢忠黨愛國薪盡火傳

麥克阿瑟將軍曾說：「老兵不死，只是凋謝而已！」王先生的朋友都稱他「慰老」，其實他並不老，他去世時才六十二歲，正是大有作為的時候，像他這樣忠黨愛國，熱情洋溢，發憤忘食，樂以忘憂，只知工作，不知疲倦，充滿愛心，渾然忘我的人，實在是不應該這樣早就凋謝了，留給我們的是無盡的哀思，永恆的懷念，同時也是無聲的囑咐，不朽的典型。在他逝世三周年的今天，他的朋友和門人舉辦一連串的話劇公演，這一方面是表示對他的追思與報恩，一方面更顯示出薪盡火傳的偉大氣勢與力量，深信中華民國的劇運，今後將更為蓬勃壯闊，光輝燦爛！

（民國六十九年六月二十八日載於《青年戰士報》）

十一、誰殺了前越南共和國總統吳廷琰？

前越南共和國總統吳廷琰，在一九六三年十一月一日的一次政變中殉難，到今天（一九九三年十一月一日）已是三十周年了。這三十年來的變化很大，不僅吳廷琰的名字已漸被世人淡忘，甚至連他親自創立的「越南共和國」，也已成為歷史的名詞了。然而那些曾經飽受戰火摧殘，嘗盡人間悲苦的越南人民，則是永遠無法忘懷曾為保障他們生命財產和自由幸福而犧牲性命的吳總統；這只要從每年吳廷琰的忌日，越南人民所表現出來的那種虔敬肅穆悲切哀痛的情景，就可想見一斑。然而吳廷琰究竟是被誰殺害的？三十年來一直是一個謎，這裡且從政變說起。

十一月一日這天是天主教的「萬聖瞻禮節」，越南各機關學校均放假半天。吳廷琰總統還是和平常一樣，展開他一天的工作，上午十點，他在總統府（嘉隆宮）接見美軍太平洋總司令費爾特上將和美國駐越大使洛奇，他們一直談到十一點。就在吳廷琰與費爾特、洛奇等會談的同時，發動政變的將領，其中包括吳廷琰總統的軍事顧問楊文明中將、代理總參謀長陳文敦中將、第三軍軍長兼西貢警備司令宗室訂中將、軍事大學校長陳文明中將、陸軍軍官學校校長黎文金少將、守德聯合軍校校長黎文嚴少將、光中訓練中心指揮官梅友春中將、軍隊安寧署署長杜茂上校、心理作戰署署長陳子威少將等十餘人，則在新山一機場旁邊的總參謀部，指揮政變的進行。原來每星期五的上午，所有高級將領都要參加當時正在熱烈推行的「戰略村計畫」實施情形檢討會，因為越美雙方都認為這是對付越共「人民戰爭」最有效的一項戰略作為。這天政變的首領們便利用這個機會，把所有的高級將領都召到總參謀部，因為這時的總參謀部已成為政變軍的指揮部了；在他們看來那些尚未參與同謀的軍事首長，可藉這個機會加以網羅，如果有人膽敢拒絕，就予以嚴厲處置。果然不出所料，許多將校在毫無心理準備的情形下，驟然面對此種局面，別無選擇，只有總統府特種部隊司令黎高嵩上校拒絕參加，立即遭到格殺，海軍總司令胡晉權上校一見情勢不對，迅即開車衝出總參謀部，但亦被政變將領追殺身亡。

下午一點三十分，兩營海軍陸戰隊、一連空降部隊、第五師的一個步兵團及一個砲兵營、戰車第一團的兩個特種作戰連、第三軍的一個砲兵營，以及光中訓練中心的若干新兵連隊，均已按照計畫進駐西貢市區的各要地，幾連運輸與通信部隊亦已加入行動，不到一小時，警察總局、郵政總局、電信總局、廣播電臺等，均已落入政變軍的手中。由於負責保衛西貢的第三軍軍長兼警備司令宗室訂中將，成為政變軍的指揮官，而原本由總統府直接掌控的特種部隊，為了平息友邦美國指責其未參加反共作戰將停止一切援助，正好於前一天調離西貢；故政變部隊在行動時，除海軍總部稍有抵抗之外，幾入無人之境，直到包圍總統府時，始與衛隊發生激烈的戰鬥。

政變首領們故意使總統府與美國大使館的電話保持暢通，在總統府被圍之後，吳廷琰曾打電話給美國洛奇大使，請他協助平亂。洛奇回答說：

「我很關心你的安全，政變軍保證你可以安全出國，你能接受他們的建議嗎？」

吳廷琰說：「我只做我的職責和良心所應做的事，我要設法恢復秩序。」

說完，他即放下電話。

半個小時以後，政變軍的將校們打電話給吳廷琰，他們逐一報出自己的姓名，要求吳廷琰宣布辭職投降，楊文明並提出最後通牒：

「限你五分鐘內投降，否則轟炸總統府。」

吳廷琰堅定不移，並令各叛將到總統府內「商談」，叛將們不接受。不久，洛奇大使再度與吳廷琰通電話，建議他和他的弟弟吳廷瑈顧問到美國大使館避難，並保證他們的安全，但為吳所拒。吳並再度電召各部隊前來解圍，卻沒有回應。因為西貢附近所有部隊都已被政變將領們所掌握，而對吳廷琰最忠誠的第二軍軍長阮慶少將和第四軍軍長黃文高少將，卻遠在中部高原與南部湄公河三角洲，無法及時馳援，吳在緊急關頭，仍不斷用擴音器廣播，鼓勵衛隊繼續作戰。他高聲喊道：

「我們不能投降！」

直到次日凌晨四時，總統府的衛隊仍在眾寡懸殊之情形下浴血抵抗，叛軍並調來坦克和加農砲，對總統府實施轟擊；可憐嘉隆宮不過是一棟兩層樓的房屋，哪裡經得起重砲攻擊，一個自始即用電話與吳總統保持接觸的政變將領，要求停止攻擊五分鐘，好讓吳廷琰出來投降，但五分鐘過後，仍無人走出。於是政變部隊在坦克的前導下，強力攻入嘉隆宮，與衛隊展開肉搏，並逐屋實施搜索，最後衛隊全部陣亡，卻仍不見吳廷琰兄弟的蹤影。

直到二日上午十一點多鐘，政變軍所組成的「軍事革命委員會」，利用西貢國家廣播電臺發布新聞，宣稱吳廷琰兄弟業已自殺，並說吳廷琰死的時候手裡還拿著手榴彈；這一簡單的聲明，立刻引起越南人民的哀痛與疑竇，所有外國使節和記者亦不相信吳廷琰會自殺。因為吳是一位虔誠的天主教徒，按照規定他是不能自殺的；而且他認為自己的一切作為，無一不是為了國家的獨立和人民的幸福，他問心無愧，沒有理由要自殺。於是大家便認為吳廷琰絕對是被殺的！那麼誰是下毒手的兇手呢？這便引起許多不同的臆測和傳言。

有的說政變的那天深夜，吳廷琰眼看沒有援軍到來，單靠嘉隆宮的衛隊是無法固守的，因此在砲火間歇的時候，他和吳廷瑈帶著侍從人員，從側門走出，坐進一輛不引人注意的汽車，開到堤岸一位華僑商人馬國宣的別墅（馬在政變後被捕判刑，以後情況不明）。在這棟別墅裡度過他們生命中最後的一夜，而且還經由總統府的總機，接聽政變軍打來的電話，因為在許久以前，這棟別墅便與總統府裝有直接通信設備，所以叛軍還一直以為他們仍留在總統府內。第二天上午八點多鐘，他和吳廷瑈一同到堤岸的聖心教堂作彌撒，並跪下來領受聖餐，然後很安詳的命侍從人員打電話給政變軍，告知目前的所在地，不久便有一輛M一一三式的裝甲運兵車駛來；他們上車以後，竟被坐在另一部車上的一位將軍下令殺害，這個將軍為了私人的理由，早欲置吳氏於死地，特別是對吳廷瑈，更是早欲殺之而甘心。據說吳廷瑈在被殺之後，還被那位叛將戳了好幾刀，以至血肉模糊，體無完膚。十一點多鐘，政變將領們決議找前國防部副部長陳中庸，前來將屍體領去埋葬。

另有一種說法，謂吳氏兄弟在堤岸聖心教堂作彌撒時，被政變軍的線民發現，立即通風報信，隨著便有一輛裝甲運兵車開來，令他們兄弟上車，直向總參謀部駛去，然後被帶進一個房間；政變將領逼迫吳廷琰，要他對著麥克風宣讀已經準備好的辭職聲明，但吳廷琰不從，他說：

「我是民選的總統，我不能隨便辭職，你們犯了叛逆罪！」

這時吳廷瑈也跟著指責將領們不該發動政變，影響國家大政，於是一個將官拔出手槍，對他們開槍射殺，然後再將他們放進裝甲車內，送往聖保羅醫院，要醫生開死亡證明；在職務欄內，吳廷琰寫的是「省府首長」，吳廷瑈是「圖書館長」，這兩個職務則是他們早年在法國殖民時期所擔任的。

一九六四年元月三十日，親吳廷琰的第二軍軍長阮慶中將發動政變成功，推翻了掌權才三個月的楊文明；當天晚上，楊的侍從參謀阮文倫少校在西貢寓所自殺身亡（亦有說是被人殺害），於是外電傳出這個阮少校就是殺害吳廷琰的兇手。八年後，越南第二共和舉行總統大選，為了爭取選票，幾乎所有候選人都打著吳廷琰的旗號，都標榜自己和吳廷琰的關係，如何尊敬吳廷琰，如何受吳廷琰的器重。當時的國家元首阮文紹中將，亦是候選人之一，他在記者招待會中被記者緊迫追問，要他公布殺害吳廷琰的兇手，但他卻堅持不肯透露，他說：

「當吳總統被殺之時，大家都宣過誓，誰也不准說出兇手的姓名！」

因此，除了當時參與的人之外，吳廷琰究竟死於何人之手，仍不得而知；這就像張學良不願說出西安事變時的若干真實情況一樣！

美國前駐越軍援司令韋茂蘭上將，一九七五年四月二十八日在西德漢堡，接受《明鏡新聞周刊》的記者訪問時曾說：

「美國在越南所犯下的最大錯誤，是支持一九六三年推翻吳廷琰的政變。」

因為吳廷琰主政時，美國派駐越南的軍事顧問不到一萬五千人，每年提供的軍經援助不過三億美元，越共活動的規模和範圍亦極為有限；但在吳廷琰被殺之後，十七個月內發生了九次政變，改組了十個內閣，佛教、天主教、高臺教、和好教，以及學生、工人不斷的舉行示威遊行，政客、將領更是互爭雄長，原本部署在各地負責剿共作戰的序列部隊，亦都撤回到西貢和各大城市參加奪權，而各級地方政府則幾已完全成了真空。美國這時為阻止越共的迅速擴張，不得不大量增兵，由一萬五千人增加到五十四萬九千餘人，同時放下顧問的身分，直接拿起武器參與作戰。經過十年的浴血奮戰，陣亡的美軍將士有五萬餘人，負傷的有三十餘萬人，而最令美國人難以釋懷的是，尚有兩千餘名失蹤的軍民，至今下落不明，使得他們的父母妻兒魂牽夢縈、肝膽碎裂。在吳廷琰執政時，美國在越南所花的經費相當有限，但在吳氏被殺之後，美國在越南所花的戰費則高達三千億美元以上，而結果卻將一個世界「超級強國」打得灰頭土臉，並在美國內部掀起了「和」「戰」兩派的激烈鬥爭，連從越南輪調回美的官兵不但得不到歡迎，反遭侮罵責難；認為他們冒著九死一生，只是去參加了一場「骯髒的戰爭」。最後美國不得不在越共的「分化」與砲火攻擊下實施「越戰越南化」，藉著一紙「巴黎協定」退出越南，這似乎正應驗了美國參議員曼斯菲 (Senator Mansfied) 所說的一句話：

「美國今天是在對吳廷琰償付血債。」

吳廷琰是越南廣平人，一九〇一年元月三日生於一個天主教的家庭，他的聖名叫金 (Jean Baptyist)。父親吳廷凱是一位聲譽卓著的官員，曾在阮朝作過尚書，他對教育特別有興趣，手創的「順化國學」，即是後來順化大學的前身；另外他還辦了凱定和同慶兩所中學，培育了許多人才，在越南都很有名氣。

吳廷琰兄弟六人，他排行第三，從小聰明勤奮，他所讀的第一本書便是他父親所教他的中文本的《三字經》❶，後來又讀了四書五經及一些詩詞小說，所以他的中文基礎相當深厚，能用中文寫詩，且寫得一手好字，只是不會說中國話。一九五七年他訪問韓國時，即曾作了一首七言律詩：

「萬里星槎到漢城，名都景物眼中青，花郎雄氣山河在，同文稱切友邦情，自由花開妖氣淨，統一輿圖日月明。」

❶ 杜壽著《杜壽回憶錄》(杜為吳廷琰之侍從秘書)。

從這首詩亦可以看出他的內心世界。

吳廷琰生得一副富泰相，矮矮胖胖的，皮膚細白，氣宇軒昂，兩目炯炯有神，講起話來不疾不徐，和悅中帶有幾分威嚴。據說他從小想當神父，所以他斐拉英中學畢業後，即讀順化神學院；後來覺得教會有些「世俗化」，還是從事革命活動，爭取越南獨立重要，所以他終生未娶。由於他出身書香和官宦門第，很多年輕貌美的小姐都希望能與他接近，但他卻興趣缺缺；因此曾有人懷疑他是否生理上有問題❷。吳氏對男女關係一點也不了解，當凌波和樂蒂所主演的「梁山伯與祝英臺」影片，在西貢和堤岸上演造成空前轟動時，當時的社會勞動部長吳重孝特將「梁」片拿到獨立宮去放給他看，吳氏看完之後，只淡淡的說了一句：「男女之間怎會這麼複雜！」一時在西貢引為笑談。吳廷琰的唯一嗜好就是抽煙，且專喜抽越南本土生產一種名叫「金字牌」的香煙；他不論會客、開會、或思考問題，總是一支接一支的抽，而且多是抽到一半，便丟進煙灰缸裡去了！

一九二二年，吳廷琰以第一名的優異成績自越南行政學院畢業，即奉派出任廣治省海陵縣的知縣，十年後升任藩切省的省長，時年三十二歲。由於他清廉愛民、積極負責，甚得民眾的愛戴，曾自動自發為他立碑，以示感謝。一九三三年，當時的保大皇帝（本名阮永瑞，為阮朝第十三代皇帝）自法國學成歸來，開始親政；因慕吳廷琰的名聲，特請其出任吏部尚書。吳氏基於愛國熱忱，曾稟奏兩項改革計畫；一為要求法國給予越南自治權，一為大力改

❷ 同❶。

革農業與賦稅，保大深恐因此開罪法國而未接受。吳氏知保大無所作為，乃掛冠求去；從此奔走各地，致力於獨立運動，並與當時著名的革命人士潘培珠、黃淑抗等共謀復國大計。

一九四四年，法國殖民當局見獨立運動深得人心，乃密令將其逮捕。一九四五年三月九日日軍攻占越南，傀儡皇帝保大再一次請他出任首相，吳氏以當時越南正處於日本軍閥鐵蹄下，根本無獨立可言而拒絕；同年八月，越共在日軍投降後占領越南的北部和中部，將吳氏及其家人逮捕拘禁於太原，並將其擔任省長的長兄吳廷瑰及姪兒活埋，使他痛心萬分。後來胡志明成立政權，需要有聲望的民族英雄合作，乃將吳氏從獄中提出，勸他參加政府，擔任內政部長。吳廷琰對胡志明說：

「你殺了我的哥哥，你是兇手罪犯！」

胡志明一時老羞成怒，差一點把他給殺了。直到一九四六年三月，法越戰爭爆發，吳氏方獲釋放。一九五〇年八月，吳氏取得法國的簽證，途經中國、日本、輾轉前往美國，尋求對越南獨立的支援。雖然沒有達到目的，但他結識了許多美國極有影響力的宗教、政治與學術界的領袖人物，此對他爾後返越工作極有助益。一九五三年，他又前往比利時及西歐各國，考察政治與社會情勢，並為越南的獨立自由而奔走呼籲。

一九五四年五月七日，越共在中共的大力支持下，攻陷了北越的重鎮奠邊府，使世界為之震驚。後來有資料顯示，甚至說這一仗根本就是中共打的，上自指揮官，下至連級幹部，全部都是中共的軍官；而指揮官乃是中共的韋國清，而非越共的武元甲，因當時韓戰業已結束，中共已將注意力轉向越南及東南亞，毛澤東乃接受胡志明的請求，全力支持越共作戰，趕走法國殖民主義❸。

奠邊府一役，法軍慘敗，潰不成軍，情勢十分危急。而當時的國王保大仍在巴黎過其醇酒美女的帝王生活，美法兩國為了遏阻共產勢力的南侵，經多方協商，認為只有吳廷琰出來，才能安定民心，挽救危局。於是吳廷琰乃順應國內外的要求與期盼，接受保大皇帝的任命，於六月二十七日由巴黎返抵西貢，七月七日組成新的政府，出任首相的重任。

兩個星期後即一九五四年七月二十一日，美、法、英、俄共、中共等九國在日內瓦簽訂越南停火協定，以北緯十七度為分界線，將越南腰斬為二，十七度以北歸越共統治，十七度以南則由保大和吳廷琰治理，而當時的南越正是兵慌馬亂、教派林立，且各自擁兵割據，其中較大的為越南政府軍（約二十萬人）、高臺教軍（約三萬人）、和好教軍（約兩萬人）、平川派軍（約一萬二千人）、天主教軍（約一萬人）、儂族自衛軍（約三千人），他們有時為了對付共同的敵人而相互聯合，有時為了爭取各自的利益而相互火拼，戰亂相循，生靈塗炭。這些勢力無可諱言的乃是殖民主義者所刻意造成的，因為殖民主義者為了對付越共，不能不招募越南人乃至非洲屬地的人民來當「傭兵」，但又不願意見到越南有一支統一強大的軍隊出現，於是便採用「分而治之」的辦法，以免指揮上發生困難。最顯著的例子是所謂越南政府軍，其編制係以「營」為最大的單位，直接歸具有法國籍的阮文興少將指揮。這位阮將軍一直以

❸ 吳鈞著《越南歷史》，頁三〇六。

為吳廷琰搶了他父親的首相職位，內心極為不滿，因此處處與吳廷琰作對，不聽指揮。吳廷琰赤手空拳回國主政，他所依恃的是民心與美法兩國的支持，為了推行政令，不能不統一軍令，因此他以大無畏的精神，排除各種障礙，革掉阮文興的職位，收編各派武力，整編為「越南共和軍」，並在美國軍事顧問的大力協助下，積極進行訓練整備。

吳廷琰是一個文人，但他深知槍桿子的重要，所以他親自兼任國防部長，經常到各軍事學校和部隊去巡視，了解並解決各種實際問題。一九五七年並頒布新的兵役法，實行徵兵制，凡年滿二十一歲的青年，都要入營服役，役期為兩年，以增強反共作戰力量。他並積極推行土地改革，加強經濟建設，改良農業生產，整飭貪汙腐化，雷厲風行，掃除賭博、娼妓、鴉片、酗酒「四大害」，以保障人民的生命財產，又盡力安置一百多萬從北越逃出來的難民，使他們能安居樂業，開始新的生活。經過了多少艱難困苦與驚濤駭浪，終於恢復了社會秩序，穩定了惶惑的人心。但在此時，遠在巴黎的保大，極力排斥吳廷琰，他公開發布命令，解除吳廷琰的首相職務。吳廷琰眼見國土分裂、危機四伏，乃在美國的支持下，於一九五五年十月二十三日舉行公民投票，罷黜保大的元首職位，改帝制為共和，並依照憲法就任總統。其後雖在越共惡毒的滲透破壞下，不論軍事、政治、經濟、教育、文化、社會等各方面，均有長足的進步，贏得全國民眾的讚譽，一九六一年四月任期屆滿，在改選中再度以五百九十餘萬票的絕對多數，贏得壓倒性的勝利當選連任。

然而越共在國際共黨的支援下，動員一切力量，向吳廷琰發動攻擊，他們深知吳廷琰的唯一靠山就是美國，如果沒有美國的支持，他是無法繼續執政的，於是極力迎合美國人的心理，說吳廷琰是「專制獨裁」，「家族統治」，使美國政府對吳逐漸失去信心，進而要求吳廷琰「擴大政府基礎」（正如對日抗戰勝利後，美國政府對我國所提出的要求一樣），延納更多的反對派人士加入政府，美國總統甘迺迪並曾公開表示：

「願見越南政府有所改變。」

吳廷琰在面對內有越共的武裝進攻，外有友邦強烈批評的情勢下，曾拍發緊急電報給美國總統甘迺迪說：

「越南現在是歷史上最危險的時期，如果反共失敗，越南傳統文化就會被共產黨和社會主義所毀滅。」❹

但吳廷琰的處境並不為美國政府所諒解，美國國務院主管越南事務的科長卡廷柏（Paul Kattinbergd）極力主張除掉吳廷琰，他說：

「打倒吳廷琰比對越共作戰更重要。」❺

由於吳廷琰與美國的關係日趨惡化，越南的一些野心政客認為有機可乘，於是紛紛集會，大肆活動，發宣言，辦講演，極力醜化吳廷琰政府，並以「爭自由、反迫害」為號召，發動示威遊行，實行奪權鬥爭。一九六三年五月，他們有計畫的製造佛教事件，而正好吳廷琰卻

---

❹ 潘朝英賴丹尼著《越南危機》，第一六三頁。

❺ 同❹，第一四七頁。

是天主教徒，於是越共和政客們大肆煽風點火，造成越南人民的宗教狂熱與街頭衝突；最後軍事將領在各方面的激盪與鼓動下，以武力介入發動政變，致使情勢一發不可收拾，結果不但推翻了吳廷琰所艱辛締造的第一共和，且吳氏本人亦為其部屬所殺，以身殉國。

對於前越南共和國的一千七百多萬軍民來說，他們在吳廷琰被殺後，飽受十餘年的戰火摧殘，血枯淚盡之餘，竟仍身不由己的於一九七五年四月淪入越共魔掌，任其奴役宰割，真是求生不得、哀告無門；其能千辛萬苦冒著九死一生逃出越共魔掌的，不是葬身浩瀚的海洋，便是流落異域，成了無根的浮萍。他們痛定思痛，悔恨當年不該輕信那些打著「民主」旗號，卻幹著不可告人勾當的狂徒們，滋生事端、破壞社會秩序、製造國家動亂，他們以為真的是跟那些所謂「民主鬥士」們搞革命、爭人權，以為真如那些領導人士所說，只要打倒吳廷琰，就可以安享太平；孰知到頭來，竟在為自己挖墳墓、造火坑，以致引火焚身，痛苦萬分。而那些領導反吳廷琰的政客、和尚與將領們，亦都一一相繼被別人打倒，最後並被越共關進勞改營，受盡淩侮折磨，原來他們亦都只不過是被人利用的演員或傀儡而已，真正的策劃、製作或導演，則是狡黠陰狠的國際共產黨徒。《新約聖經》上說：「他們所做的，他們不知道。」❻可是等到他們醒悟時，大錯業已鑄成，再怎樣悔恨已是於事無補了！

（民國八十二年十月三十日載於《中央日報・副刊》）

❻《新約・路加福音》第二十三章三十四節。

十二、阮文紹總統的一生

讀《北美世界日報》，驚悉前越南共和國總統阮文紹(Nguyen Van Thieu)將軍，已在美國麻薩諸塞州福克斯希羅市郊的家中，因昏倒經送醫急救無效，而與世長辭，享年七十八歲。對於這位「亡國之君」的逝世，令人有無限的感傷，因為他的一生，代表著越南一段充滿血淚的歷史！

㈠嶄露頭角 推翻楊文明

阮文紹在越南嶄露頭角，始於一九六四年元月三十日，他與阮慶、陳善謙合作，推翻由楊文明所領導的軍事革命委員會，是時渠任陸軍第五師師長，阮慶任第一軍軍長，陳善謙則為參謀總部的參謀長。他們三人因不滿楊文明、陳文敦、黎文金、宗室訂等將領，以武力推翻越南共和國的首任民選總統吳廷琰，且將其殺害，引起民心厭恨，乃密謀政變，未發一槍一彈，在一夜之間，便將掌權還不到三個月的國長楊文明推翻。同時將時任國防部長的陳文敦、參謀總長黎文金、首都特區司令宗室訂，及國家警察總監兼西貢市長梅友春等四位中將，一起送往大叻軟禁。

政變成功後，名義上仍由楊文明為國長，阮慶自任總理，阮文紹接替陳善謙為參謀總部的參謀長，陳善謙則升任參謀總長兼國防部長。不久，阮文紹調任第四戰術區司令與南部政府代表，統轄三個步兵師與十六個省，坐鎮肥美的湄公河三角洲。一九六五年元旦，他奉命晉升中將。兩個星期後，阮慶宣布「還政於民」，自任三軍總司令，內閣總理則由潘輝适出任，並徵調阮文紹出任副總理兼國防部長。同年二月，曾任軍區司令的林文發中將等發動一次反阮慶的政變。雖然並未成功，但阮慶因與美國駐越大使泰勒上將發生齟齬，同時新任國長潘克丑與總理潘輝适又意見不合，政局十分混亂。外交部長陳文度眼看情勢極為險峻，乃出而宣布「還政於軍」，於是越南政權又落入軍人手中。手握兵權的少壯將領們幾經會商，決定成立國家領導委員會，推舉阮文紹中將為主席（國長）、阮高奇少將為中央行政委員會主席（內閣總理），於是阮文紹便成為越南國家的最高領導人，直接主導越南的命運和前途。至於阮慶將軍則因眾叛親離，最後不得不接受軍力委員會的決議，出國擔任所謂「無任所大使」。他在西貢上飛機前抓了一把泥土放入口袋，便帶著家人飛離越南了。

㈡縱橫捭闔　力挽狂瀾

阮文紹執政以後，立即宣布越南全國進入戰爭狀態，他一方面團結軍隊內部，同時極為穩健的對付來自四面八方的各種壓力。特別是一九六六年三月，由阮正詩所引起的廣大暴亂。

阮正詩中將，一九六二年十月任上校傘兵司令時，曾發動政變，企圖推翻總統吳廷琰，失敗後逃往金邊。楊文明政變成功後，他返回越南，不次升到中將，並畀予第一軍軍長兼第一戰術區司令，駐守峴港，統領兩個步兵師及若干特種部隊，負責防守與北越接壤的五個省的重任。阮正詩自認是革命元老，自己對國家的貢獻，非阮文紹、阮高奇所能望其項背。一九六六年二月，眼見阮文紹、阮高奇率領越南政府各部會首長，在美國駐越大使洛奇的陪同下，前往夏威夷參加有名的「檀島會議」，與美國總統詹森、副總統韓福瑞等人平起平坐，共同研商越南問題。會議中美國決定強力支持越南政府，合力對越共展開作戰，並決定強化農村建設，大力改善人民生活。南越代表團的每一位團員，都為這次會議的成功而感到歡欣鼓舞。

然而這些看在大兵出身的阮正詩眼裡，卻很不是滋味，常在言談神色中表露出來。好戰的佛教徒，尤其是政治和尚釋智光等，認為機會來了，便向阮正詩大力遊說，揚言支持他的一切企圖與行動，並保證一定可以成功。因此，在阮正詩第一戰術區司令部所在地的峴港及故都順化等地，便掀起了一波又一波的示威遊行，高喊：「美國人，滾回去！」「反對美國出兵干涉越南內戰！」「中部要獨立！」

阮文紹為了不傷元氣，一直採用「和平解決」的立場與方法，但是由於佛教徒的煽動操縱，他們占領順化的國家廣播電臺，搗毀美國在峴港的新聞處與圖書館，又發動民眾將祖宗牌位與佛像抬到街上阻塞交通，還將行道樹砍下當街焚燒，弄得滿城烏煙瘴氣。在佛教統一教會的通令指揮下，芽莊、西貢、邊和及中、南部各大城市都發生示威遊行，聲勢壯大，且使出他們一向認為極有效的自殺、自焚、綁架、謀殺等一切卑劣暴戾的手段，形成全面動亂，使反共作戰面臨極為嚴重的威脅。阮文紹總統在忍無可忍的情形下，不得不以堅定的行動，免除阮正詩的職務，發布由第一師師長阮文準少將接替。同時在政治號召上宣布立即成立議會，定期舉行選舉，實施還政於民，以破除其政治訴求。而更重要的是指派阮高奇率領勇敢善戰的海軍陸戰隊與傘兵，由海、空兩路攻占峴港，奪回順化，並將好戰的佛教首領釋智光等押至西貢，予以監禁。持續達兩個多月的劇烈動亂，才得以平息！

㈢重建共和　當選總統

自檀島會議後，美國大量出兵援越，同時經援物資亦源源而來，美國且志願擔任剿共作戰的任務，讓越南共和國的軍隊負責推行農村建設工作，破除越共「以鄉村包圍城市」的戰略。阮文紹即下令在全國各省各郡建立「新生邑」，並成立招撫部，全力對抗越共的「人民戰爭」。一九六六年十月，阮文紹再度率領越南政府代表團，前往菲律賓的馬尼拉，參加七國高峰會議，與當時派兵援越的美、韓、泰、菲、澳、紐等六國的元首，共同研究反共作戰的戰略。次年三月，阮文紹又在關島與美國詹森總統舉行會談，研商如何加強反共作戰。這三次會議，不但提高了越南政府的地位與聲望，同時更鼓舞了越南軍民反共的意志與戰力。

阮文紹為了實踐其「還政於民」的諾言，一九六六年七月，成立民軍議會，由軍人二十人、文人六十人組成，作為中央政府的諮詢機構。接著即舉行制憲國會選舉，制訂憲法及各種選舉法規，並於一九六七年九月三日舉行全國大選，選舉總統、副總統及六十位參議員。

這次參與總統、副總統選舉的候選人共有十一組，競爭十分激烈，而阮文紹在爭取提名的過程中，即曾遭遇極大的阻擾。因為身為中央行政委員會主席的阮高奇，自恃掌握許多行政資源，非參選不可。「軍人代表大會」一致認為軍方只能提名一組人參選，才能獲勝，也才不會導致軍隊的分裂，但「軍人代表大會」在西貢開了幾天會，始終無法打破僵局。有天上午，以副參謀總長阮文偉中將為首，加上四個軍區司令及其他高級將領，在一間小會議室內，他們都把肩上的金星摘下來，握在手中，對阮文紹和阮高奇說：「現在越南的命運完全掌握在我們軍人手中，團結則存，分裂則亡，現在我們提議以阮文紹為總統、阮高奇為副總統候選人，你們同意，我們就一致通過，你們如不同意，我們就將這些階級交給你們兩人，我們就辭職不幹了！」阮文偉是越南德高望重的將領，他任將軍時，阮文紹和阮高奇都還只是尉級軍官，阮高奇眼見形勢比人強，只得俯首就範。大選的結果，阮文紹和阮高奇在激烈競爭下，終於脫穎而出，當選為越南共和國的總統和副總統，是年十月三十一日在西貢獨立宮宣誓就職，被稱是「越南第二共和」。

四年任期屆滿後，阮文紹再度高票連任，不過他的競選伙伴則已改由曾兩度擔任西貢市長，在越南極有政聲和人望的陳文香，但那已是一九七一年秋天的事了！

㈣春節攻勢 越戰關鍵

阮文紹當選總統後，開誠布公，勵精圖治，加上美國和自由世界各國的大力援助，不僅各大小戰役均能獲勝，且對農村建設與對越共的招撫工作，亦大有進展，越南前途真可說是一片美景！

然而就在農曆新年時，越共發動了一次猛烈的「春節攻勢」，使整個反共情勢為之逆轉。

越南人民非常重視農曆新年，一九六八年春節前幾天，越共即宣布自元月二十九日起，實施為期七天的春節停火，接著又宣布將在春節釋放美軍及越軍俘虜，同時還在南越各地減少軍事活動，以造成一種可以平平安安過年的氣氛！越南共和國政府由於佛教暴亂平息，總統選舉順利，農村建設正全面展開，各地戰況亦屢獲勝利，情勢十分良好，為讓老百姓能快快樂樂的過新年，不但宣布春節期間停火，還特別准許老百姓可以在過年時燃放鞭炮！

一九六八年元月三十一日，正是農曆的大年初一，有「東方巴黎」之稱的西貢、及越南全國各大小城鎮，自除夕（元月三十日）的中午開始，鞭炮之聲即不絕於耳；更有一些自香港進口的「大紅炮」，聲音特別響亮。由於已數年未聽到鞭炮聲，大街小巷，家家戶戶，人人都陶醉在歡樂的氣氛中。而越共卻利用此難得的機會，以化整為零的方式，扮成越南政府軍及平民百姓，以各種不同的交通工具，各個不同的路線，滲入首都西貢及全越各重要城市，一起出早已藏匿的武器彈藥發起攻擊。四十四個省中的三十六個省會、及一百多個郡（縣）城，都成為越共攻擊的目標，其中尤以首都西貢、堤岸、邊和、湄公河平原的芹苴（第四戰術區司令部所在地）、美拖、檳椥、永隆、春祿、永安，中部的歸仁、藩切、綏和，美麗的芽莊、大叻，高原地帶的百里居（第二戰術區司令部所在地）、崑嵩、邦美蜀等重要城市，都曾一度被越共攻占。經越、美聯軍強力反擊，逐街逐屋戰鬥，始將入侵的越共全部殲滅、肅清。

而戰鬥時間持續最久，戰鬥進行最為慘烈的，乃是越南古都順化的爭奪戰。經過二十多天的艱苦戰鬥，才將入侵的越共，全部予以殲滅，獲得最後勝利。

據越南共和國政府所公布的資料，在越共春節攻勢期間，越南政府軍陣亡二、七八八人，受傷八、二九九人，失蹤五八七人；美軍及各國盟軍陣亡一、五三六人，受傷七、七六四人，失蹤十一人；而北越正規軍和游擊隊則被殲三八、七九四人，被俘六、九九一人，合計達四萬五千餘人。

從軍事觀點說，越共的春節攻勢是徹底的失敗了，因為它並未能固守任何一個城鎮，或占領任何一個戰略要點，最多只不過是攻占二十餘天而已，但其損失的戰鬥人員卻在四萬五千人以上。尤其絕大多數都是富有作戰經驗的領導幹部及經過長期培養潛伏的地下組織領導人才，為了配合此次攻勢作戰，不惜孤注一擲，全部暴露出來，而被徹底殲滅。實是越共一次全軍覆滅的戰役，如果越美聯軍當時能乘勝追擊，全力掃蕩，並對北越首都河內及其他各重要城市強力轟炸，對各港口實施嚴密封鎖，再從越軍中挑選勇敢善戰的三個師或五個師，以游擊戰的方式，進入北越，直接掃蕩殲滅越共的心臟地帶與指揮中心。加上美國空軍的密切支援，將越共一切主力消滅後，美軍即可凱旋回國，實在正是贏取越戰勝利的大好時機。

然而美國華盛頓的主政者卻不此之圖，竟徘徊瞻顧，猶豫不前，以致坐失千載良機。美國總統參選人尼克森且藉機提出「越戰越南化」的口號，以爭取選民的支持，而罔顧越南軍民的死活，結果卻造成爾後越南淪亡，美國蒙羞的悲慘結局，言之實令人痛心惋惜！

㈤總統跪拜　祖國記恩

一九七二年春，正當美國尼克森政府從越南大量撤軍時，北越共軍看準了越南政府軍的弱點，乃揚棄其一向採用的所謂「人民戰爭」，利用俄製的各種新式武器，於是年三月二十九日中午，以三個步兵師、一個砲兵師以及裝甲兵團和特工營等，合計五萬餘人，在數百輛坦克的前導下，以排山倒海之勢，公然撕毀日內瓦協定，越過北緯十七度分界線，直接向越南共和國的廣治省城進犯。

接著在鄰近寮、高邊境的中部高原，也升起了濃濃的烽煙，北越的第二師、第三師、以及以攻打奠邊府出名的三二〇師，也從寮國的東部突入越南崑嵩一帶，展開了瘋狂的攻掠行動。但打得最慘烈的，則是靠近西貢的平隆省安祿之戰。

安祿(An Loc)位於西貢正北方六十英里，是一個純樸的小鎮，長約五公里、寬約一公里，四周山巒起伏，橡樹密布，是越南著名的橡膠園。北越共軍多年來一直盤據在高棉東部的四個師，驟然於四月二日傾巢而出，猛攻平隆、福隆、西寧各省，而於四月六日，攻抵安祿。

由於安祿距離西貢太近，其勝敗直接關係越南共和國的存亡，因此阮文紹總統親往視察之後，下令「不惜任何代價，必須堅守安祿」。

當美軍未大量撤退之前，在安祿駐有重兵，現在駐守安祿的，則只有越軍步兵第五師的兩個團，師長黎文興上校原坐鎮在萊溪的師部，由於安祿的地形不利於防守，他原本無堅守安祿的計畫，在阮文紹總統決定不惜一切代價堅守安祿後，他立即冒著敵人的砲火，跳傘降落安祿，決與安祿共存亡。

安祿的守軍經過六十多天的苦戰，直到六月十四日在空軍和傘兵部隊的強力支援下，才解除越共的包圍，並將潛入市區的共軍全部肅清，躲在地窖和壕溝裡的婦女和兒童們，才爬出掩體，重見天日，而安祿原有居民五萬餘人，戰後卻只剩下三千餘人了！

七月七日中午，阮文紹總統由參謀總長高文園上將等陪同，在細雨中，由西貢乘直升機飛抵安祿，獲得官兵和民眾們的熱烈歡迎。他以真誠熾熱的情感，動人心弦的行動，撫慰著每一個如癡如狂的官兵和民眾的心靈！同時並宣布了一個重大的捷報：「廣治省城已於今日光復。」

在進入黎文興將軍的指揮所時，阮文紹熱烈的擁抱著每一位官兵，並以一個戰友的身分，和官兵親切的交談，他很激動的說：「我在軍中二十三年，由少尉升到中將，我深深的體會到各位這種堅忍不拔的精神，我更了解到這場戰爭的悲慘情況。在我的軍旅生活中，我從未遇到過這種場面。」

阮總統將晉升少將的軍階，親自佩掛在師長黎文興的肩上，並將一座一座的勳章，授與師長黎文興、省長陳文悅上校以及其他戰功彪炳的官兵們身上，再度和他們熱烈的握手擁抱。

灰黯的天空仍飄著細雨，阮總統和他的隨員們在雨中行進，驚魂甫定的居民，冒著風雨向總統歡呼，向總統奔跑，流露出一種劫後重逢恍如隔世的感人情懷，一位年老的居民更情不自禁抓著阮總統的臂膀，喜極而泣。

阮總統等信步走到荒塚累累的臨時墳場，一堆堆的黃土，裡面埋的都是為保衛安祿而犧牲的忠骸，他們有軍人，也有平民。他一墳一墓的憑弔著、瞻仰著，最後走近一塊木牌，上面寫著「祖國記恩」(To Quoc Ghi On) 四個大字，這是首先突破敵軍封鎖進入安祿，使這個危城得以解圍的傘兵第八十一聯團陣亡將士的墓地，阮總統激動悲痛，再也忍耐不住，他雙膝跪下，痛哭失聲，久久不能自己，使得在場的人都為之感動悲泣，全都跪下。

這是筆者第二次看到阮文紹流淚，一九七二年五月我參加由他主持的西貢國家義子學校——先烈子弟教養院的畢業典禮，在典禮結束時，范文董 (Pham Van Dong) 部長領著一群剛剛在寮南作戰陣亡將士的子女來到他的面前，向他致敬。阮總統很高興的走上前去一一撫摸他們的頭頂，並和他們交談，可是還未及一半，他竟熱淚縱橫，泣不成聲，惹得那群孩子們都跟著大哭一場。

㈥〈巴黎協定〉斷送越南

美國尼克森政府為了安撫國內的反戰分子，急速從越南撤軍，以達到其所謂「越戰越南化」的目的，並不惜委曲求全，與越共簽訂所謂「巴黎和平協定」，迫使越南共和國接受。雖然阮文紹總統和陳文香副總統堅決反對，兩人甚至相對而泣，但因形勢所逼，為了換取尼克森所保證的繼續給予軍經援助，不得不忍著悲憤，同意由其外交部長陳文林在協定上簽字，而陳文林在簽字時滿臉憤怨，甚至將筆扔到地上。

這個於一九七三年一月二十三日所達成的九章二十三條「巴黎和平協定」，可以說完全是依照北越共黨歷年來所提「停戰計畫」內容的一個綜合，目的只是要美國無條件撤軍，要越南共和國無條件投降。

在「巴黎和平協定」中，最令人感到莫名其妙的，是對美國與自由世界各國援越的軍隊要如何撤除越南，規定得明明白白，但對北越共黨入侵南越的三十餘萬部隊卻允許其繼續留在越南，這就注定了越南共和國的前途與命運。

「巴黎協定」唯一讓美國感到欣慰的，是規定北越必須遣返美軍俘虜，但卻是「分批」遣返，援越的美軍五十四萬多人，當然不能一次撤離，而美軍被俘的不過兩千多人，北越卻堅持非「分批」遣返不可。其後北越便利用這「分批」遣返問題，給美國製造許多困擾和麻煩。而且迄今仍有一千三百五十九名美軍下落不明，實際遣返的不過才一千五百九十九人而已。這些失蹤的美軍便成了他們父母心中永遠的痛了。

最令越南政府深惡痛絕的，乃是美國政府的背信忘義。美國尼克森總統原本曾以十封信函，且曾多次公開向越南政府保證，將繼續給予越南軍經援助。但尼克森卻背信食言，並未如期提供。到了一九七四年下半年，越軍已經深感彈藥不足，前美國駐越軍援司令魏茂蘭上將在其所著《一個戰士的報告》(*A Soldier Reports*) 中說：「阮文紹總統在一九七四年下半年下令規定：一個士兵每天一枚手榴彈，八十五發子彈，每門砲每天四發砲彈。」特別是尼克森因水門事件下臺後，繼任的福特總統眼看越南情勢十分危急，特提出七億二千二百萬的緊急軍援，二億五千萬的經濟援助，希望國會在四月十九日以前完成立法程序，但國會遲遲不採取行動。而且美國也沒有遵守諾言，「以一件對一件為基礎（越軍損失一枝槍，美國即補充一枝槍；損失一門砲，即補充一門砲），充分供應越軍武器和彈藥」。因此當北越部隊一九七五年三月對越軍發動攻擊時，越軍有飛機不能飛，有大砲沒有砲彈，有步槍沒有子彈，而北越部隊卻從蘇俄與中共獲得充足的供應，用以對越軍實施猛烈攻擊，以致很快便席捲了越南。

(七)隱姓埋名　葬身異域

阮文紹於一九二三年四月五日，生於南越的寧順省。該省位於金蘭灣之南，境內是廣漠的藩郎平原。由於長年生活在這樣一個山明水秀風物佳麗的地方，所以從小便養成他恢宏寬厚的氣度與胸懷。

一九三五年，當阮文紹在他的故鄉寧順省受完小學教育後，便前往西貢就讀中學。一九四一年考入順化越南軍官學校，這所學校後來遷至大叻，易名為國家武備學校。兩年後，他以優異的成績畢業，獲分發為連長。這時法越戰爭打得正酣，而阮文紹卻因戰功被保送法國步兵學校受訓。一九五二年，他又入河內軍事大學深造。當一九五四年日內瓦協定時，阮文紹已由團長、戰術分區司令，而出任他的母校國家武備學校校長，真可說是一帆風順。一九五七年，他在作戰司令部參謀長任內，曾前往美國指揮參謀大學及海軍陸戰隊陸空作戰訓練班受訓。次年，又赴琉球接受聯合作戰及飛彈訓練。不久，即被調任步兵第五師師長，一九六三年十一月晉升少將。

阮文紹的父親是一位精通儒學而又有政治經驗的人，阮文紹當國長及總統時，都因能秉承「庭訓」，而贏得國內外人們對他的同情和欽佩。阮文紹是一位虔誠的天主教徒，有一位極為賢淑的夫人，生有一子一女，均極優秀。

一九六〇（民國四十九）年五月，王昇將軍奉命訪越時，阮文紹時任作戰司令部上校參謀長，他曾聆聽王將軍在參謀總部由參謀總長黎文己上將所主持的演講，並參與研究剿共問題。一九六四年三月，他與阮慶等領導政變成功後，王將軍奉派赴越，他代表越南政府前往機場迎接。王將軍一下飛機，阮將軍即上前擁抱，極為親切熱烈。王昇將軍並代表政府，邀請他率團前來我國訪問，他對我國各方面的進步發展，留下極為深刻的印象。尤其對總統蔣中正先生的接見，更是十分感佩崇敬。而對我政府與軍民所給予的熱烈歡迎，更是念念不忘。一九六五年元旦，他所主持的第四戰術區成立兩周年，同時他亦在那天榮升中將，他特派專機將我駐越軍事顧問團團長鄧定遠中將及全體顧問軍官，接到芹苴(Can To)參與盛典，晚上並特別舉行歡迎晚會。他很親切的說：「我在臺灣，你們對我太好了，現在我學也學不來！」及至他執政以後，對我國更為友善，每年陰曆年時，他都邀請我駐越大使胡璉上將與軍事顧問團團長鄧定遠中將等餐會。王昇將軍每次訪越，他都邀請到他官邸餐敘。

一九七三年四月十二日，正當我國駐越建設團在積極籌組時，阮文紹偕夫人與隨員多人，再次前來我國訪問。他在面臨新的反共情勢時，特來與總統蔣中正及我政府首長舉行會談，對中越兩國共同利益及亞洲與世界情勢，廣泛交換意見。而其主要目的還是在感謝我國政府與人民對越南的關懷與支持，尤其在各國軍隊都撤出越南之後，我國仍能繼續派團前往援助，尤深感謝。

一九七五年一月四日，北越共軍發動強大攻勢，一舉攻占鄰近高棉的福隆省城。三月十日，中部高原的重鎮邦美蜀又告淪陷。三月二十九日，第一戰術區司令部所在地的峴港，亦被越共攻陷。在情勢十分危急時，越南各界人士不但不能團結一致，力挽狂瀾，楊文明和一些失意政客以及越共的同路人，且呼應北越的政治號召與心戰攻勢，群起攻擊阮文紹及其政府，要求阮文紹辭職。他們高喊：「只有阮文紹下臺，和平才會來！」阮文紹為情勢所迫，只得將總統職位交給副總統陳文香，帶著家人與總理陳善謙共乘軍機飛來臺灣，然後再分別轉往英國和美國。而楊文明利用各種手段，從陳文香手中強制取得政權的第二天，也就是一九七五年四月三十日，越共的坦克即已衝入西貢的總統府，強押著楊文明到街上遊行示眾，歷經整整二十年戰亂的越南共和國，從此走入了歷史。

越南共和國的淪亡，實是人間一大悲劇，多少人死於戰火，多少人葬身南海，多少人活生生的被越共砍殺活埋，多少人在逃亡途中被踐踏、飢餓、中暑而死。據外電報導，僅僅在一個小小的富國島上，就有兩萬多人被越共殺害。而在南越境內，據估計被越共凌虐而死的約在兩百五十萬人以上，僥倖逃到世界各國的越南難民，其所遭遇的苦況，更絕非我們局外人所能想像。

阮文紹在英國流亡一段時間後，又轉往美國。據其表弟也是他任總統時的新聞祕書黃德雅透露，阮文紹到美國後，即落腳於波士頓地區，一直隱姓埋名，過著沒沒無聞的流亡生活，從未公開露面過。其內心的淒苦，自可想見。

「河山古今，滄桑閱盡，數不完的興亡恨。」戰爭實在太殘酷，但願主政者當權者，能以人民的生命財產為重，盡量運用智慧和力量，不要挑釁對方，不要輕啟戰端，尤其不要將國家的前途，寄託在外國人的身上。因為任何一個國家都是以其本身的利益為前提，絕不會顧及他人的死活。越南共和國的淪亡，就是一個活生生的例證！

生活小語

一、我心有主

民國三十九年，我在鳳山有一次聽史學大師錢穆先生講中國文化，他曾舉了一個例子，使我印象極為深刻，久久不能忘懷。

錢教授說宋朝末年，蒙古的軍隊大舉南侵，各地的老百姓扶老攜幼，拼命逃亡。有一天，當一群難民逃到一個地方，當地的老百姓也都逃走了，到處找不到東西吃。這時難民中有人發現路旁有幾棵桃樹，結滿了桃子，於是一擁而上，搶著去摘桃子。但其中卻有一人坐在原地未動，事後有人就問他：「大家都去摘桃子，你為什麼不去？這棵桃樹又沒有主人！」那人回答說：「桃樹沒有主人，但我心有主，我不能隨便去摘！」他就是理學家許衡先生。

「我心有主」，這就是人和其他禽獸不一樣的關鍵所在，因為我們人都有理性，對事物具有分析和判斷的能力，知道什麼是對的，什麼是不對的；哪些事可以做，哪些事不可以做。不要人云亦云，跟著人家起鬨；也不要盲從衝動，跟著人家搖旗吶喊，以免被別有用心的人士利用，造成悲慘淒涼的下場！

天下大亂，我們自己的心可以不亂；天下無主，我們自己的心仍可有主，只要「不亂」、

「有主」的人多了，再大的「亂」都可以平定下來，但願我們都能做一個「我心有主」的人！

（民國八十五年一月十日載於《世界日報》）

二、知足常樂

我國明朝時，有一個瓦匠，名叫李偉。他整天挖土拌泥，燒製瓦片，工作十分辛苦。他有一個女兒，長得如花似玉，有一天被選入宮裡，且當了皇后，這李偉便父以女貴，被封為武清伯，於是錦衣玉食，華屋巨宅，且僕傭成群，頓時改變了一切。但這位武清伯大人，眼看皇宮的所有陳設用品，都富麗堂皇，精美絕倫，比起自己所有的要好得太多，因此他便常向他的皇后女兒請求賞賜，他女兒覺得老爸這樣貪心，心裡十分不悅，但又不便當面直說，因此在李偉又一次請求賞賜時，皇后便送了他一個大的篋子，而且一層又一層，包裝得非常牢固精美，李偉以為這必是一件極為貴重的禮物，心裡非常高興。等他小心翼翼的打開來一看，原來竟是一把瓦匠所常用的泥水刀，頓時使他回到從前當瓦匠時的艱苦情景！

最近臺灣有一位縣長，本是農家子弟，憑著他的聰明勤奮，很順利的完成了高等教育，並獲得博士學位；從政之後，也是一路攀升，十分風光，今年春在政黨的強力支持下，經過激烈的競爭而當選縣長，新聞界譽之為「傳奇」，然而這位傳奇人物，卻因涉及幾樁工程弊案而被多次傳訊，前兩天且被檢察官收押禁見，只落得在看守所內以絕食表示抗議。眼看一顆乍現的新星，不旋踵即將隕落，豈不令人為之浩嘆！

放眼社會，由於教育普及，經濟發達，人們都過著前所未有的富裕生活，但內心真正感覺快樂的人，似乎並不很多。主要是貪念太大，慾望太高，就像那瓦匠和縣長一樣，心存非分之想，只知追求物慾的滿足。孰知物慾乃像海洋一樣浩瀚，如果我們放縱慾望帶領我們向前衝，可能就會遭到滅頂，正如《聖經》上說：「人若賺得全世界，賠上自己的生命，有什麼益處呢？人還能拿什麼換生命呢？」（〈馬太〉十六章二十六節）所以古人特別提醒我們要「知足」！因為「知足不辱」，「知足常樂」，「知足者貧賤亦樂，不知足者富貴亦憂」。這裡所謂知足，並不是教我們自滿自限，乃是要我們珍惜在物質方面所已經擁有的，而將精力時間向學問德業去修為，向精神生活去開拓，這樣我們才能提升人生的境界，享受真正的快樂！

（民國八十六年元月六日載於《世界日報》）

三、微笑補習班

日前報載住在日本大阪的一位佐藤太太，前往「微笑補習班」去學習如何微笑，這則新聞讀來令人發笑，卻又不勝感慨！

笑，本是人的天性，人的本能。試看嬰兒生下來不久，他就會笑，根本不用教，而且笑得那樣純真可愛，比美麗的花朵還要令人喜悅。然而人長大了，卻反而不會笑了，就像那位佐藤太太，已經五十二歲了，還要花錢到補習班去學習如何笑，這不是對人生的一大諷刺嗎？

人，為什麼生來會笑，長大了卻不會笑了，問題恐怕出在客觀環境的影響；因為人在成長的過程中，遭到外界許多的刺激和壓力，在心理和情緒上產生許多鬱結與憂傷，竟將笑的本能一再壓制，以致喪失了。所以我們要能笑，要會笑，首先就要從自己的心理和情緒上加以調適，不論環境如何險惡，生活如何艱苦，總要想得開，放得下，不要把利害得失看得太重，天下沒有什麼值得憂鬱的。《新約聖經》上說：「你們哪一個能用思慮使得壽數多加一刻呢？這最小的事，你們尚且不能作，為什麼還憂慮其他的事？」（〈路加福音〉十二章二十六節）

這話說得一點也不錯，既然壽命都不在我們自己的手中，我們還憂愁什麼呢？讓我們撇開一切煩惱和憂傷，勇敢的面對現實，從內心深處尋求喜樂，發出歡笑！

（民國八十五年一月十六日載於《青年日報》）

四、快樂與不快樂之間

從前有一位媽媽，她有兩個兒子，大兒子開染坊，必須出太陽，布才能染得出來；小兒子賣雨傘，必須下雨，傘才賣得出去。所以這位媽媽每天一早起來就看天氣，如果下雨，她就為大兒子不能染布而難過；如果天晴，她又為小兒子不能賣傘而難過，因此不論天晴天雨，她不是為大兒子難過，就是為小兒子難過。有位長者看到她很可憐，就對她說：「妳為什麼不反過來想一想呢？天下雨，妳小兒子的傘就可以賣出去了，不是很值得高興嗎？出太陽，妳大兒子的布就可以染成了，不是也很值得高興嗎？」這位媽媽經長者這樣一指點，覺得很有道理，於是不論天晴天雨，她都快樂起來了！

又有一些悲觀主義者，他們認為人生實在是一大苦事。就拿結婚來說吧！他們認為如果結婚，就會有家室之累，實是一大苦事；如果不結婚，又無伴侶之樂，亦是一大苦事，所以一個人不論結婚或不結婚，總是一大苦事。殊不知這也是一偏之見，因為結婚就有伴侶之樂了，不結婚便無家室之累了，所以一個人不論結婚或不結婚，都是一件樂事呀！

上面這兩則事例，說明快樂和不快樂，只是在我們的一念之間，正如孟子所說：「吾欲仁，斯亦仁矣！」我們也可以說：「我要快樂，就快樂了！」朋友！你快樂嗎？如果你不快樂，就請你試著以快樂的心去面對你周遭的環境，去處理你遭遇的問題，相信你會得到意想不到的快樂！

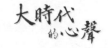

五、在患難中也要喜樂

孔夫子有一次到泰山去遊歷，看到一個名叫榮啟期的人，「鹿裘帶索，鼓琴而歌」，孔子就問他有什麼喜事，使得他這樣快樂？榮啟期回答說：「天生萬物，唯人為貴，我生為人，有何不樂？」

榮啟期說得一點也不錯，在宇宙林林總總之中，唯獨我們生而為人，會思想，會創造，會歡笑，這是任何其他動物所不能企及的，因此我們就應該發揮天生的本能，盡情歡笑，縱使在環境十分險惡危困時，仍然要憑著信心和勇氣，運用思想和智慧，衝破黑暗，克服難關，絕不要悲傷氣餒，絕不可向惡劣的環境屈膝低頭。

可是有些人一遇到工作上有困難，或情感上有波折，或身體上有疾病，便心灰意冷，怨天尤人，甚至自暴自棄，自毀前程，這是非常不應該的。要知這些不幸的事情臨到我們，就是在考驗我們是否能堅忍奮發，是否能將危機變為轉機，所以《新約聖經》上告訴我們：「就是在患難中，也是歡歡喜喜的。因為知道患難生忍耐，忍耐生老練，老練生盼望。」（〈羅馬書〉第五章第三、四節）只要有了美好的盼望，眼前的苦難也就算不得什麼了！

六、好好生氣

有一家中藥店，在門口貼了一副對聯：

膏可吃，藥可吃，膏藥不可吃；
脾好醫，氣好醫，脾氣不好醫。

其用意當然是在規勸我們，要胸襟開闊，涵養克制，不要動不動就發脾氣。因為發脾氣不但有損自己的健康，而且會影響人際關係與家庭幸福，甚至會造成怨懟，破壞團結，為國家社會帶來災禍。

其實人是感情的動物，似乎沒有不發脾氣的，特別是剛烈正直之士，常會路見不平，拔刀相助。歷史上的許多義士烈士，由於激於義憤，常挺身而出，幹出許多轟轟烈烈的大事。像在戰國時，宋陵君因拒絕秦始皇以五百里地換取安陵，怕秦始皇報復，乃派唐雎去說項。唐雎對秦始皇說：「安陵這地方是我們先王留下來的，不敢掉換，請你諒解。」秦始皇拍桌大罵：「你曾聽說天子的憤怒嗎？」唐雎說：「沒有！」始皇說：「天子一怒，伏屍百萬，血流成河。」唐睢不慌不忙的反問始皇：「你也曾聽說過百姓的憤怒嗎？」始皇說：「充其量不過是扔掉帽子、踢掉鞋子、用頭撞牆而已。」唐睢說：「那是凡夫的怒，不是勇士的怒，勇士一怒，伏屍兩人，血流兩步！今天我就要教天下人替你戴孝了！」說著即拔劍而起，怒目直視，由於事起倉卒，嚇得秦始皇魂不附體，趕緊低聲下氣的說：「先生請坐，何必這樣生氣？我現在才曉得韓魏等國都已滅亡，唯獨安陵尚能生存，原來就是靠著有你這樣的勇士！」

發脾氣實在沒有什麼好處。所以《聖經》上教我們「不輕易發怒」，先聖先賢也要我們「涵養怒中氣」，都是教我們不要發脾氣；但是如果為了國家民族的生存，社會正義的伸張，實在非發脾氣不可，那就請你像唐睢一樣，好好生氣！

（民國八十五年四月十七日載於《青年日報》）

七、生氣不如爭氣　吃虧就是占便宜

在我內心深處，隱藏著一個小小的祕密，也可以說是一個小小的遺憾，那就是兒女太少了！

也許有人說：「你有兩個女兒，一個兒子，還嫌少，太不知足了吧！」這我也知道，但我就是嫌少，實在是因為我太喜歡兒女了，看到他們從小長大，不論是哭是笑，是吵是鬧，我都覺得蠻可愛蠻好玩的。

雖然我的工作一直很忙，生活一直很苦，特別是當孩子們剛出生時，我只是一個校級軍官，內子也只是一個小小的公務員，那時待遇都很低，連好的奶粉都買不起，更不要說什麼營養品了，但一見他們那種天真無邪活潑親暱的模樣，內心就感到莫大的喜悅和滿足。

我沒有打過孩子，但也絕不溺愛，凡事告訴他們什麼是對的，什麼是不對的；什麼是好的，什麼是不好的；對的好的，要支持，要學習，要努力去做；不對的，不好的，要反對，要拒絕，想都不要想，碰都不要碰。有時他們在學校或在什麼地方受了委屈，心裡很難過，我就會好好安慰他們，告訴他們「生氣不如爭氣」，「吃虧就是占便宜」的道理，幫助他們化除心中的不平與怨氣。同時更勉勵他們，凡事只要自己真的已經盡了心盡了力也就好了，不要太把成敗得失放在心上。比如考試，不要老是要考第一，成績好，固然值得高興，即使考壞了，也不必太難過，因為人的一生，不知要經歷多少各式各樣的考試，可以說時時刻刻都在有形無形的考驗中。一次失敗了可以好好再來，天也不會因此就塌下來，沒有什麼了不起的。

只要我們自己有決心，有信心，有毅力，最後一定可以進步成功。怕的是自己的意志薄弱，稍受挫折，便灰心喪志，失去奮鬥的勇氣，那就是自暴自棄了！

八、曾子殺豬

先賢端木子貢曾問他的老師孔子，如果有一天他出來主理國政，他的施政方針是什麼？孔子很簡單的回答說：「足食、足兵、民信之矣。」拿現在的話來說：就是發展經濟使民生物資能充足，建設國防使人民安全有保障，推行教育使人民都能恪守信用。子貢又問：「如果到了萬不得已非減去一項不可時，在這三項中，先減去哪一項？」孔子說：「去兵。」就是去除國防。子貢又問：「如果到了萬不得已非減去一項不可時，在這剩下的兩項中，先減去哪一項？」孔子說：「去食。」就是除去物資。接著孔子說了一句非常重要的話：「自古皆有死，民無信不立。」在孔子的眼中，他把守信看得比安全和食物都更重要，在他看來，人若無信，即或勉強偷生，亦完全失去了人生的意義與價值。

孔子的另外一個學生曾參，也是一位先賢，他有一次與太太一起帶著兒子上街買東西，走到路上，兒子忽然哭起來了，曾太太就對兒子說：「你不要哭，等回家後，我殺豬弄肉給你吃！」孩子聽說有肉吃，果然不哭了。等買好東西回到家裡，曾參便去殺豬，曾太太出來阻止說：「唉呀！我只是哄他的呀！你怎麼就當真起來了！」曾參說：「我們作父母的不能欺騙孩子，因為孩子什麼也不懂，他們只是聽父母的話，學父母的樣；如果我們欺騙了他，不是教他也去欺騙別人嗎？以後他連我們父母的話也不相信了，這怎麼可以呢？」結果他還是去把豬給殺了！

恪守信用，可以說是我們人格的基礎，一個能守信用的人，必能獲得眾人的尊敬。信用不分貧富、貴賤、種族、職業與地域，最重要的是要重承諾。老子說：「輕諾者必寡信。」當我們在面對承諾時，必須對事情的全貌與自己的能力，仔細研究考量，能承擔則答應，答應之後就一定要能兌現；若無法承擔，哪怕當時會令對方感到不快，亦不能答應，因為答應之後卻不能兌現，那比當時不答應，對對方會造成更大的傷害，而自己的信用亦因而破產了。西方有一句諺語：「信用之失落，如鏡之破裂，不能再圓。」我們要受人尊敬，就必須守信用；而要守信用，就要從「不輕諾」做起！

（民國八十五年十二月六日載於《世界日報》）

九、老虎不刷牙

毛澤東的私人醫生李志綏，在其所著的回憶錄中說，有一天，毛澤東牙痛，叫他去看，他見毛的牙齒又黑又髒，且有部分化膿的現象，就勸毛飯後要刷牙。誰知毛卻反問他：「老虎又不刷牙，也沒有牙痛！」這倒真是一個十分有趣的問題。

老虎有沒有牙痛，我們不知道。但老虎不刷牙，卻是不爭的事實。其實老虎豈止不刷牙，牠還不穿衣、不抽煙、不吃米飯、不吃辣椒、不吃紅燒肉，而這些卻是毛澤東每天都少不了的，只是李志綏不敢當面頂撞而已。實在人和老虎根本是兩種不同的動物，生理上和心理上全然不同，如何能相提並論？這種話，恐怕也只有毛澤東這種人才會說得出來。而且還似乎說得理直氣壯！

要知人是「萬物之靈」，是上帝「照著自己的形象造的」，人之可貴可愛，就在於人有靈，有理性，能思想，能創造文化。我們幸而生為人，就應該過人的生活，享受人類所共同創造出來的文明，「飯前洗手，飯後刷牙」，這是現代文明人最起碼的生活習慣，也是保持牙齒健美的基本常識。如果從小就能身體力行，那就一輩子都受用不盡了！

（民國八十五年一月二十一日載於《青年日報》）

十、黃犬鳴樹上

相傳王安石有一天去看蘇東坡，正好蘇東坡不在家，卻在書桌上留有一副對聯：「黃犬鳴樹上，明月臥花心。」王安石一看，覺得有問題。說明月臥花心，雖不怎麼雅，還過得去，但說黃犬鳴樹上，就太離譜了；哪有犬會爬到樹上去叫呢？於是他便提起筆來，將「犬」字改為「鶯」字，變成「黃鶯鳴樹上」。蘇東坡回家一看，知道是王安石改的，他卻裝著若無其事！

等到有一天，王安石去鄉間旅遊，聽到樹上有鳥叫的聲音，他覺得很好聽，就問同行的人：「這是什麼鳥？」回答說是「黃犬」。王安石心頭一震，原來竟真有鳥叫「黃犬」的。後來又看見一種蝶在花間飛舞，王安石又問這蝶叫什麼名字，同行的人告訴他，這蝶叫「明月」。王安石頓時慚愧萬分，深悔自己不但孤陋寡聞，而且行事魯莽，從此發奮為學，終成事功。

這則故事的真實性如何？恕筆者未曾考證，但它說明了「謙受益，滿招損」。正如《聖經》上所說：「謙卑的人有福了。」但願我們都學習作一個謙卑的人。

十一、猴子也會從樹上摔下來

宋維村醫師說他讀小學時，算術成績一直很好，每次都考一百分，可是有一次竟然只考了五十分，發考卷時，他的老師許文中依例在他屁股上打了一下，同時並對他說：「猴子也有從樹上摔下來的時候！」這句話時時都在他心底迴響，成了他的座右銘。

當我讀到這個故事時，內心裡有一種說不出的喜悅，因為在我們的小學裡，有這樣可愛的老師，他處罰學生時，還有這種幽默感，說出這樣有啟發性的話。從這句話中，可以看出許老師對學生的了解和期許，因為當他說「猴子也有從樹上摔下來的時候」時，起碼含有兩層意義，一是安慰：你的成績一向很好，這次考差了，不要灰心難過，以後好好用功就是；再有就是警告：不要以為你老是考一百分就可以粗心大意，以後必須小心謹慎，才不會遭受失敗。許老師以這種方法教導學生，可以看出他充滿著愛心，表面上他是在處罰，實際上卻是在教育，這是多麼了不起的老師，難怪他能教出像宋醫師這樣的學生來！

猴子身手矯健，動作靈敏，爬樹是牠的看家本領，而且可以從這棵樹跳到那棵樹，又可以翻越飛騰，作出各種高難度的特技動作，然而如果一旦大意，就會從樹上摔下來！

我們人何嘗不是一樣，很多本來極為熟練的事情，如果稍一疏忽，就有失手的情事發生，如嬰孩會從母親懷中掉落、刮鬍刀片會傷到皮肉、走路會跌跤、喝水會噎著、擦槍會走火、開車會翻車、游泳好手會在水中溺斃等等，不可否認都是曾發生過的事！

不久前，大陸有一位農人抓到了一條眼鏡蛇，他用來泡藥酒，半年之後，打開瓶蓋準備飲用時，那條毒蛇竟突然鑽出來咬住他的脖子，經送醫急救，已回天乏術，後來檢查，原來那農人用來泡蛇的酒，酒精的濃度很低，對蛇根本不起殺傷作用，而瓶蓋上面又有幾個小孔，空氣沒有被阻絕，蛇在瓶裡仍然活得好好的，所以才會釀成這樣的悲劇。

當然這只是一件比較特殊的事例，但同樣告訴我們，不論多麼簡單或熟悉的事情，如果我們粗心大意，可能就會發生嚴重或不幸的後果，因為當我們自以為安全時，可能實際上正潛伏著危機。《說苑》上說：「患生於所忽，禍起於細微。」在日常生活中，不管是多麼細微末節的事，我們最好都能以戒慎莊敬的態度去面對，這樣才不會像猴子一樣從樹上摔下來！

（民國八十五年四月二十五日載於《世界日報》）

十二、寵物

從事新聞工作的朋友們都認為：「狗咬人不是新聞，人咬狗才是新聞。」可是最近有兩件狗咬人的事，卻也成了新聞。

報載天津市河西區一位馬小姐，數月前在寵物市場花三千人民幣，買了一條德國種的哈巴狗，她每天為牠配膳、洗澡、理毛，打扮得漂漂亮亮，並帶著到處溜躂，形影不離，可是日前當馬小姐抱著牠親嘴時，小傢伙竟一口咬住馬小姐的鼻子不放，並使勁擺動，把馬小姐挺挺的鼻頭給咬掉了，經送醫急救，已無法縫合或再植了，使美麗的馬小姐留下終生的遺憾。

香港鳳德村有個七個月大的女嬰袁泳森，有天坐在娃娃車上與家中的鬥牛犬玩耍，孰知那鬥牛犬竟突然一口咬住女嬰的頭顱，女嬰的母親利素珊見狀，一腳踢開娃娃車，鬥牛犬被迫鬆口，卻接著又咬一口，女嬰的母親趕緊將她抱起，但已頭骨破裂，腦漿流出，造成無法挽救的悲劇！

隨著生活的富裕，豢養寵物已成為一種時尚，寵物的種類亦是千奇百怪，不一而足，甚至有養老虎、毒蛇、獅子、駱駝的，但絕大多數仍以狗兒為他們的最愛。試看市面上的寵物商店、寵物醫院、寵物美容院、寵物整型中心、寵物婚紗攝影等等，幾乎都是以狗為主體，而且生意興隆、財源滾滾。寵物所享有的錦衣美食、華屋飾物以及款款深情，恐已不是一般為人父母或配偶者所能享受得到的了。

人有悲歡離合，寵物亦有失寵、甚至被遺棄的時候，且看各地的野狗，哪一條不曾經是牠主人的心肝寶貝？但一旦失寵，便流落街頭，製造汙染，咬傷行人。我住天母時，有天淩晨去爬山，一大群野狗擋在路上，吵吵鬧鬧；見我接近，仗著狗多勢眾，直向我撲來，我因曾被朋友的寵物咬過，爬山時總不忘帶一根手杖，當時情急之下，用力一揮，為首的一條受到創痛，慘叫而逃，其餘眾狗亦隨之汪汪逃走！事後想想，那天如果未帶手杖，可能我就成了牠們的食物了。

豢養寵物，真不知要花多少金錢、時間和愛心，但心之所愛，必有其樂趣與奧妙之所在，唯不論何種寵物，終歸是畜牲，終歸是禽獸，牠不懂法律，不知傷人致死會獲判何種罪刑；更無道德倫常，不知在良心上要負什麼責任。且絕大多數的寵物都是肉食動物，如一旦獸性大發，或想大快朵頤，可能就會就地取材，向終日與之相處的主人特別是小孩子的身上取肉了，所以奉勸喜養寵物的朋友們，與寵物相處，最好能有一點分寸；而家中的小孩更要設法與之隔離，以免造成悲劇，後悔莫及！尤其希望不要始寵終棄，為社會製造髒亂！

十三、種了芭蕉，又怨芭蕉！

清朝中葉，有一位才子名叫蔣坦，在他院子裡種了一些芭蕉，晴朗的日子，那些碩大的蕉葉，蓊鬱蒼翠，洋溢一片綠意與生氣，可是一逢到雨季，滴滴答答，日日夜夜，便會影響人的情緒。有一天，蔣才子因受不了那雨打芭蕉的聲音，便很不耐煩的嚷道：「是誰多事種芭蕉，朝也瀟瀟，暮也瀟瀟。」他的妻子倒是一位相當風趣樂觀的人，聽到先生在發牢騷，便不急不徐輕聲慢語的說：「是君心緒太無聊，種了芭蕉，又怨芭蕉！」

從古以來，在人類社會「種了芭蕉，又怨芭蕉」的人，還真不知凡幾，尤其是那些位居要津的人，一朝權在手，便忘了我是誰，拼命擅權、專權，乃至濫權，總以為權是用不盡的，可是等到一旦東窗事發，要想後悔便已來不及了！

試看當前在國際社會間引為笑談的前南韓總統盧泰愚，他因在競選期間，曾非法聚斂三億六千餘萬美金的政治獻金，經檢方查證確實，已依法將其逮捕起訴。盧在被捕前對為他看病已二十多年的中醫師韓成皓（譯音）說：「我不想活了，有沒有什麼藥可以讓我吃了，就一睡不起？」南韓國會議員李柱（譯音）說：「老百姓相信他唯一的出路是自殺。」可見南韓人民對盧泰愚的厭惡已到了什麼程度？盧的妻子金玉淑已因此一醜聞，開始過著極為淒苦的生活，每天都躲在家裡，以淚洗面，羞於見人。他的子女們更不敢在公共場所露面，深怕遭到民眾的羞辱與白眼。想當年奧運在漢城舉行時，盧大總統親臨開幕典禮，那是何等尊榮？而在他決定與中共建交時，對曾大力協助南韓復國建國的中華民國說斷交就斷交，盧大總統又是何等神氣！然而現在卻只能手帶鐐銬，在拘留所內表示「絕食」，「不想活了」！這究竟是孰令致之！早知今日，何必當初？這才真是「種了芭蕉，又怨芭蕉」了！

《聖經》告訴我們：「順從情慾撒種的收敗壞，順從聖靈撒種的得永生。」又說：「體貼肉體的就是死，體貼聖靈的乃是生命平安。」我們實在應該善用我們的理性與智慧，彰顯生命的價值與光輝，千萬不要作惡多端，遺臭萬年。

（民國八十五年二月二十九日載於《世界日報》）

十四、楊先生，真對不起！

莊因先生有一首詩：「莫道人已老，世態早看飽，平生無憾事，只恨讀書少！」這短短二十個字，道出了我此刻內心的真實感受。

長久以來，我一直很喜歡《三國演義》卷首，也就是第一回前面的那闋詞；因為它寫盡了歷史的興衰、人事的滄桑，多少英雄豪傑，帝王將相，不論成敗，不問是非，都已東流，都已成空。因此每當心情鬱結時，便默默的背誦這闋詞，背著背著，心裡就會逐漸舒暢愉悅，因此我對羅貫中先生，一直有一份感激敬佩的心，因為他為我們中國人創作了這樣一部偉大的小說《三國演義》，六百年來不知多少人讀它、談它、演它、研究它。三十多年前，我在西貢聽一位越南將軍杜茂說，他每年都要讀一遍《三國演義》，而他當時已讀了三十多遍。特別是卷首的那闋詞，悲壯蒼茫，更給予我們許多啟示與詠歎！

可是近讀楊慎先生的著作，才發覺那闋唱了數百年的絕佳妙詞，竟是出自楊先生的手筆，詞名叫〈臨江仙〉；而且第一句也不是「滾滾長江東逝水」，而是「滾滾長江水逝東」，如照全文的韻腳來看，亦應是「水逝東」才押韻。為了幫助讀者複習或欣賞，容我在這裡將全文抄下來：

滾滾長江水逝東，浪花淘盡英雄，是非成敗轉頭空。

青山依舊在，幾度夕陽紅。

白髮漁樵江渚上，慣看秋月春風，一壺濁酒喜相逢。

古今多少事，都付笑談中。

羅貫中先生想必也是非常喜歡這闋詞，所以才把它放在他的精心力作的開頭，只是不知為什麼現在的各種版本都沒有原作者的姓名，是羅貫中先生一時疏忽，還是後世的刻版者或出版者將它刪掉了；好在幾百年前並沒有版權問題，如果是現在，恐怕就要引起法律糾紛了。不過無論如何，對原作者楊慎先生來說，總是不公平不尊敬的，因此我要很虔誠的說一聲：「楊先生，真對不起，到現在我才知道這是你的大作！」

（民國八十五年四月三十日載於《青年日報》）

十五、爺爺臭臭

在臺北的一次聚會中，有位老朋友黃先生當眾宣布說他已經戒煙了，當大家正為可減少抽二手煙而向他舉杯時，他卻說戒煙完全是為了討孫子的喜歡，把一干老朋友弄得啼笑皆非。

黃先生可算是一位老煙槍，他在戀愛時女朋友就討厭他抽煙；結婚後，太太更反對他抽煙；及至有了兒女，同樣都不喜歡他抽煙；但他仍我行我素，照抽不誤。可是現在情況改變了，他有了孫子了，而他又特別喜歡這個孫子，總希望能和孫子親近親近，享受一下含飴弄孫的樂趣，但是他這個孫子就是不給他面子，只要他一接近或伸手要抱時，便大聲喊叫：「爺爺臭臭！」「爺爺臭臭！」如果硬要抱他，他便哇哇大哭，甚至看到他都會躲得遠遠的。起初他很生氣，認為有損他的尊嚴，可是他看到孫子和家中的每一個人都玩得很開心，唯獨不喜歡他，仔細研究其中的原因，就是由於他有煙臭，他想了又想，就是為了抽煙，惹得全家人都不高興，特別是可愛的孫子竟然這樣嫌他臭，這是何苦呢？於是他下定決心戒煙了！當他在家中鄭重其事的宣布戒煙時，全家人都為他歡呼，給足了面子，就連他心愛的孫子也在家人的鼓勵下讓他抱了！他頓時感到無限滿足！

戒煙本來是一件很尋常的事，有人開玩笑說已戒了好多次了，問題就在於有沒有恆心和毅力。筆者當年在國防部服務時，因工作關係，每個月都要去見馬上將，而他每次和我談話時，手裡總是把玩著一支香煙，有時還送到鼻孔前面聞一聞，那動作非常可愛，因他那時正在戒煙，不久以後就再也見不到他手拿香煙了！

幾乎所有的醫學研究報告，都說抽煙容易導致肺癌、喉癌、乳癌、失眠、中風、糖尿病、扁桃腺炎等疾病。但香煙廣告卻從來不提這些，只是一味的針對青少年的好奇心理，百般誘惑，他們知道只要一個青少年一旦抽上了癮，此後就會數十年如一日，自動把錢送上門來，可能要等到作爺爺時才會決心戒煙，甚至是鍾愛一生，一輩子都不會離開香煙。有人說抽煙是在花錢買癌，這話也許說得不中聽，但對抽煙的朋友們多少具有一些警惕作用，希望不要等到有孫子時才想到戒煙！

（民國八十五年四月十九日載於《青年日報》）

十六、小婦人退敵保民

在我國春秋時代，有一位齊國的將軍，奉命率軍去攻打魯國，剛打到魯國邊境，便看見一個魯國的婦女，一手抱著一個孩子，另外還牽著一個孩子，在路上逃亡。當那個婦女看到敵人的軍隊時，便把抱著的孩子放在地上，趕緊把牽著的孩子抱起來，拼命往樹林裡逃跑。那位齊國將軍看在眼裡，覺得很奇怪，便跑過去問那被放在地上的孩子：「那婦人是誰？」孩子哭著說：「是我媽媽！」將軍馬上追上前去抓住那婦人，問她：「妳抱的是誰的孩子？」婦人極為驚惶的說：「是我弟弟的孩子！」將軍又問：「那個孩子說妳是他媽媽，難道妳愛妳弟弟的孩子更勝過妳自己的孩子嗎？」那婦人哭著說：「我當然是愛我自己親生的骨肉，但這孩子是我弟弟託付給我的，我答應要盡力照顧他的，這是我的責任，我不能丟棄不管呀！」說罷大哭起來！那位齊國將軍聽後大為感動，便不再前進，立即收兵回去向齊王報告說：「魯國這個國家，我們不能打，因為像這樣一個鄉下的小婦人，都有這樣強烈的責任心，何況是那些政府的官員和軍人，這樣的國家是打不贏滅不了的！」

以前的婦女，很少有受教育的機會，但那位婦女竟能如此深明大義，了解自己的責任，並不惜犧牲自己的兒子，來完成所負的責任；由於她的這種責任心的表現，為國家人民免除了一次大災難。現在我們不論男女，都受了很好的教育，懂得很多道理，當然更了解我們自己責任之所在，譬如我們作丈夫的，有作丈夫的責任；作妻子的，有作妻子的責任；同樣的，作父母的，作子女的，作兄弟的，作朋友的，作老師的，作學生的，作長上的，作屬下的，作軍人的，作醫師的；每一行業，每一職位，都有其所負的責任。唯有每一個人都能隨著自己的身分，善盡自己的責任，我們才能創造更安定和諧的社會，享受更快樂幸福的生活。

試看野地的花，雖然並沒有人去欣賞它，但它仍然開得十分燦爛，因為它要盡它開花的責任；天空的鳥，雖然並沒有人去聽它，但它仍然唱得非常動聽，因為它要盡它唱歌的責任。我們幸而生為萬物之靈的人，更要善盡我們作人的責任！

（民國八十五年六月十四日載於《青年日報》）

十七、節約是美德

我們知道陶侃是我國晉朝的征西大將軍，有一次，他奉命負責監督造船時，看到有很多被砍下來的竹頭，和被鋸子鋸下來的木屑，他就叫工人好好的把這些竹頭和木屑收拾起來，妥為保存，不要丟掉。大家都覺得這些廢物已是垃圾一堆，留著還有什麼用呢？誰知到了冬天，一連下了好多天的雪，當雪融化結冰的時候，路上非常滑，走起來很容易摔跤，陶侃就叫部屬們把那些木屑拿出來撒在路上，路就不滑了！

隔不多久，有些地方發生動亂，政府要派兵前去平亂，需要很多船隻，陶侃就指示將以前收存的那些竹頭拿出來，劈成竹釘，用以造船，不但減少了許多時間，還節省了許多金錢。

國父孫中山先生早年奔走革命，有一次到美國，僑胞們為他訂了很好的一家旅館，他卻堅持不肯住，寧願住到一位同志所開的洗衣店裡，他對負責接待的僑胞們說：「你們不如把預備給我住旅館的錢，拿來幫助革命！」

國父身為革命領袖，陶侃位居大將軍，他們在生活上工作上卻是這樣節約，這是多麼崇高的美德，值得我們學習效法，我們現在雖然豐衣足食，但自然資源畢竟有限，我們實應該珍惜目前所擁有的一切，不要隨便浪費任何資源！

十八、信　心

美國紐約市一九八二年舉行馬拉松比賽時，有一個曾患腦中風的女孩，拄著拐杖，搖搖晃晃，花了十一個小時又五十四秒的時間，跑完了二十六點二英里的賽程，當她到達終點時，所有在場的觀眾都為之感動讚嘆不已。

這個女孩的名字叫琳達．唐恩(Linda Down)，因為曾患先天性腦中風，身體缺乏平衡的力量，必須依靠拐杖，才能舉步向前。她費盡心力，完成了碩士學位，又鼓起勇氣參加馬拉松賽跑。她說為了參加馬拉松賽，整整花了一年的時間練習跑步。她為什麼要這樣辛苦呢？因為她對人生充滿了信心。她不能因為身體有缺陷，就放棄對人生美麗的憧憬，她要使生命活得有意義有價值。她參加馬拉松賽跑，只是在證明她有信心可以完成所要達成的目標。她要使她有缺陷的身體發揮光輝，給這個世界帶來一些新的鼓舞。

琳達．唐恩的故事實在是太感動人了。同時也說明信心實在是一切力量的泉源。正如《聖經》上所說：「你們若有信心像一粒芥菜種，就是對這座山說，你從這邊挪到那邊，他也必挪去。」(〈馬太福音〉第十七章第二十節)國父孫中山先生亦說：「吾心信其可行，雖移山填海之難，終有成功之日。」琳達．唐恩能拄著拐杖，跑完二十六點二英里的賽程，試問還有什麼困難能阻止我們，妨礙我們呢？問題只在我們有沒有信心。所以無論我們的身體是健康，或是有缺陷，我們都沒有任何理由可以自怨自艾，或是自暴自棄，我們都必須面對現實，勇敢的克服一切困難，衝破一切難關，完成我們所應完成的工作和使命。

十九、在信的人　凡事都能

美國有兩個運動員，一個是棒球隊員，居然沒有手，一個是足球隊員，竟然沒有腿，這是多麼奇妙、多麼令人難以置信的事！

在美國愛阿華州的英伍德市，有一個青年名叫馬爾夫，今年二十五歲，他從小就希望能當棒球隊的投手，可是他在六歲時，有一天到他父親的農場去玩，不幸被收割機齊肩削去了兩條手臂，痛得死去活來，但他並不灰心，等他傷癒之後，他仍每天奔馳在棒球場上，因為失去了雙手，他就練習用右腳將球抓起來，快速猛烈的擲出去，而當他擊球時，則用下巴和肩膀夾住球棒，利用腰部轉動的力量，將球兇猛準確的打出去，就這樣練成了一身特異的本領，使他成為愛阿華州費德棒球隊一位非常出色的球員！

另一位運動員則是新罕布什爾州的利克柏萊格爾，現年十八歲，他從小喜歡足球，可是當他十四歲時，不幸在一次車禍中失去了雙腿，不得不安裝義肢，他就帶著義肢勤加練習，由於他傳球靈活，截球勇猛，進攻淩厲，被學校教練選入足球隊擔任後衛，在一次比賽中，當利克與對方爭球時，不巧義肢被撞，使他整個人轉了三百六十度，引起全場觀眾一片驚叫聲，大家這才知道他裝有義肢，現在有不少專家不惜大量投資培養他，使他已成為新罕布什爾州眾所驚慕的足球明星！

沒有腿可以成為足球明星，沒有手可以成為棒球隊員，我們身體健康，四肢齊全，還有什麼困難不能克服，還有什麼事情不能成功呢？正如《新約聖經》上所說：「在信的人，凡事都能！」只看我們願不願努力，肯不肯下功夫！

二十、勇敢的說「抱歉」

羅伯·舒樂在他所寫的書中說，有一天早上，臨時叫他的女兒雪拉準備早餐，當時他的女兒因為怕上學遲到，心中十分著急，但他卻要她準備這，整理那，使得他的女兒都快哭出來了，而羅伯·舒樂還以為他女兒是不願做早餐，故意以眼淚來表示不滿，當即命令雪拉把眼淚擦乾，趕快把早餐弄好。雪拉是照著他的吩咐準備好了，但從洗碗池裡所發出來的碰撞聲，使羅伯·舒樂覺察出他女兒內心的不滿與怨恨。

在送雪拉上學的途中，父女兩人往常都是有說有笑，且還一起唱詩，但這天雪拉卻是一直呆呆鬱鬱的望著窗外，一臉愁苦寒霜。到學校下車時，雪拉面對老師同學，也是一副怯怯懦懦、眼淚盈盈的樣子，讓羅伯·舒樂很不是滋味。他到辦公室後，根本無心工作，他自己檢討，早上的時間實是緊迫了一些，而且事先也未提醒她，讓她心裡毫無準備，臨時要她弄早餐，使她措手不及。羅伯·舒樂越想越自責，覺得是自己不對，應該向女兒道歉，而且越快越好。於是他打電話給雪拉的導師，請求准許他帶雪拉出去吃午餐。當他牽著雪拉走出校門後，他對女兒說：「雪拉，我很抱歉、非常的抱歉，不是不應叫你做早餐，而是不應在那麼迫切的情形下，臨時要你準備早餐，讓你緊張著急。真對不起，請你原諒！」他女兒則緊緊抱著他的脖子說：「爸，我當然原諒你，因為我愛你！」看，就是這麼一句：「我很抱歉。」即使得他們父女兩人內心的愁苦與不安，完全煙消雲散。《聖經》上說：「虛心的人有福了，因為天國是他們的。」（〈馬太福音〉五章三節）所以我們凡事都要以謙虛的心仔細體察，如果自己有疏失、有虧欠、有對不起人的事或話，不論對方是尊長、是兒女、是朋友、是部屬，乃至陌生人，都要即時勇敢的說出「抱歉」、「對不起」，這樣就必可化除一切暴戾，讓人間充滿溫馨和和諧，更可使自己得到快樂與平安！

二十一、讓他三尺又何妨

二十多年前，我聽到一則故事，給我印象十分深刻。據說在清朝康熙年間，安徽桐城出了一位大學士，名字叫張英。由於他為人正直，很得皇上的青睞，被任為禮部尚書，成為一個位高權重，極具影響力的人物。於是他的一些親戚和家族，便仗著他的權勢，在地方上作威作福。有一次，鄰居要蓋房子，為了地基的界線問題，雙方發生爭執，互不相讓，對方且欲採取法律途徑，這在當時是很不尋常的事。於是他的親族便寫了一封信，派專人火速送給張英，希望他給當地的首長們關說，迫使對方讓步，解決這個問題。

張英看完信後，心裡很不是滋味，便寫了一首詩，讓來人帶回桐城。他的詩是這樣寫的：

千里家書只為牆，讓他三尺又何妨？
萬里長城今猶在，不見當年秦始皇。

他的親族看了這首詩，覺得很有道理，便主動將地基向後退了三尺。那個鄰居在得知內情之後，深為感動，便也向後退了三尺，雙方退讓的結果，便成了有名的「六尺巷」，也成了千古的美談。

我們常說「退一步海闊天空」。當我們遇到爭執、衝突、或逼迫時，不妨讓他三尺，耶穌要求他的門徒要原諒人「七十個七次」，只有這樣，才能獲得真正的平安和喜樂！

（民國八十五年一月三十一日載於《青年日報》）

二十二、人人都需要鼓勵

四十多年前，一個小學四年級的學生邱邦明，因為受了一位阿兵哥孫耀和的鼓勵，發奮向學，而今已成為美國太空總署的優秀工程師，但他對曾經鼓勵過他的孫耀和，一直念念不忘，特從美國加州打電話到臺北，尋找當年的恩人！

一個曾經是未婚媽媽的女子，懷著一顆感恩的心，寫信給報社，請求協助尋找二十五年前曾幫她「脫離一生中最難忘的時光」的江媽媽，因為這位江媽媽不僅幫她接生，還為她「說了好多好多的道理，讓她重新燃起生命希望之火」，她說如果沒有江媽媽，在當時的家庭和環境，她就只有死路一條。所以她現在雖然已是三個孩子的媽媽，生活過得十分幸福，但她仍無法忘記那位曾經鼓勵過她的江媽媽。

多年以前，我曾聽蔣緯國將軍講過一個他親身的經歷，在他擔任裝甲兵司令的時候，有一年，先總統蔣公中正蒞臨湖口基地親校，在閱兵與官兵會餐之後，蔣公又到各營舍巡視，當到達廚房時，炊事班長領導敬禮後，非常誠懇的對蔣公說：「總統，你好辛苦！」「總統，你好辛苦！」一連說了好幾聲！當天晚上，緯國將軍回士林官邸，陪蔣公吃晚餐，蔣公顯得特別高興，並對緯國將軍說：「你那位班長很好！」

許許多多的事情都告訴我們：鼓勵對一個人是多麼的重要；不僅青少年需要鼓勵，就是貴為總統，一樣需要鼓勵。可惜我們在日常生活中卻都忽略了，要是夫妻之間能彼此鼓勵，父子之間能彼此鼓勵，師生之間，朋友之間，長官與部屬之間，雇主與員工之間，都能相互鼓勵，那家庭一定是非常和樂幸福，學校一定是非常欣欣向榮，機關一定是團結和諧，公司一定是蒸蒸日上，整個國家社會必定是一片詳和安定，繁榮進步！

「善言致意三春暖，惡語傷人臘月寒。」一句鼓勵的話，就像一陣春風，可以使草木復甦，綠意盎然；而鼓勵又不需要花費多少精力、時間和錢財，只要我們以誠懇的態度，親切的聲音，對人表示內心的關懷與期勉，就可以使他們得到鼓舞，甚至一輩子都不會忘記。

讓我們都來做一個樂於鼓勵人的人！

（民國八十五年四月三日載於《青年日報》）

二十三、頭髮的故事

美國維吉尼亞州保壘軍校的三名女生，本年十一月六日相互將頭髮剪得和男生的一樣短，據她們自己說，是希望能進一步融入軍校的生活，但結果卻可能要受軍紀的處分。該校發言人李登上校表示：「她們的頭髮剪的根本不合標準，必須被送到理髮店去修剪，而且可能會被罰禁足，或是被罰額外的行軍。」至於保壘軍校對女生頭髮要求的標準如何呢？該發言人說：「其實很簡單，只要整齊，不接觸到衣領即可，就是看起來必須還是像個女人！」

換句話說，保壘軍校雖然是男女合校，但校方還是希望男生像男人，女生像女人，不要搞的男女不分、雌雄莫辨。這使我想起一件往事。若干年前，應邀參加一個晚會，臺上有位舞者裝扮奇特，動作怪異，有位觀眾看不順眼，便脫口而出：「這是誰家的女兒，怎麼這個樣子？」想不到他的鄰座卻說：「他是我兒子！」那位觀眾馬上表示歉意，說：「對不起，我不知道你是他的母親！」孰知對方竟真的生氣了，大聲回答說：「我是他老子！」

有關頭髮的長短，自來有不同的約定或俗成，我國以前的男子都留辮子，且曾為了要剪去辮子，而發生所謂護髮運動，寧願殺頭而不肯將辮子剪去，以示對外力干涉的反抗。早年在臺灣，軍中對頭髮的長度，規定不能超過三公分，曾有不少官兵因為頭髮過長而受處分。那時中學女生的頭髮也要求得很嚴，不能超過耳根，有些嚴厲的訓導人員或軍訓教官，甚至會拿著剪刀站在校門口，看到頭髮過長的即給她一剪刀，這一剪刀給同學們在心理上自然會造成反感，因為當眾剪去秀髮，使她們的人格尊嚴受到損傷。

頭髮高踞在我們的頭頂上，自是十分尊榮，一個人頭髮的好壞，不但影響其儀容，甚至影響其心理。一個頭髮亮麗的人，不論走到哪裡都感到風光，而一個頭髮有缺陷的人，其內心則常感沮喪，所以不論男女，無不珍惜頭髮，無不想盡辦法保護頭髮。但從傳統的社會價值來說，我們也希望和保壘軍校一樣，要女生「看起來還是像個女人」，同樣的也希望男士們「看起來還是像個男人」。因為《聖經》上說：「男人若有長頭髮便是他的羞辱。但女人有長頭髮，乃是她的榮耀。」（〈哥林多前書〉十一章十四、十五節）我們如從人的生理上來分析，男人的頭髮就比女人的要短得多，這既是大自然的規律，那我們又何必不遵守呢？

二十四、維護良好的婚姻制度

美國參議院繼眾議院之後，於九月十日，以八十五票對十四票的壓倒性多數，通過了「婚姻防衛法案」，禁止同性戀者結婚，四年前曾公開支持同性戀的柯林頓總統，亦於二十一日清晨簽署了此一法案，使我們對美國的政治人物不得不刮目相看。

古人說：「人之大倫，造端乎夫婦。」有夫婦才有家庭，才有子女，才有社會，才有國家。所以男女結婚乃是家庭制度，倫理關係，社會結構，和國家組織的基礎。不僅東方國家是如此，西方國家亦是如此。且上帝當初造人時，即是「照著祂的形象造男造女」（〈創世記〉第一章二十七節）並說：「男子當各有自己的妻子，女子也當各有自己的丈夫。」（〈哥林多前書〉第七章第二節）又說：「因此人要離開父母，與妻子合一，二人成為一體。」（〈創世記〉第二章第二十四節）所以一男一女結為夫妻，不僅是由於男女身體構造的特性與需要，更是上帝造人的旨意與期望。但是近些年來，若干國家和地方，隨著人權與自由的氾濫與誤解，竟出現男與男，女與女，不僅可以相戀，而且還可結婚，甚至有些地方首長為了標新立異，譁眾取寵，竟公然替那些同性結婚的人證婚，使原本合乎人性需要的婚姻制度，面臨衝擊及崩潰的邊緣，所以美國參眾兩院毅然通過此一維護傳統的「婚姻防衛法案」，充分表現出他們的智慧與道德勇氣。

根據許多醫學報告，都認為被稱為世紀大瘟疫的愛滋病，乃是同性戀者所造成的，現在世界各國都在為如何防治此一聞之令人色變的惡毒疾病的治療與蔓延，而出錢出力，傷透腦筋，尤其是那些身受其害的病患及其家人，更是椎心泣血，痛苦萬分，因此對此一為維護良好的婚姻制度，遏止毒害流行的「婚姻防衛法案」的通過，希望能徹底制止此一歪風，維護人類健康。

二十五、這不是愛

來自臺灣的一名新移民，商人黃錦洲，元月五日清晨在溫哥華的豪華住宅內，開了二十餘槍，把他的母親、妻子和兩個女兒殺死後，再自殺身亡，只有他三歲的兒子，由他已被殺傷的妻子抱出室外，交給鄰居藏匿，才倖免於難。這件殺人自殺的滅門血案，震驚了海內外的華人社會，也成了連日來所有媒體報導的焦點，甚至引起西方人士懷疑是否與中國文化有關；據說一些正與老中熱戀的洋妞也多已分手，若干華僑並為此感到羞恥不安！

我們與黃某素昧平生，看到他走上這條絕路，心裡也十分同情、遺憾和悲痛！不過加拿大皇家騎警所宣布的黃某遺書中說：「他要帶著妻子、母親、和孩子們一起走，是因為他愛他們。」這就令人難以緘默，難以苟同了！因為我們一般所理解的「愛」，是「喜歡」，是「憐惜」，是「親善」，是「慈惠」，所謂「愛到深處無怨尤」，譬如若干年前，有位但教授因眼睛劇痛，醫生說必須開刀切除，他的夫人說但教授的左眼早已失明，現在再將右眼割掉，他如何再看書，再教書，因此她願意將自己的一隻眼睛給他，這是夫妻之「愛」；最近香港有位范太太，因女兒腎臟衰竭，她要醫生取出她自己的一顆腎給予女兒，這是父母之「愛」；我有一位朋友孫將軍，九年前因腦中風而成為植物人，他的兒子、媳婦一直不分晝夜細心照顧，這是兒女對父母的「愛」。至於仁人志士為保國衛民而拋頭顱、灑熱血，那更是一種無私無我的大愛。今黃某因經商失敗，竟親手殺死千辛萬苦生他養他的母親，這叫什麼「愛」？何況他的母親又不只是他一人的母親，他還有兩位姐姐，他有什麼權利殺死別人的母親？至於那兩個女兒，一個十四歲，一個八歲，正是錦繡年華，他就這樣殘忍的結束了他們的生命，這是什麼「愛」？尤其黃某的妻子在被殺成重傷之後，仍拼命掙扎抱著兒子爬到門外，交給只有點頭之交的鄰居，結果仍被黃某拖回去將其殺害，我們可以想像她死時是何等痛苦淒慘，這也叫做「愛」麼？而且黃妻還有父母親人，「可憐天下父母心」，這叫他們如何忍受？

《新約聖經》上說：「愛是不自誇，不張狂，不做害羞的事，不求自己的益處！」實在「愛」就是一種犧牲，一種奉獻！黃某以這麼瘋狂的行為，殺死自己的親生母親、妻子和女兒，這是慘絕人寰的殘暴罪行，這完全違反了愛的真義，這絕不是愛！

二十六、不要進入別人的婚姻

臺北一位知名的女藝人于楓，由於和其同居人黃文寧鬧彆扭，本年（民國八十五年）十月二十四日上吊自殺；經過臺大醫院的連日急救，仍然回天乏術，於十月三十日下午宣告死亡。

于楓在上吊的前一個星期，曾接受電視節目的錄音，說她十六年的感情生活是折磨、是痛苦，如果她的人生能重新來過，她絕不選擇這條路，因為她不但自己痛苦，害得三個家庭都痛苦。就由於她太痛苦，所以她曾多次尋短，最後終逃不過這悲慘的結局。

于楓頗有才藝，演藝之路也走得十分平順，為什麼會得到這種下場？最基本的原因，乃在她闖入了人家的婚姻，作了婚姻的第三者。

婚姻是一個人的終身大事，在走進婚姻之前，必須要特別慎重，不論男女，對於對方的個性、品德、才能、家庭等，都要有相當的了解，不能糊里糊塗的就一頭栽進對方的懷抱；因為感情這東西太微妙，當你已經動了感情，等發現情況不對，再想要回頭時，就已經很難了。尤其一個已經有了婚姻的人，就更要忠於愛情，忠於你所愛的人，不能在婚後再搞男女關係，這樣不僅自己得不到快樂，而且會造成家人的痛苦，甚至身敗名裂、自毀前程；特別是有了子女的人，其子女所受的傷害更是無法彌補。常看見若干自命風流的人，只顧追求眼前的享樂，將子女拋在一邊，讓他們忍受孤獨冷漠，等他們年老或生病時，子女也就離得遠遠的，甚至到了奄奄一息時，子女都不願前往探視，他只有默默的、淒苦的離開人世。

婚姻是神聖的，婚姻生活是神所喜悅的，結婚成家也是人生所應盡的本分。人有了家室，就可以解除生活中的枯寂。但《聖經》告訴我們：「要避免淫亂的事，男子當各有自己的妻子，女子也當各有自己的丈夫。丈夫當用合宜之分待妻子，妻子待丈夫也要如此……夫妻不可彼此虧負。」（〈哥林多前書〉六章二至五節）《聖經》上又說：「妻子不可離開丈夫……丈夫也不可離開妻子。」（同前十至十一節）所以我們不論是為了自身的幸福，或是為了家人的安樂，不分男女，都不可走入別人的婚姻，成為破壞婚姻的第三者！

二十七、童言童語

玩具車救火

大姑姑送給寶寶一部 Fire Engine 玩具車，寶寶對奶奶說：「奶奶，我有 Fire Engine，你家失火時，我來救火！」

一次搞定！

貝貝對奶奶說：「我最喜歡奶奶！」爺爺接著問貝貝最喜歡誰，貝貝說：「我最喜歡爺爺！」大姑姑又接著問，貝貝說：「我最喜歡大姑姑！」然後他眼睛一掃全場，大聲說：「我都喜歡！」

（一九九九年十月十九日載於《世界日報》）

怎麼生的

四歲多的貝貝指著一張舊照片對奶奶說：「妳手上牽的是誰？」奶奶說：「是你爸爸小時候呀！」貝貝說：「爸爸是你生的嗎？」奶奶說：「當然是呀！」貝貝靠近奶奶說：「讓我看看妳肚子上的疤痕！」奶奶說：「我沒有！」貝貝一臉不相信的樣子（因為他是剖腹生的），立刻大聲反問：「那妳是怎麼生的？」奶奶說：「等你長大就知道了！」貝貝很堅定的說：「我現在就要知道！」

（一九九九年十二月二十日載於《世界日報》）

老糊塗

四歲的外孫女蜜蜜，最愛看「仙女奇緣」。這天到外婆家，她一進門，即上樓去看她那抽屜裡所蒐藏的各種寶貝，過了一會兒，只聽到她自言自語地大聲說：「唉呀！我真是『老糊塗』了，怎麼還不看『仙女奇緣』呢？」接著即聽到她大聲呼喊：「外婆，快為我放『仙女奇緣』！」

（二〇〇六年九月九日載於《世界日報》）

附錄

著作一覽表

一、《理則學》	民國四十八年九月	三民書局
二、《人位主義》	一九六〇年十月	越南政府
三、《共產主義批判》	一九六一年五月	越南政府
四、《反共戰略研究》	民國五十五年十一月	總政戰部
五、《一場沒有戰線的戰爭》	民國五十六年六月	青年戰士報
六、《越戰研究》	民國五十六年八月	自印本
七、《血戰保安祿》	民國六十一年九月	總政戰部
八、《國軍政治作戰》	民國七十二年七月	總政戰部
九、《西貢往事知多少》	二〇〇〇年四月	黎明文化公司
十、《孤蓬寫真》	民國九十一年一月	三民書局
十一、《王昇的一生》	二〇〇八年八月	三民書局

獲頒勳獎章一覽表

我國政府頒發

雲麾勳章
忠勤勳章
績學獎章
景風獎章
干城獎章
弼亮獎章
金甌獎章
陸光獎章
光華獎章
寶星獎章

保舉最優獎狀
政戰楷模獎狀

中國國民黨頒發

實踐獎章
華夏獎章

越南共和國政府頒贈

彰美勳章
民族發展勳章
三軍懋績勳章
榮譽星座獎章
心戰獎章
訓務獎章
參謀獎章

美國政府頒贈

青銅星座勳章

大韓民國政府頒贈

保國天授勳章